语言能力
与社会排斥

基于长三角、珠三角
外来工的调查

LANGUAGE PROFICIENCY
AND SOCIAL EXCLUSION

BASED ON THE SURVEY OF MIGRANT WORKERS
IN YANGTZE RIVER DELTA AND PEARL RIVER DELTA

伏 干 著

社会科学文献出版社
SOCIAL SCIENCES ACADEMIC PRESS (CHINA)

序

　　伏干的博士学位论文《语言能力与社会排斥——基于长三角、珠三角外来工的调查》即将由社会科学文献出版社出版，我感到欣慰并表示祝贺！

　　2012年我到南京大学社会学院工作，不久就收到她咨询、请教的邮件，然后有了一些接触和交流，后来她加入了我们每周一次的组会讨论。组会的参加者主要是我的博士生和硕士生，也有一些社会学院其他老师的学生，伏干是经常参与的。

　　我在中山大学工作期间对珠三角及长三角的外来农民工做过多次问卷调查，到南京大学工作后又对长三角、珠三角和其他地区的农民工做过几次问卷调查。因此，我的一些学生是以这些问卷数据为基础完成博士论文和硕士论文的。我们的组会一个重要的内容就是讨论这些论文。伏干在参与组会的讨论中慢慢熟悉了我们的数据，并对社会学的定量研究方法逐渐有了一定的掌握，对农民工的研究主题也产生了兴趣。所有这些，我想，就是即将出版的博士论文改写后的著作得以产生的契机吧。当然，伏干的学科背景有心理学和语言学，前期开展了对长三角外来工语言生活现状的访谈，走进外来工的日常语言世界，了解了语言影响外来工社会生活的方方面面。再结合我们的数据，她产生了研究农民工语言与社会排斥的设想。更重要的因素是伏干研究农民工问题的动机和动力，这些内在的东西，体现在她的著作中，读者自可体会。

　　在中国的农民工研究之中，对于社会排斥的研究并不少见，但对语言能力的研究则不多见。在英文文献中，语言与社会排斥，尤其是移民的语言能力与社会排斥的关系，是一个常见的主题，并发表了很多成果。但在中文学术领域，将语言能力和社会排斥联系起来的研究论著还不多见，所以，我想，伏干的著作应该是较早研究这一主题的，显然有其学术价值。

　　我历来认为，对学术论著的最大尊重不是颂扬而是批评。所以，我并不想在为伏干的著作写序时大大地赞扬她、夸奖她，而是觉得她在今后的研究中应该继续努力，在主题的选择、理论的提升、方法的运用乃至逻辑的严谨和语言的精练上，都更上一层楼。

伏干的学术经历，我当然了解得还不够，但从近年的接触来看，她非常努力，勇于超越自我，不停顿，不沮丧，不懈怠。所以，我相信，本书只是她的一个学术起点而绝对不是终点。

在社会的范围里，学术没有终点。生命的终点，就是个人的学术终点，这是真正的学术研究者的人生。做真的学问，研究中国社会的现实问题，不为浮华的世界所迷惑，在田野里和书桌前度过时光，这是我想和伏干以及其他同学共勉的。

是为序。

刘林平

2021 年 10 月 20 日于南京仙林

前　言

　　持有共同语言是一个群体区别于另一个群体的标志。语言是一种符号，它表征着一定的社会信息；语言也是一种能力，它可以作为实现某种目的的途径。2017 年，国家统计局公布的数据显示，外来工逐年增多，长三角和珠三角地区更是外来人口的集中地。外来工要适应城市生活，会面临各种困难，语言适应是首先要面临的问题之一，特别是在长三角与珠三角地区，当地方言的强势地位难以撼动。外来工从乡村到城市的地域流动并没有为他们带来身份的改变。日常生活环境的改变也使得他们出现了若干困惑，语言是最直接的体现。外来工自身方言已不适应在城市发展的需求。就语言的人力资本而言，自身的乡土方言在劳动力市场中的竞争力降到最小，在社会交往中不被接受；就语言的符号特征来讲，方言的口音使他们一出声便被识别，从而作为城市"外群体"的一员被排斥。移民最敏感于语言资本的重要性，流入一个不同语言的国家，会使得经济和社会互动的效果打折扣（Chiswick，1991）。外来工的语言使用成为能力的体现和身份的表征，语言不同即难以相互融入，同时还会体验到来自主流社会的敌意与排斥。

　　学界关于外来工社会排斥的研究大多集中在二元化制度体系下，外来工在政治、经济和社会关系等方面遭遇的社会排斥。这样一来，以往研究一方面忽略了社会排斥是一个主客体互动建构的过程，外来工在排斥过程中的心理感知与体验比施动者施加的社会排斥更能影响他们的社会融入；另一方面，忽略了社会排斥受能力等因素的影响和调节，从而产生不同的排斥水平。因而，研究者的问题始于个人经历和社会热点议题中城市外来工语言遭遇所带来的社会排斥，以及国内外关于移民社会排斥的研究文献。本书最终关注的问题，即语言与外来工社会排斥这一核心议题，包括语言能力和语言的口音差异对外来工社会排斥的影响。从某种意义上来说，语言是社会融入的关键，也是内源性社会融入的重要体现。关注语言就是关注城市外来工的社会融入，希望揭示语言对城市外来工社会排斥的作用机制，期望政府根据研究结果采取相应的措施减少社会排斥，同时鼓励外来工提高语言能力，积极融入城市生活。

本书基于长三角和珠三角地区外来工日常生活世界中语言与社会排斥的访谈资料和问卷调查，分析外来工语言能力的影响因素，了解外来工社会排斥的基本现状，探讨语言（语言能力、语言口音差异）如何作用于城市外来工社会排斥（劳动力市场排斥、社会关系排斥、心理排斥），分析语言影响外来工社会排斥的内在机制，最后根据研究结果从不同层面提出对策建议。本书结合访谈与实证研究，获得如下核心观点。

其一，外来工语言能力的影响因素。方言环境的语言接触，特别是生活中的语言接触比工作中的语言接触更容易影响外来工的语言能力；学习与融入的主动性有利于外来工语言能力的获得。

其二，外来工社会排斥的基本现状。低语言能力外来工的劳动力市场、社会交往和社会排斥感均高于高语言能力外来工；除工资收入和心理排斥中的剥夺感外，其余维度均表现为语言口音差异大的外来工社会排斥高于语言口音差异小的外来工。

其三，语言对外来工社会排斥的影响作用。语言口音差异和语言能力对外来工社会排斥的三个维度（经济排斥、社会排斥、心理排斥）具有显著的影响作用。语言能力对外来工社会排斥的调节作用表现为，语言能力影响了具有累积效应的变量、社会网络变量等其他因素对外来工社会排斥作用的显著性；语言能力还调节着具有累积效应的变量、社会网络变量、权益保障变量对外来工社会排斥影响作用的大小。

其四，语言影响外来工社会排斥的内在机制。首先，表现在我国现代化进程中的制度安排和社会选择的"合法性"建构。制度安排使得外来工的社会排斥成为可能；社会选择，使得因语言而产生的社会排斥成为可能。其次，表现在语言所具有的社会功能。显性社会功能主要体现在语言作为人力资本和交流工具直接影响外来工的社会排斥，是社会适应能力的体现。潜性社会功能主要体现在语言作为索引刺激启动人们的社会认知与评价。外来工因语言能力不同对自身的期望不同，从而产生相对的排斥体验；当地人对不同语言能力外来工的其他能力的评估不同，对不同语言能力和语言口音差异的外来工会产生不同的文化认同与身份识别，从而产生不同水平的排斥。

最后，从国家政策、实践融合和语言规划方面提出对策。优化顶层设计，增加实践融合，改善外来工语言现状，从而促进外来工社会融合，减少社会排斥。

伏　干

2021 年 5 月 8 日

目录
CONTENT

第一章
语言差异知多少

国家统计局 2017 年抽样调查公布的数据显示,外出农民工有 28652 万人,比上年增加 481 万人。[①] 自外来工由农村向城市流动以来,流动人数逐年增多,流动人口问题已成为中国社会转型过程中的重大现实问题、理论问题,以及政策实务界高度关注的焦点问题。自改革开放以来,伴随着经济体制改革,市场化带动工业化与信息化发展,导致产业结构不断升级。与之相适应的是就业结构的变化,以及农村剩余劳动力的转移与融入。农民进入城市后,如何进一步融入城市生活,关系中国未来的城市化进程,直接影响国民经济健康稳定发展。社会学界认为,城市外来工的社会融入是指生活方式、生产方式、社会心理与价值观念上的融入,并认同其新的社会身份的过程和状态等(梁波、王海英,2010),其中也包括城市语言生活的融入(Rendall, Tsang, Rubin, Rabinovich & Janta, 2010;Dustmann & Fabbri, 2003;俞玮奇,2017)。

一 从一则招聘说起

我国地域幅员辽阔,不同的地理区域形成了特定的方言特征。外来工从一个地方到另一个地方的流动,不仅在地理位置上发生了变化,也会因为地理位置不同而面对不同的方言。是否具有流入地语言能力是外来工首先要面对的问题。国家规定普通话用于全国范围和正式场合,使普通话逐步成为工作用语、教学用语、宣传用语和社会用语,但并没有明文规定在非正式场合人们语言的选择(陈建民,1999)。语言是人们用来交流信息,达成理解的工具。语言的隔阂在一定程度上制约着外来流动人口的人际关系网络、就业渠道、工作环境、业余生活、情感认同以及身份归属等(崔晓飞,2008)。具有流入地语言能力有利于外来工融入城市社会的主流,有利于其以积极的心态弱化城乡差异,主动融入城市社会(张全仁、李禄胜,2015)。

---

① 国家统计局:《2017 年农民工监测调查报告》,http://www.stats.gov.cn/tjsj/zxfb/201804/t20180427_1596389.html,2018 年 4 月 27 日。

《东方早报》报道……闵行区古美街道人才服务管理所招聘居民区党支部书记等岗位工作人员，摊位上的工作人员直接使用"上海话"跟求职者沟通。在遇到听不懂上海话的求职者时，摊位上的工作人员有礼貌地解释说："我们居民区的党务工作面对居民，我们需要会说'上海话'的。建议你参加两天后的闵行区事业单位招聘。"[①]

社区是宏观社会的缩影，也是社会有机体的重要构成部分。在我国，社区是政府职能延伸的最基层单位和落脚点，负责居民的日常事务的服务与管理。从这条有关社区招聘的新闻中，我们不难发现，社区对外来求职人员具有一定的当地话要求也是符合居民的日常交流的需要，但作为政府部门，将不会当地话者排斥在求职机会之外，容易引起社会公众的不满。

（一）从个人经历到公共议题

语言是一种社会现象。语言被作为一种包容和排斥的手段，包容表现为当一个说少数群体语言的人在学校学习政府指定的官方语言时，个人与这一族群相互融合；排斥表现为当说少数群体语言的人被迫使用非本族语言进行交际时，他们就处于不利的位置或完全被排斥的位置（汉弗莱·唐金，2004）。语言与社会共变，汉语不仅经过历史的发展而发生变化，更在不同地域、不同社区产生共时性变异。我国倡导以普通话为主导语言，语言的地域与社区差异给社会生活带来不便。我国地域辽阔，历史与文化悠久，形成的不同语言文化体系很难因流动而达成一致。因而，由于历史、政治、经济和文化发展的差异性，不同的方言形成了不同的身份标志。

1. 个人经历——听不懂的说话

我从小生活在江苏省某个小县城的农村，爸爸是上海的下放知青，出于某些特殊的原因，并没有回城。他在农村结了婚，生了子，但与上海那边的亲戚还一直保持着联系。记得有一年暑假，我第一次去上海的亲戚家，让我感受最深的事是亲戚和邻居之间叽里呱啦说的话，我一句都听不懂。我这才知道在我的方言之外还有一种我听不懂的中国话——上海话。而只要我一开口，就会听到有邻居对我亲戚说"侬乡屋里阿哥家的小囡过来白相了啊"。后来他们翻译过来给我听，就是指乡下的我过来玩了。这

---

① 《社区岗位受青睐有街道要求会说上海话》，金鹰新闻网，http://news.hunantv.com/x/n/20090224/150637.html，2009年2月24日。

是语言留给我的第一印象——语言具有认知功能，他人可以通过说话的口音来识别你的身份。

爸爸没有回城，但一心想让我回上海去工作。有一年暑假，我在上海找到了一份临时的工作——在洗化用品店当营业员。在平时与亲戚接触的过程中我能听懂一些上海话的日常用语，加上接受过学校的普通话教育，我自认为做一个营业员应该没有问题。可上班的第一天，我就傻了眼，上海人根本不和你讲普通话。普普通通的日用品，在上海人的语言里全变了说法：将"洗发水"说成"打豆膏"，将"夏士莲"牌香皂说成"我士泥皮皂"，"个只门子几钿"是指"这个东西多少钱"，常常听得我一头雾水。有些人甚至会咕哝着"侬老板哪能请个乡屋里的小姑娘，闲话阿听勿懂，拎勿清……"有的人甚至就走别家店买去了。这是语言留给我的第二印象——语言具有实用性，是可以帮助我完成某项工作所必需的沟通工具。

后来我去了天津，发现天津的方言与上海话相比有趣易懂，对外地话也很包容。当天津人听不懂我夹带口音的普通话时，他们通常还笑着说"南方来的，普通话很哏①"。这是语言留给我的第三印象——方言具有等级性，持不同等级方言者对待外来者的态度也不一样。

而在生我养我的小乡村，人们之间的交流不会考虑使用什么语言，家乡话说着亲切、易懂。有时，因为在外面读书时间久了，回家之后偶尔忘了使用方言，一开口就是普通话，这时候总会被别人说成是"到底是读书人"，每每此时，心中都会升起一种不自在感。

语言是人与人之间交流的工具，与人的生活密切相关。说话者不仅依据某种语言的语法规则，还依赖于他们对交流的对象、语言与说话者的社会背景等信息的了解而进行交流。个人的一段段经历让我认识到，如果不离开自己的村庄，说着祖辈流传下来的语言，不会有任何影响。而迎着工业化时代大潮，"流动"成了推动特定时代社会发展的关键词。特别是长期在外打工者，使用何种语言问题一直是移民研究中的核心问题之一。

2. 公共议题——想不通的委屈

世界是由多种语言构成的，人类在语言交际中，如果一方的语言国比较强大，拥有强大的经济、军事力量，那么该国的语言就会具有较高的影响力，居于主导地位，或让一个更优势的语言作为第三方语言。在我国，

---

① 哏，在天津方言中是指"好玩、可爱"的意思。

地域辽阔，语言分布因地域不同而不同，从而生成不同的方言区。当两种或两种以上不同方言区的人在一起交流时，普通话是最通用的语言。但由于各个区域的方言与一定的历史、政治、经济和文化相联系，出现了较为强势的方言。因此，当外来工到强势语言区打工时，他们自身方言的使用常常会引起当地人的白眼。这些现象屡见不鲜，经常引起激烈的公众反应，有时甚至还会引起群体性事件。

> **案例 1**
>
> 　　楼主因语言不同被同事排斥，遭涯友①们不认同，是否感到委屈，但不管怎样，我都要说一两句。你来广州工作、生活，就必须接受本地的文化、本地的语言，如果你连本地最基本的粤语都听不懂的话，那你只会遭到别人的白眼，所以来广东工作，你必须学会说粤语……②

　　广东话是强势语言。由于广东的经济发展水平远高于其他地区，吸引了很多外来工流入。在这个案例中，网友"神马都给励"表面上是在安慰被广东人排斥的楼主，但从其所述语言中的两个"必须"还是能看出，在广东本地人看来，外来打工者只有学会粤语才能不被歧视，即使是在工作中。语言不仅是社会互动的手段，还是运用权力和体现优越感的手段。

> **案例 2**
>
> 　　前日路过浙江杭州萧山区的瓜沥镇，去一超市买矿泉水，付费时店员用当地话说了一句话，我听不懂，用普通话反问：你说什么？店员接着用普通话回答我：问你要袋子吗？我说：哦，不要不要，你说的我没听懂。店员：不知道你是外地人，我们这里说普通话要被骂死了，本地人会说，"你当我们是外乡人啊……"③

　　在我国语言除了按地域进行划分之外，还根据语言的地位划分：顶层语言（普通话）、强势方言（北京话、广东话和上海话）、弱势方言（其

---

① 涯友是指天涯论坛的网友。

② 《决定了再也不跟讲粤语的同事一起吃饭》，天涯网友：神马都给励，http：//bbs.tianya.cn/post－329－350505－2.shtml，2011年8月18日。

③ 《用上海话点餐引发的骂战！疑歧视外地人》，天涯网友：yinjia_001，http：//bbs.tianya.cn/post－41－1158521－1.shtml，2013年4月18日。

他各地方言），这种划分与语言所代表的政治、经济和文化地位相联系。当个人语言困扰逐渐成为公共议题时，正如米尔斯所言"事实上，一个论题往往包含了制度安排中的某个危机，或是马克思主义者所说的'矛盾'或'对立'"（C. 赖特·米尔斯，2005）。在传统社会中，人们以乡土文化为根，说着共同的语言，没有人拿语言困扰说事，形不成矛盾，也体验不到焦虑与排斥。本地人、外乡人可以通过说出的语言来识别。语言主要是通过说话者互比地域经济实力获得影响（汉弗莱·唐金，2004）。杭州萧山属于吴语区，与广东话一样，吴语区的语言与较高的经济发展水平相联系，属于强势语言。虽然普通话是标准语言，但在案例2中，读者能够清楚地看到即使你说一口流利的普通话也只能是外地人，在与本地人交往时，最好能够说当地话，这样才会让本地人那份城市优越感得到满足。不说本地方言还要被骂，这是一种赤裸裸的语言的身份排斥。外来工大多来自农村，在城市生活中乡土方言已不适应城市环境，他们不得不接受另一种文化的需求，调整自己的语言以适应城市生活。语言是人类社会行为的一个重要元素，反映人类的社会互动，包括经济、政治与生活。语言作为我们交际行为的主要形式，与自我认同和他人对我们的知觉密切相关。这些公共议题不管是委婉表达还是直接言明，不管是来自工作、生活还是来自政府部门，都说明了不同的语言具有不一样的地位。

（二）从文化断裂到城市适应

现代社会是一个流动的社会。Wright（2000）指出，伴随工业现代化的出现，产生了一种新的社会组织结构。第一，工业化使得地域具有流动性，劳动力从农业社会的离散性到工业社会的密度化，农民变成工人，人们居住在城市中获得不同的社会认同，向内寻找农民共同体的紧密网络被打破；第二，工业化需要社会流动，技术化和企业精英不会来自旧的统治阶级，革新者和风险投资者被发现；第三，工业化社会需要全民普及教育，以及人力资源被有效利用。在这三个特点中，我们发现"流动"成了工业化的关键词。外来工原有的乡土身份断裂成了需要适应城市生活的他者，从而在城市社会中引起就业、交往、文化等方面的排斥与感知。

1. 乡土文化的断裂——日常生活的改变

在我国，改革开放几十年来，由于沿海城市的开放与经济的快速发展，大量的农村人口涌入城市就业，工业、建筑业、服务业等各种行业均有外来人口的渗入。据国家统计局公布，2008 年全国外来工总量为 2.2 亿人，2010 年为 2.4 亿人，2012 年全国外来务工人员的总量达到了 2.6 亿人，2013 年全国外来工总量比 2012 年增长 2.4%[1][2]。大多数外来工集中在长三角与珠三角等以制造业、服务业为中心的城市。长三角地区务工的外来工为 5937 万人，珠三角地区务工的外来工为 5199 万人，分别占全国外来工的 22.6% 和 19.8%，增长速度分别比上年提高 1.6 个和 2.4 个百分点[3]。外来工进城，出于谋生的需要，他们从事着城市发展需要而城里人又不太愿意干的工作，他们大多居住在城中村，社会地位低下。从一个地方到另一个地方的物换人移，是一种表面现象的空间流动，而对于城市外来工来说，流动导致的生活环境的变化，可能会导致流动前后生活习惯、社会关系的"断裂"。

2. 城市适应的他者——固有文化的调整

外来工流动到城市，需要不断调整其固有的乡土文化，适应城市社会。语言是首先遭遇的问题之一。我国幅员辽阔，方言众多，根据《汉语方言地图集》的划分，汉语方言可分为官话、闽语、赣语、客家话、徽语、晋语、平话、吴语、湘语、粤语，共 10 种（曹志耘，2008）。汉语方言之间的差异表现在语音、词汇、语法等方面，在语言接触中，语音则是最先感觉到的差异（李如龙，2001）。外来工跻身于城市空间，负载着自身或者几代人的梦想涌入城市，有人甚至希望实现从农民到市民身份的转变，或者跻身于发展程度较高的城市。但外来工大多数来自农村，乡土语言不同于城市语言所建构的生活世界，呈现的是一种乡土、休闲、纯朴自然的语言环境，而城市语言具有理性化、阶层性和变异性（赵翠兰，2011）。因此，跨省、跨地区流动使得外来工的乡土方言已不适应城市中主流社会的语言要求，特别是在长三角与珠三角，当地语言的强势地位难以撼动。甘柏兹通过对卡拉普村的语言变异进行研究发现，贱民总想模仿上层，尽可能减少和上层的语言差异，而上层却尽量创新方向偏离地区方言，与贱民保持差别（罗纳德·沃德华，2009）。当地语言群体为了凸显

---

① 国家统计局：《2012 年全国农民工监测调查报告》，http：//www. stats. gov. cn/tjsj/zxfb/201305/t20130527_12978. html，2013 年 5 月 27 日。

② 国家统计局：《2013 年全国农民工监测调查报告》，http：//www. stats. gov. cn/tjsj/zxfb/201405/t20140512_551585. html，2014 年 5 月 12 日。

③ 国家统计局：《2012 年全国农民工监测调查报告》，http：//www. stats. gov. cn/tjsj/zxfb/201305/t20130527_12978. html，2013 年 5 月 27 日。

自己的社会特征与外来者的差异，他们会尽力维持自身的语言风格，出现语言偏离现象。因而，虽然普通话推行多年，国家规定普通话用于全国范围和正式场合，使普通话逐步成为工作用语、教学用语、宣传用语和社会用语，但并没有明文规定在非正式场合人们语言的选择（陈建民，1999），为城市当地人语言偏离提供了使用场域。外来工虽然倾向于语言聚合，极力向普通话靠拢，努力推崇和效仿城市方言，但是绝大部分外来工学历相对较低，普通话大多是通过学校教育习得，平时在家里或与同伴在一起时，交流基本还是以自身方言为主。甚至在有些偏远的农村，不乏有教师在教学过程中使用地方话教学（伏干，2015）。有研究者调查发现，农村人口中能用普通话与人进行交流的比例仅占45%，尤其是年龄大的农村人口，普通话的普及率更低（谢俊英，2011）。因而，外来工作为城市生活的"他者"，在这样一个日新月异的大都市生存，通常会受到来自语言方面的压力。不具有语言交际能力容易影响外来工与当地人的交往，增加心理焦虑感，而且可能使其在就业方面受到很大的限制。这种压力不仅来自语言作为一种社会适应工具，更多的是来自语言标志着一个人的社会信息获取和能力强弱。

二　从社会排斥说起

社会排斥是指主导群体完全或部分排斥弱势群体的各种歧视或偏见。这种歧视或偏见建立在一个社会有意达成的政策基础之上（徐平，2015）。语言与人的生活息息相关，人们需要语言与人沟通，人们常常也会将语言与人的政治结构和文化特征等社会特征相联结。语言是社会排斥的重要影响变量。

（一）从制度障碍到经济与语言弱势

Lenoir（1974）最初提出社会排斥概念时，主要是针对被社会保障制度排除在外的人，特指贫困。城镇化是一个国家工业化过程中必然要面对的问题。移民总是从一个国家或地区流动到另一个国家或地区，语言适应是其首先要面临的问题。在我国，由于户籍制度二元化，城乡经济发展二元化，农村经济落后是城市社会对外来工社会排斥的主要原因。城市外来工是由农村单向性向经济发达城市流动的特殊群体，由于制度层面的结构性障碍以及经济层面的收入障碍等，城市外来工成了社会的边缘群体。

1. 制度障碍——横隔在外来工城市适应中的大山

制度排斥的研究者认为，城市外来工的社会排斥是结构化的，不同的国家和制度会对移民造成不同的社会排斥，这方面的研究成果可谓汗牛充栋。在我国的城市外来工的研究中，制度排斥最主要的体现为户籍制度。在我国城镇化与工业化过程中，农民从农村涌入城市，由于户籍制度的二元化，作为城市的原住民他们本身具有优越感。就上海而言，新中国成立以后实行的户籍管理制度从根本上封锁了近现代城市移民的流入通道。户籍制度下产生了不同的利益格局，产生了城、乡两个利益集团之间的断裂与分化，在这种分化中，存在市民与外来工的不平等。外来工在城市中居于明显的弱势群体地位，这种不平等与歧视在国家、社会、团体与个人的互动过程中产生。不同的制度安排就会对移民造成不同的社会排斥（Ottamann，2010；Cousins，1998；Silver & Miller，2003；Atkinson & Davoudi，2000；克莱尔·肖特，2000）。在我国城市外来工的社会排斥主要表现为结构性制度的排斥，使得外来工在就业、住房与福利政策以及子女的教育等方面被排斥（李景治、熊光清，2006；曾群、魏雁滨，2004；姚洋，2001；石长慧，2012；张文玉，2012；冯帮，2007；张世文、王洋，2008；胡宏伟、李冰水、曹杨、吕伟，2011）。社会排斥是一种复杂的社会现象，虽然城乡户籍制度的二元分割是导致排斥的直接原因，但也有研究表明，即使在没有户口分野的社会，从农村到城市的移民在新的居住地同样也处于工作、收入以及心理上的弱势地位（郑冰岛、吴晓刚，2013）。

2. 经济与语言弱势——隐藏的非结构性等级差异

经济基础决定上层建筑。社会排斥最初的测量维度仅限于收入和消费的贫困，这一社会经济弱势一直以来成为社会学家和政策制定者的重要话题。发达地区成了外来工的聚集地，特别是长三角和珠三角地区，主要是因为这两个区域在改革开放以来的几十年中，经济发展迅猛，为人们提供了更多的就业岗位。当地人在众多的岗位中优先选择了符合自己利益最大化、干净、轻松的工作。外来工从农村流入城市，由于人力资本较低，难以适应技术水平高的工作，又没有足够的时间成本去寻找那些较好的工作；因此，那些当地人不愿做的脏活、苦力活逐渐由外来务工人员承担。这使当地人具有很强的优势心理，他们甚至对外来工形成了负面的刻板印象和不合理的认知，给外来工贴上了很多标签，如又脏又乱、素质差等。

语言是人们进行日常交流的媒介，如果持有不同语言就会出现传说中的巴别塔①现象。

11:1　那时，天下人的口音言语都是一样。

11:2　他们往东边迁移的时候，在示拿地遇见一片平原，就住在那里。

11:3　他们彼此商量说："来吧，我们要做砖，把砖烧透了。"他们就拿砖当石头，又拿石漆当灰泥。

11:4　他们说："来吧，我们要建造一座城和一座塔，塔顶通天，为要传扬我们的名，免得我们分散在全地上。"

11:5　耶和华降临，要看看世人所建造的城和塔。

11:6　耶和华说："看哪！他们成为一样的人民，都是一样的言语，如今既做起这事来，以后他们所要做的事就没有不成就的了。

11:7　我们下去，在那里变乱他们的口音，使他们的言语彼此不通。"

11:8　于是，耶和华使他们从那里分散在全地上，他们就停工不造那城了。

11:9　因为耶和华在那里变乱天下人的言语，使众人分散在全地上，所以那城名叫巴别（就是"变乱"的意思）

人类持有不同的语言，就不能相互沟通，也不会相互融入，同时对于移民来说还会体验到来自主流社会的敌意和排斥（Rendall, Tsang, Rubin, Rabinovich & Janta, 2010）。语言是一个群体身份的表征，人们通过语言生产和再生产他们的特殊身份，相同的语言可以使个体把自己和他人看成同群体中的成员。当一个人不具有某个群体区别于另一个群体所具有的某种内在属性时，就会缺少该群体的认同，从而产生"局外人"的体验。语言不仅标记着认同，还标记着等级。在美国文化中，语言的标记效应凸显，英语具有绝对的声望和无法挑战的优势地位，在纽约的波多黎各人的语言强化了他们的种族化和民族化的差异性（Urciuoli, 1996）。人们根据语言产生自我归类和认同，这种范畴化分类能够产生同一群体成员之间的人际

---

① 《圣经·旧约》第11章称，上帝为了阻止人类建塔通天的计划，变乱了人类的语言，使人们之间不能相互沟通，从而计划失败（《圣经·旧约》，2009）。

吸引。强势语言群体对弱势语言群体通常会产生群与群间的不认同，且持有刻板印象，认为他们愚蠢、能力低下等（Edwards，1999），因而产生歧视，不愿与其交往。

语言还是重要的人力资本，提升移民流入地语言能力有利于促进其劳动力市场的参与和收入的提高（Dustmann & Van Soest，2001；Dustmann & Fabbri，2003；Chiswick & Miller，1990），流入地语言能力缺乏导致工资和工作机会的减少。工作和贫穷是社会排斥的主要领域，换句话说，即较低的流入地语言能力会使劳动者在劳动力市场中产生不适应，从而遭遇排斥。郑冰岛和吴晓刚（2013）指出城市外来工的不利地位不仅在于其农业户口身份，更在于其在社会流动过程中的竞争力。马戎（2009）对少数民族流动人口的研究发现，语言障碍是构成他们在汉语城市就业与融入的天然障碍。因此，当外来工的语言能力不能适应主流社会的要求时，其竞争力就会受到损害，从而在劳动力市场中处于不利地位，容易被排斥在劳动力市场之外。很多外来工不愿被城里人看不起，他们在日常生活中从服饰、休闲方面整饰自己，常常因害怕自己的方言暴露自己的身份而不愿开口说话，他们希望通过不说话来掩饰自我的身份而避免受到城里人的歧视与排斥。而长三角和珠三角城市，由于走在改革开放的前沿，对外交流与互动增多，形成了独特的文化体现，吴语和粤语都成了一种强势语言，一种当地人身份的标识，不会讲当地话的人常常会被看作外乡人，而被拒绝和排斥。

（二）从理性行动到相对剥夺

社会排斥是一个过程，在排斥的过程中，被排斥的人通常会存在被歧视感、排斥感和剥夺感。然而，同处于被排斥的过程中，为什么有些人的心理体验更为强烈，关于这一现象的解释具有不同的理论基础。

1. 理性行动——实际能力的评估与选择

移民群体是较为特殊的一个社会群体，他们来到城市的全新环境中，必然会面临语言交流、求职就业、文化适应、社会参与、身份认同等问题。在融合过程中，移民通常也会出现差异化融合。理性行动理论强调移民自身对生活机会与社会环境的选择与策略性行动。理性行动主要从理性人角度出发，强调一个人的行为结果是在对他人反应的感知与计算后所做出的行为决策（Fishbein & Ajzen，1975）。研究者认为一个居于有利地位的人（如男性、富有者、教育程度高者、白领等）更可能对当前的经济、社会等生活状态满意，处于不利地位的人可能会有更多的不满，拒绝当前的不平等（Chunping，2007）。外来工对城市生活的心理感受和体验与个人的实力、资源价值等有关（文军，2001）。他们处于结构性的劣势地位，从而对所处的社会地位与环境产生一种不利的感知，因而产生被城市社会排斥的心理体验与感知。理性行动虽然可以解释移民在融合过程中的阻力，但难以解释移民群体的融合水平差异（刘程，2015）。

2. 相对剥夺——社会比较的心理感受

近年来的许多经验研究表明，客观的社会地位在某种程度上影响一个人的社会生活状态，但不一定会转变成对当前不平等的接受或拒绝（Chunping，2007）。相对剥夺感是指人们自认为没有得到公平待遇而产生的不满（陈炜、徐绥泽，2010）。Runciman（1966）将相对剥夺感的来源归纳为四个方面：没有某物 X、想到别人拥有 X、自己想拥有 X、认为自己拥有 X 是合理的。当外来工与城市居民以及群体内成员进行比较时，如果上述四个条件同时满足，他们就容易产生相对剥夺感（胡军辉，2015）。在以往的研究中，主要是指外来工流入城市将自身与城市居民对比后发现差距，从而产生相对剥夺感。人主观的经济、社会幸福感以及对排斥的感知依赖于人的主观比较（Runciman，1966；Tyler，Boeckmann，Smith & Huo，1997；Walker & Smith，2002），包括与自己过去地位的比较以及与他人的比较等，而不是与当前客观的经济地位来比较，如受过高等教育者比没有受过高等教育者的社会排斥感要高，特别是具有大学文化程度的人（Kluegel & Smith，1986）。Han 和 Whyte（2009）在关于北京外来工不平等感的研究中发现，外来工比当地居民更能接受现存的不平等。尽管存在户籍制度和福利政策的不利，但他们仍感到乐观以及对不平等具有更积极的态度。李培林和李炜（2010）研究发现，外来工虽然经济和社会地位较低，但他们倾向于认为这是由自身能力决定的，因而在社会安全感、公平感和满意感方面保持着积极态度。

综上所述，由于我国地域辽阔，产生了不同的语言和文化体系。外来工流动首先必然要面对的是原有生活方式的断裂和语言环境的不同。语言是一种重要的符号资本，具有某种潜在功能，拥有某种语言能力是某个群体共同性与差异性的指示器，影响人们的社会认同。但语言又是一种重要的人力资本，体现为显在的社会适应功能，是否拥有流入地语言能力影响人们劳动力市场中的工资回报以及社会交往。然而,不管是劳动力市场还是人际交往中遭遇的社会排斥,最终都会反映到外来工对社会排斥的心理体验方面。社会排斥会影响外来人员的社会融入和本地化(景晓芬,2004;许传新,2007)。凡是对社会不平等与贫困的研究,通常都把注意力投向反对社会排斥,增强社会融合方面(杨团,2002)。Dustmann 和Fabbri(2003)在研究中指出,语言能力是移民长期融合的前提条件,也是正式进入的必备条件。研究语言如何影响外来工社会排斥具有重要意义。然而,正如迈克尔·A.豪格和多米尼克·阿布拉姆斯(2011)在《社会认同》一书中的描述一样,语言一直以来是社会心理学的研究盲点。

> 语言是这个生活世界的主导因素。语言成为社会心理学研究盲点的深层原因是我们常常是身处被视为理所当然的日常生活世界中的,我们通常认为这个世界就应该是它看起来的样子,而忽视了它强大的象征特质(或者说是符号特质)。(《社会认同》,2011)

因此,移民作为流入地的他者,自身方言与当地语言的差异使得他们在流入地缺少竞争力,缺少了与人们交流最基本的沟通工具,缺少群体认同最典型的符号表征。语言适应是移民在流入地社会适应的重要方面。在我国,关于语言与外来工社会排斥关系的探讨可以为促进外来工的社会融合提供一个全新的视角,也可以在理论上进一步探讨语言作用于外来工社会排斥背后的影响机制。

第二章
移民与社会排斥

社会排斥是对社会凝聚力和社会整体发展具有重要影响的心理和社会因素。社会排斥的理解需要从科学层面和跨学科视角去分析。迄今为止，社会排斥没有唯一定义。不同时期的社会排斥与界定时的社会背景、政策文件和学术研究有关。因此，关于社会排斥话语体系的讨论是多维的、复杂的。本章主要阐述有关社会排斥的概念、测量及与移民相关的研究。

一　社会排斥是什么

排斥成为一个备受讨论的话题，开始于 20 世纪 60 年代的法国，当时政治家、活动家、官方以及学者开始模糊且在意识形态方面将贫困指称为排斥（Klanfer，1965）。然而，运用单一的、简单的标准来定义排斥并不能解释存在的众多社会问题，历时的官方与学者的许多研究也陷入这种困境。当社会排斥发展为一个应用广泛的术语，不同的研究者对社会排斥概念具有不同的界定。笔者通过厘清概念产生的社会背景、概念的演进与发展，试图为社会排斥的科学界定与应用提供新的概念框架。

（一）社会排斥是怎么产生的

社会排斥作为一个重要概念在社会、政治、经济、文化，甚至邻里、家庭和个人之间普遍使用。但迄今为止，何为社会排斥，并没有一个完全确定又普适的概念。虽然有研究从圣经故事、罗马制度进行了社会排斥的词源分析（丁开杰，2009），但直到 20 世纪 70 年代学者还很难发现关于这概念的文献记载。

1. 社会与经济背景

20 世纪 60 年代的法国，在经历长达几十年之久的工业化大革命后，经济增长缓慢，社会面临着大量的新问题：失业、贫困、家庭与宗教削弱等。法国学者第一次提出了现代意义上的排斥概念 "Les Exclus"，指被保险制度排除在外的人。20 世纪 80 年代，法国产生社会与政治危机。贫困与失业逐渐增长，越来越多的人发现生活无保障，处在社会的边缘。这对当时欧洲共同体许多国家乐观地认为贫困问题已基本可以控制的观点无疑是重重一击。人们对工业化社会的发展产生了质疑或认为自身处在了被发展遗忘的边缘。20世纪90年代初期，为解决新出现的特殊群体的贫困等问题，整个欧盟地区开始成立专门机构制定政策，希望通过各项政策解决实际问题。用什么样的术语作为政策制定的概念体系？为避免"贫困"和"剥夺"等概念所具有的污名化，政策制定者希望能够为社会发展寻找一个创新性的概念，因此，用"社会排斥"作为研究特殊群体政策制定的术语。

2. 政治和文化背景

法国等欧洲的许多国家都是欧洲共同体的成员。20世纪80年代欧洲共同体的政策举措强制使用官方语言——英语。法语是欧盟认可的官方语言之一，因此，在法语中社会排斥表述为"exclusion sociale"，与英语社会排斥"social exclusion"的表达极为相似。因此，欧盟参照了法语的"exclusion sociale"概念，用"排斥社会"或"社会排斥"为政策制定提供了一个新的选择。社会排斥这一概念，就政策制定者来说，在某种意义上作为贫困项目的标志，较为新鲜且注意了语言的修辞性。社会排斥与"贫困"的概念相比较为体面，同时又是一个极具可塑性的概念，可以涉及包含贫困在内的各个领域的社会问题。不同的欧盟成员国可以根据自己国内出现的社会问题的需要制定符合地方特色的政策。

3. 政策与学术背景

社会排斥作为一个学术话语出现在欧盟的政策文件中，便很快在其他国家传播开来。社会排斥的概念成了欧洲联盟的核心概念以及英国新工党政府托尼·布莱尔的基本政策概念。1999年澳大利亚大社会政策会议关于社会排斥的"伞状"概念浮出水面；奥特亚罗瓦/新西兰也将社会排斥作为反思社会政策取向项目的一部分。20世纪90年代以后，"社会排斥"概念陆续被联合国、世界银行、国际劳工组织、亚洲开发银行等国际组织采纳，传播到了包括拉丁美洲、非洲在内的发展中国家（阿玛蒂亚森，2005）等。欧盟社会政策的话语从关注"贫困"转变为关注"社会排斥"，同时吸引了大量的学术评论，特别是20世纪90年代中期以后（Burchardt, Grand & Piachaud, 1999; Cousins, 1998; Levitas, 1996; Madanipour, 1998）。这些评论的本质旨在关注社会排斥的概念被欧盟政策话语接受，不仅是因为它抓住了欧盟政策语境中"贫困"的话语空间，更是因为它的使用不断鼓励着与就业市场排斥的共用，同时还鼓励着从极端边缘化的改

变。当然，这种关注也来自那些"不发达工业化"世界的学术话语场域
（Rodgers，Gore & Figueiredo，1995）。

综上所述，社会排斥起源于法国，除欧盟之外，社会排斥在北美及一
些发展中国家逐渐引起关注。其产生背景来源于政治、经济、文化、政策
以及学术场域。除了国家与民族内弱势群体的社会排斥外，移民和种族的社
会排斥也是排斥研究中的关键（Aasland & Flotten，2001；Keyder，2005；
O'Reilly，2007）。我国正处在社会转型期，大量的外来工涌入城市，他们
既是弱势群体，又是城市中的移民，在政治、经济、文化和政策方面与城
市居民存在差异，形成流动人口社会排斥的发生背景。

（二）社会排斥的提出与发展

社会排斥的产生具有一定的历史背景，但社会排斥又是如何逐渐发展
为一个科学的研究体系和具有不同的维度特征的？社会排斥研究的不断发
展也是社会排斥概念不断完善与形成的过程。

1. 谁先使用"社会排斥"

社会排斥话题开始于20世纪60年代的法国（Klanfer，1965），法国工
业化革命之后出现的社会新贫困等一系列问题使得一部分人生活在社会经
济发展的边缘，为社会所遗忘（丁开杰，2009）。1974年，时任戴高乐政
府社会行动处国务大臣的勒努瓦（Lenoir）提出了社会排斥的概念，并将
那些处于被增长所遗忘的边缘的人，归为十个方面：精神和身体残疾、行
动不便的老人，自杀者，受虐待的儿童，吸毒者，犯罪者，单身父母（特
别是单身母亲），居住困难者，边缘人，反社会的人以及其他"与社会格
格不入者"（Silver，1995）。这一概念指出了社会排斥的对象与群体，都
是那些未受社会保障体系所惠及的人。因为在法国的社会保障体系中只有
带薪工作者或配偶为带薪工作者才能享有社会保障，上述这些人群不能参
与政治、医疗、住房等社会保障而受到社会排斥与孤立。然而这一概念虽
包含了很多不利方面的受排斥者，但无法穷尽受社会政策排斥的所有人
群。每个群体的界限也较模糊，同时这一概念也没有具体指出"什么会发
生"。但毕竟是第一个真正现代意义上提出的"社会排斥"，为欧盟及其他
各国社会政策制定中关于社会排斥这一术语及维度提供了参考。社会排斥
的概念具有不同的历史渊源，对社会排斥的界定也因各个国家的政治、经
济、文化背景以及研究传统的不同而得到了不断发展。在不同的背景与研

究中，长期以来出现了倾向于不同视角的各种界定。

2. 狭义和广义之别

一般来说，社会排斥的研究部门和研究者关于"社会排斥"术语的概念已达成了一种共识，即可以通过两种方式进行界定：狭义和广义。社会排斥的狭义与广义概念的提出是基于最初与贫困概念相等同的维度进行划分的。因此狭义的社会排斥，作为收入贫困的同义词，特指那些没有获得劳动报酬（被有偿劳动力市场排斥）或者是指那些低工资收入的人（Hazari & Mohan，2015）。它通常与"社会团结"具有同一概念意义，即一个团结的社会是能够通过人们有偿劳动（政治、社会、经济）控制和维持稳定的（Peace，2001）。同样 New Policy Institute（2006）报告指出，贫困概念是指人们比普通居民缺乏机会……这一广义的贫困概念与狭义的社会排斥概念相一致。然而，将狭义的社会排斥概念等同于贫困，具体混淆了贫困与社会排斥在收入、资源、原因和分层这四方面的差异（丁开杰，2009）。利用贫困这单一维度来界定社会排斥显然不能实现社会排斥概念产生时的初衷——描述社会的不利性，也不能有效地表达社会排斥是一个发展的、动态的多维概念特性。因此，与狭义相对，不同的研究者提出了若干广义上的社会排斥概念。

所谓广义的社会排斥，是指比贫困、收入不平等、剥夺或缺乏就业更广泛的排斥，这也是学界的共识（Lucas，2012）。有研究者在社会排斥的定义中将贫困作为其中的一个维度进行定义。比如，社会排斥是一个比贫穷更广泛的概念，不仅包括较低的物质手段，还包括不能有效地参与社会、经济、政治和文化生活，以及具有与主流社会存在有距离与异化的一些特征等（Atkinson，1998；Burchardt，Le Grand & Piachaud，1999）。Oppenheim（1998）提出，要注重社会排斥而不是贫困，具有多种理由。社会排斥是与多因素相关的，它比贫困更为无形，如地位、权力、自尊和期望的丧失……我们会在这里加入另一个重要的方面，即受到资源缺乏，包括时间、交通以及表达能力缺乏的影响而产生的政治排斥和无力影响决策等。贫困仅仅是其中最明显的因素之一，通常被排斥的个人或群体无法与其他大部分社会成员一样，同等参与活动，获得食物、机会和社会服务等（Mackett & Thoreau，2015；Pritchard，Moura，Silva & Martinez，2014）。社会排斥也指不能享受住房、教育、健康和服务的权利（Levitas，Pantazis，Fahmy，Gordon，Lloyd & Patsios，2007），以及人对人之间缺乏包容，被忽视、拒绝，不受欢迎或喜欢等（Lee & Shrum，2012）。社会排斥既包含了人的物质需求，也深入人的生理需求、心理需求和社会参与等领域（Room，1995；SEU，1999；Abrams，Hogg & Marques，2004；Lee & Shrum，2012）。欧盟贫困项目报告的一种复杂方法系统地计算了社会贫困，这12个报告识别了排斥是多维的，它涉及资源的缺乏和/或社会权利的拒绝，以及排斥是一个动态过程（Andersen，Brutoda & Costa et al.，1994；Conroy，1994），这种排斥的过程导致了多种剥夺、社会网络和家庭关系的破裂，以及认同与目标的丧失等（Silver，1995）。

广义的社会排斥概念包含了很多方面，学者在贫困的基础上对影响因素进行了广泛和更具弹性意义的界定，使得政府当局等致力于解决排斥的部门可以从多方面开展反排斥工作，减少排斥，促进受排斥群体社会福祉的提高。然而社会排斥并不仅仅意味着在贫困维度上引入新的维度，在广度上增加它涉及的人群与范围，形成组合式概念，更主要的是需要体现社会排斥产生的动态过程性、相互关联性。这就需要在深度与相互关系上进一步界定社会排斥。

3. 状态和过程之别

排斥的界定脱离且超越贫困概念而发展时，既是一种广义上的社会排斥概念的发展，又是一种从静态到动态的过程性建构。Gordon、Adelman和Ashworth等（2000）认为排斥是指大多数人参与的社会关系、社会风俗和社会活动的缺失与否定过程。社会排斥被看作一个"过程"而不是"状态"，这有助于建构与贫困的关系的精确性。综观社会排斥的定义，基本上把排斥作为一个过程来分析，而对于社会排斥的静态概念也只是在发展之初，研究者将其等同于贫困时而出现的解释，认为社会排斥是一种与贫困、剥夺和痛苦相连的现象。正如英国"社会排斥办公室"（the Social Exclusion Unit）提出的"社会排斥作为一个术语，指的是某些人或地区受到的诸如失业、技能缺乏、收入低下、住房困难、高犯罪环境、健康受损以及家庭破裂等相关问题交织影响时所发生的现象"（SEU，1997）。这一概念用一种静态存在的现象来解释社会排斥，难以告诉人们排斥现象是如何产生的。因此，必然需要生成一系列更能够反映排斥本质的概念体系。

Democratic Dialogue（1995）直接指出，社会排斥是一系列过程，包括劳动力市场和福利体系，个人、家庭、社会或整个社会群体被推向了社会的边缘。它不仅包括物质剥夺，也包括更广泛的社会与公民生活的充分参与机会的拒绝。Madanipour（1998）把欧洲城市中的社会排斥定义为"社会排斥是一个多维度过程，这个过程包含不同的排斥形式：决策与政治参与过程的排斥、获得就业与物质资源过程的排斥、共同文化融合过程的排斥。当这些过程结合在一起，就需要在特定的区域寻找一种空间，表现激烈的排斥"。Beall 和 Piron（2005）认为社会排斥是一个过程和状态，阻止个人或团体充分参与社会、经济和政治生活以及权利维护，这是基于权利的排斥。因而，社会排斥的过程概念具有多维向度，研究者在静态的贫困基础理论上引入拒绝与被拒绝，表示了特定人群在某些领域或事件中本应享有的机会与权利的全部或部分丧失的过程（Walker & Walker，1997；Jalal，1998；曼纽尔·卡斯特，2006；Tamim & Tariq，2015）。社会排斥的过程概念越来越多地涉及在政治、民主、经济与文化领域的权利的否定与否的过程。

关于过程的发生在上述概念中的表述均为单向度，即排斥的施加。然而，当被排斥者失去了某一或某些方面的机会与权利时，这会影响他们在其他方面的机会的发生，从而导致一种排斥的累积与循环效应。社会排斥可以被定义为一个动态过程，是个人、社会、文化和政治生活中各种不利因素的累积结果（Cuesta，2014）。欧盟统计署关于社会排斥的定义认为，社会排斥是一个互动过程，具体为"某些不利导致特定的排斥，这些排斥又反过来影响更多的不利发生和更大的社会排斥，并最终形成持久的多重不利……"（李秉勤、Pinel，2004）。曾群和魏雁滨（2004）在文章中指出，"社会排斥"将导致受排斥者贫穷、被排斥出消费市场、家庭关系紧张、长期失业甚至可能成为低下阶层，并形成不同于主流社会的生活方式与价值观。这种与主流社会相背离的特征会反过来造成受排斥者的权利受损，使其持久地处在社会边缘。社会排斥的过程与结果在本质上是相互作用与影响的。苏格兰事务部指出，社会排斥是复杂的，原因是相互联系的，它影响被排斥者，成为被排斥者进一步被排斥的原因（The Scottish Office，1999）。

社会排斥的过程化概念倾向于将排斥视为一个可建构的工具性的概念。社会排斥是有条件性的，因此条件可以创造与改变。但这一概念忽略了排斥进程中的结构化效应，个体或群体被社会排斥，这种特定社会内群体与外群体的结构与制度性区隔发生时，被排斥者对造成这种现象的社会结构无能为力。因此，社会排斥的过程化概念忽略了社会排斥行动过程的建构化特征，虽有利于社会政策的制定，但不会有利于被排斥主体的主观建构而改变对自身的排斥。

4. "谁"排斥"谁"之别

社会排斥的过程概念首先要回答"谁被排斥"这个问题，涉及了排斥的施动者与受动者。"谁被排斥"包含两层含义。第一层，被排斥的主体是"谁"？这个"谁"便是排斥过程中的受动者；第二层，是"谁"让他们成为被排斥者，这里的"谁"便是排斥过程中的施动者。排斥过程中施动者与受动者相互作用密不可分，社会排斥的概念通常需要围绕这两个主体进行界定："谁"将"谁"排斥出"什么"。Lenoir（1974）通过对排斥过程中的受动者的归纳与分类，将社会排斥定义为长期被社会边缘化，概括起来有 10 类人群。通过排斥过程的受动者的分类界定社会排斥是概念发展之初的主要方法（Lenoir，1974；SEU，1999、1997；DSS，1999；Mackett & Thoreau，2015）。在概念层面涉及的受动者通常为一种属性与状态的描述。Rodgers、Core 和 Figueiredo（1995）在一份相关的劳工组织报告中，将被排斥的个人或群体看作处于不利条件……在某种意义上是受社会孤立的……具有或经历薄弱的社会关系……通常不具有有利的法律权利。然而，被排斥者作为排斥过程的受动者，不仅是一种属性与状态，还是具有某种心理与社会需要的人或群体。Sen（2000）认为，越来越多的研究者对社会排斥的概念重新界定，涉及了更多的群体，如失学者、失业者和移民等。Burchardt、Grand 和 Piachaud（1999）将受动者的这种需求作为概念界定的一部分提出：如果一个人（A）地理上他/她是这个社会的居民，（B）由于超出自己控制的原因，他/她不能够参与到这个社会公民的正常活动中，（C）他/她想参与活动时，就被社会排斥。

在社会排斥的概念体系中，施动者通常没有被明确指出，而是通过在概念形成过程中"谁被排斥"和"排斥出什么"来建构施动者。苏格兰行政院（Scottish Executive，2000）认为，社会排斥是一个过程，社会中的居民或群体参与到社会公民的正常活动被否定。同样，Burchardt、Grand 和 Piachaud（2002）所界定的社会排斥概念认为，具有某地理空间的居民没有参与到当地社会公民正常的活动时，就是被社会排斥的。Schwanen、Lucas 和 Akyelken 等（2015）认为社会排斥是指处于获得和自主参与经济生活（包括经济、就业和教育）、政治生活（包括政策制定与管理）、社会生活（包括社会关系和互动）、文化生活（包括公共辩论、艺术和媒体）以及健康（生理和心理）的较低层次水平。这些概念中所建构的施动者应该是当地的政府与社区。同样的施动者建构见英国政府"社会排斥办公室"的概念（SEU，1997）。另外，即使在概念建构的过程中，也无法将社会排斥的施动者建构在某一特定对象主体上，而是将施动者由一个被操作化的抽象主体所代替。曼纽尔·卡斯特（2003）认为"社会排斥是在社会制度和价值架构的社会标准中，某些个人及团体被有系统地排除于能使他们自主的地位之外"。Sen（2000）认为社会排斥是一个多维现象，在广泛的意识中进行操作化：（1）被正常的公民权排斥；（2）被劳动力市场排斥；（3）被公民社会参与排斥；（4）被社会领域排斥。Madanipour（1998）提出社会排斥是一个多维度过程，这个过程包含不同的排斥形式：决策与政治参与过程的排斥、获得就业与物质资源过程的排斥、共同文化的融合过程的排斥等。社会排斥概念施动者的不明确性使得概念术语产生了模糊与可塑性，这有可能会使得在解决排斥问题的过程中出现排斥主体的互相推诿，从而影响了问题解决的效率。

5. 社会排斥的新思考

通过对社会排斥概念的演变与发展过程的回顾与评析，学者认为：社会排斥概念来源于贫困，又超越贫困并得到了广泛的发展；来源于状态的描述，又探究了从一种状态到另一种状态的变化过程；来源于被排斥者边缘化，又探讨了概念的核心动力排斥与被排斥共存。社会排斥概念的每一组特性（一维 - 多维、静态 - 动态、施动者 - 受动者）相互交织在一起，形成一个复杂、多元且相互作用的六角形概念结构，如图 2 - 1 所示。社会排斥在图 2 - 1 中依靠相互对立又互相依存的三组类别交错形成了关于社会排斥界定的历史与现状。

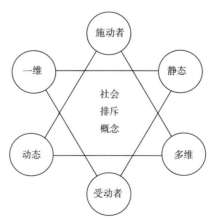

图 2 - 1　社会排斥概念体系

排斥是一个多维相互作用的动态过程，只有厘清过程中相互作用的逻辑才能了解社会排斥的本质，而用清晰的概念体系表述出来。Atkinson（1998）指出作为一个独立的概念，社会排斥必须具备三个主要元素：相对性（社会排斥发生在一个特定的社会、时间和地点）、介质性（指社会排斥由单个或多个施动者作用于对象的行动）、动态性（人们被排斥并非仅因为他们的现状，也由于他们渺茫的前景）。MacDonald 和 Leary（2005）认为，社会排斥是指在社会互动中，个体被一个他想与之建立关系的他人或团体拒绝、排斥或者贬低，由此他所渴望得到的关系或归属需求无法实现的现象。社会排斥作为一个过程化定义，必然有一个从最初状态到最终状态的呈现——在一定时空内施动者通过一定的介质将受动者排斥在外的过程，而受动者在这一过程也一直是一个不可或缺的主体。人作为一种社会性动物，在与他人或群体建立关系的过程中，外界所施加的与其自身的诉求和动机相冲突的社会力量存在时，个体必然会产生被拒绝的体验，社会排斥产生。排斥是一个建构性的概念，在互动过程中，既来自作为社会的人，也离不开人的心理的调节作用。在以往的研究中，社会排斥概念发展进程中的互动仅限于排斥与被排斥，而很少关注社会排斥过程中受动者对所感知到的排斥进行调节的作用。那么这种调节作用的发生与哪些因素有关？在健康心理学的研究中，研究者发现人们从接受刺激到做出反应需要经过一个调节系统，这个调节系统中涉及人的认知加工、社会支持和生物免疫系统。经过调节之后，个体会出现心理、躯体以及社会行为反应方面的临床表现。对于同一个事件，不同调节能力的个体会表现出不同的临床症状，表现为心理健康的不同水平。对社会排斥的感知是一个主观建构的心理量，当所渴望得到的关系或归属需求无法实现时，个体就会产生排斥体验。有研究表明，经验到的社会排斥事件能够改变 8～12 岁儿童大脑前额叶 θ 波，社会排斥的神经信号与儿童经历的排斥有关（Van Noordt，White，Wu，Mayes & Growley，2015）。张野、张珊珊和王佳名（2016）的研究也发现，自我觉知在社会排斥中对自我损耗有克服作用。也就是说，个体的内部主观认知具有调节经历社会排斥时的消极情绪和信息加工的能力。借鉴心理健康研究从刺激源到临床相的研究范式，笔者希望在社会排斥的概念体系中引入调节变量。

在社会排斥的研究中，被排斥的群体一般为社会的弱势群体，处于生活的边缘状态，如贫困者、失业者、精神病患者、艾滋病患者以及城市外来工等。学界关于弱势群体社会排斥的影响因素研究表明，在群体层面，相对优势社会群体会对处于相对弱势群体产生歧视和拒绝，如他们不愿意与弱势群体进行社会交往或居住在同一个社区（戴迎华、陈靖，2013；刘林平，2008；沈洁，2016），甚至还会出现敌意与排斥（Rendall, Tsang, Rubin, Rabinovich & Janta, 2010）。社会层面体现为，政治、经济、文化和政策制定等方面对保护弱势群体的利益呈现不足（李景治、熊光清，2007；陆学艺、龚维彬，2006；杨风，2014）。社会排斥是受动者与施动者相互作用的过程。

概念是本质的抽象概括，虽然在不同的研究中，研究者会根据需要将概念操作化，以反映研究的目的与意义，但所反映的本质只有一个。为了能将概念明晰化，根据对社会排斥概念的缘起、演进和发展的分析和社会排斥发生过程中被排斥者的互动与调节，本书提出社会排斥过程建构，如图 2 - 2 所示。

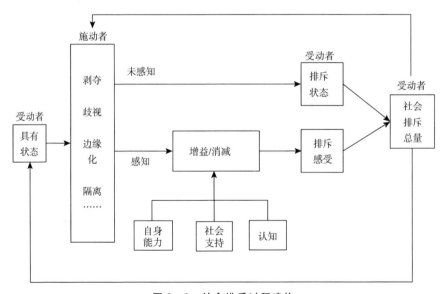

图 2 - 2　社会排斥过程建构

图 2 - 2 清晰地表明，社会排斥中的受动者经过怎样的一个过程成为被排斥的主体。在这一过程中排斥总量来源于两个方面：其一是施动者发出的，而受动者并未感知到的排斥量；其二是施动者发出的，被排斥者感知并通过一些调节变量对排斥量进行增益和消减。对排斥过程的建构受被排斥者自身能力、社会支持以及认知的影响。自身能力越强、社会支持越好，

排斥体验越易消减；认知具有两面性，既可以增加也可以减少社会排斥感。

总之，社会排斥的概念起源于贫困，通过不断的演变与发展，它不再是静态单维的概念，而是一个动态发展的过程性概念，不再是一个客观的状态性描述，而是一个发展性的累积概念。但无论怎么发展，社会排斥的本质没有变，即在排斥者与被排斥者之间产生区隔，这种区隔由多种因素构成，使得被排斥者难以实现跨区隔的融合。

二 社会排斥如何测量

社会排斥是涉及多维度、多领域的复杂过程。社会排斥的概念告诉我们社会排斥是什么，它有哪些特征和维度。社会排斥的测量能够较直观地反映社会发展过程中的建设质量。社会排斥维度及其测量为研究移民社会融入和发展提供了分析工具。Rosanna、Roger 和 Michael（2009）从四个方面总结了为什么需要对社会排斥进行测量。（1）政府层面，传统的以 GDP 来衡量人们生活水平的方式存在明显的不足，因此，需要发展新的指标评估人们的生活水平发展状况。（2）被排斥在社会之外，处于弱势地位的人有多少，所处的现状如何，性质如何，原因如何。这些重要的信息是政府制度有效性的重要基石。（3）社会排斥的测量能够在消灭贫困、减少社会排斥的政策实施效果方面进行评估，促使政府能够更加负责，以进一步提升工作绩效。（4）社会排斥测量可以方便不同政府之间进行横向比较，是衡量社会进步的重要途径。

（一）国外社会排斥的测量维度

测量社会排斥首先需要知道测什么，即社会排斥的维度。根据不同的内涵，国外社会排斥的测量维度从不同视角进行划分，进行丰富的研究和探讨。

1. 一维与多维视角

社会排斥概念在形成之初主要是特指贫困，随着社会在政治、经济、文化和制度等方面出现更多的弱势群体，这部分人通常被排斥在一定的话语体系之外。因此，社会排斥的测量也从对贫困的测量拓展到更多领域的测量。

一维的贫困。社会排斥在最初等同于贫困，通常是指个体或家庭的收入难以满足食品、交通、住房、医疗以及教育等方面的基本需要。因而社会排斥的测量总是和贫困的测量一起进行，英国在 1998～1999 年启动了"关于社会排斥和贫困调查"（PSE）项目，通过对 GHS（General Household Survey）1979～1998 年的数据分析，展示了过去 20 年来英国的贫困水平和对必需品的感知（Gordon，Adelman & Ashworth et al.，2000）。以往一般对贫困的测量只看其相对收入，而 PSE 中不仅是看人们有多少钱，还要看这些钱是否可以使他们维持最低的可接受的生活。因而 PSE 通过剥夺和收入两个指标来测量贫困，即人们是否缺少大多数人所需要的必需品，以及他们是否因为收入太低而负担不起。通过贫困的测量可以评估个人是否受到社会排斥，收入越低，人们受排斥程度越高。然而金钱收入只是一个关键要素，却并不是人们获得食品和服务的唯一指标。金钱收入来源于工作，有薪工作通常被认为是增加社会接触和社会互动的载体，个人如果不能获得工作，就会被社会排斥，不管他们是否与有薪工作者在一起，抑或他们的家庭是否贫困。因而，单用收入贫困来指代社会排斥，缺乏科学的依据，或者说它与任何关于什么是贫困的概念无关（Gordon，Adelman & Ashworth et al.，2000）。将贫困作为社会排斥来研究的文献还有 Room（1995）；Palmer，MacInnes & Kenway（2008）；Pantazis，Gordon & Levitas（2006）；Redmond（2014）。这些研究指出贫困是社会排斥的主体，收入是贫困的核心，工作是收入的前提，因而有薪工作可以减少社会排斥。

多维的歧视。社会排斥在贫困的一维水平只是反映了必需品的是否满足，而社会排斥还体现在个体或群体在参与社会整合机制时受到了歧视或者被拒绝（丁开杰，2009）。研究者从不同的视角对社会排斥进行了多维分析，Gordon、Adelman 和 Ashworth 等人（2000）对社会排斥在四个方面进行测量：贫困、劳动力市场排斥、服务排斥和社会关系排斥。其中：贫困维持了单一维度测量时的原意，指收入水平低；劳动力市场排斥是指个人或家庭的失业（jobless in paid work）；服务排斥是指不能获得家庭内水电供应或家庭外的交通、消费场所和金融服务等；社会关系排斥，即不能参与正常的社会活动，被孤立和缺少支持等。Levitas、Pantazis、Fahmy、Gordon、Lloyd 和 Patsios（2007）在《社会排斥的多维分析》中建构了一个分析矩阵。从三个方面进行了分析——资源：物质/经济资源、公共和私人服务的进入、社会资源；参与：经济参与、社会参与、文化参与，教育和技能、政治和民主参与；生活质量：健康和福祉、居住环境、犯罪和伤害。物质/经济资源最显著的指标就是收入。Bradshaw、Kemp 和 Baldwin

等人（2004）对社会排斥联盟（social exclusion unit）中所正式述及的社会排斥领域进行总结与分析，归纳了10个维度：收入、贫困、失业、教育和技能、健康、住房、交通、犯罪和害怕罪犯、社会支持/社会资本和社区作用。这些都受宏观的人口学背景、劳动力市场背景和社会政策背景的驱动。社会排斥一般是与社会不利条件相联系的，例如失业、不利的就业市场、低收入、不健康的身体和居住条件以及不能建立社会网络等。而实际上社会排斥是一个动态过程，从任何决定个人社会整合的社会、经济、文化体系中被排挤的过程（O'Reilly，2007），以及其他多种视角的社会排斥维度的分类（Van Winden，2001；Elwyn，2002）。Percy-Smith（2000）认为，社会排斥具有7个维度，包括经济维度、社会维度、政治维度、社区维度、个体维度、空间维度和群体维度。

2. 社会与个人层次

社会排斥的测量是为了更好地衡量社会发展的状况和社会质量。有研究者指出，一个社会发展状况的研究可以从两个层面着手：宏观层面的社会体系、制度和组织体制等社会环境；微观层面的与个体相关的机会、社会融入的可能性等（林卡，2010）。

社会机构标准。社会层面的社会排斥主要着眼于社会体系、社会制度、社会结构和各类社会组织等社会环境，也就是考察全社会为人们的普通生活带来的各类保障体系的保障程度和水平。国外社会排斥研究中，社会层面排斥指标测量具有的权威性主要来源于欧盟。为了加快欧洲一体化的步伐，欧盟在对整个成员国的福利制度的改革中，将反社会排斥作为国家政策关注的重点。各成员国采取了共同行动，制定了关于低收入和社会排斥问题的较为成熟和完善的指标系统，希望通过共同的测量指标来监测和评价欧盟各成员国在社会建设中取得的社会进步。典型的社会层面排斥指标的测量包括三个主要体系：拉肯指标体系、阿特金森指标体系和英国监测贫困与社会排斥指标体系（王锦花，2015）。拉肯指标体系是2001年在拉肯召开的欧盟会议通过的监测和评价社会排斥的指标体系，主要关注的是贫困、不平等和就业、教育、寿命和自我健康等10个首要指标和低收入比例、失业率、低教育获得等8个次要指标。其他各成员国可以根据拉肯指标的指导性标准建立符合各国实际情况的三级指标，以表现各国的差异性和特殊性。阿特金森指标体系是在拉肯指标体系基础上发展起来的，优先强调了住房的满足情况，以及死亡率、教育获得比例、基本技能培训等，还包括了 21 个次级指标、8 个未来可发展指标。阿特金森指标体系比较完善，后来成了欧盟各成员国通用的指标体系。英国监测贫困与社会排斥指标体系是一个"给所有社会成员机会"的指标体系。"给所有社会成员"意味着该指标体系旨在让所有人能够有权利参与到社会建设体系中，并从中获益。该指标体系具有一定的内容广度，包括收入、服务、健康、教育、住房、社会参与、剥夺、社会融合等 46 个指标，并具有具体的年龄结构，包括儿童组（16 岁以下）、青年组（16 ~ 24 岁）、成人组（25 岁到退休）、老年人，经过不断发展后，如今在英国劳动与福利部门的官方网站可以看到更为完善的由 198 个指标构成的指标体系。

个人研究标准。个人层面的社会排斥主要测量个人在该社会体系下的社会融入度，以及社会为个人所提供的各类机会、福利和保障等，侧重于个体的获得性，分析社会排斥产生的原因、后果，以及如何评价和描述等。个人层次的指标体系主要有英国社会排斥中心指标体系和英国千禧指标体系。英国社会排斥中心指标体系是由伦敦经济学院 Burchardt 等人对社会排斥研究时进行的测量（Burchardt, Grand & Piachaud, 2002）。研究中，Burchardt 等人将社会排斥定义为个人被拒绝在他想参加的重要的社会活动之外。因此，他们提出的社会排斥测量指标包括消费（如购买商品与服务的能力）、生产（如参与经济或社会性的有价值的活动）、政治参与（如参与地方或全国性决策）和社会互动（与家庭、朋友和社区的整合）四个方面。英国千禧指标体系由布里斯托的 Levitas 等人研究提出（Levitas, Pantazis, Fahmy, Gordon, Lloyd & Patsios, 2007）。该指标体系内容丰富充实，来源于第一手的调研资料，更具针对性。其分为 4 个一级维度（收入贫困与物质剥夺、劳动力市场排斥、服务排斥和社会关系排斥），13 个二级指标，强调了人的主观体验，还有若干个可操作指标。

（二）国内社会排斥的测量维度

伴随着社会转型，国内社会排斥的研究主要借鉴国外社会排斥研究的理论基础，针对外来工群体在城市生活中所遭遇到的社会不利，如制度排斥、政治排斥、劳动力市场（经济）排斥、社会关系排斥、文化以及心理排斥等方面，所做的本土化的深入研究，是一个多维度的社会排斥路径分析。

1. 制度维度

社会排斥的制度维度是指因制度设计一部分人被排除在制度规定的范

围之外，不能享有与另一部分人同等的社会权利、机会、社会保障和福利等。这是一个权利的获得与剥夺过程，来源于 North（1990）关于制度是"游戏规则"的定义。因此，制度规则是关于成员资格的获得，同时也是一个排斥的过程。从 Kabeer（2000）提出的制度融合与排斥图可以看出，在国家、制度、市场以及社区/公民社会、种族/家庭中受到一定的制度/规则、资源/价值的限定，一些人被排斥在制度外的过程，如图 2－3 所示。

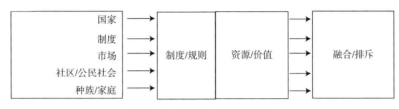

图 2－3　制度、融合与排斥

在社会转型期，我国城乡分化，区域经济发展不平衡，外来工从农村进入城市由于户籍制度的安排，他们没有权利与当地居民享有同等的机会，如子女教育、社会福利、住房与医疗保健等，都在某种程度上限制了他们进入及获得。这样一些由制度而生产规则的最终结果就是，外来工被排斥在制度的福利之外（寇浩宁、李平菊，2008；方巍，2008；徐勇、项继权，2006；李芹、刘万顺，2009）。

2. 经济维度

经济排斥在某种程度上可以等同于贫困，同时包括个人失业状态和维权能力的缺失或者不能积累资金，因而导致收入降低（Van Winden，2001）。在贫困的社会，经济排斥是排斥问题的核心，收入与经济排斥的相关性远超过收入与政治和公民权利的相关性。Figueroa、Altamirano 和 Sulmont（1996）以及李景治和熊光清（2006）指出，经济排斥是指一定的社会成员或者社会群体被排除在一般社会成员或者社会群体获得经济资源的途径之外，以及经济条件和生活环境明显低于一般社会成员或者社会群体的状态和过程。经济排斥主要表现为受排斥者就业机会受到限制，不能顺利进入劳动力市场、收入低，或者长期处于失业状态、居住条件和生活环境恶劣或者出现恶化、消费水平低，消费能力差、生活条件差，难以维持基本的生活需求。李贵成（2013）认为经济排斥是指社会群体不能顺利进入劳动力市场，被排斥在社会群体可以获得经济收益的途径或方法之外。在我国，城市外来工在劳动力市场中居于城乡分割的二元劳动力市场中的低端水平，使得他们虽然没有被排斥在有薪工作之外，表面上看可以通过自己的劳动获得收入，但难以获得劳动报酬高、社会待遇好的具有一定社会声望的工作。甚至有一部分外来工由于工作经验、劳动技能的不足，只能打临工或散工，经常处于"jobless"状态，当不能获得工作时，就更容易被社会排斥。

3. 政治维度

政治排斥是指个人或群体没有参加政治活动的能力，如参加国家或地区的选举（Selwyn，2002）或者指某种歧视，如女性、移民和宗教群体等被排斥在行使自身的政治权利和人权之外（Peace，2001）。比如在德国和法国，移民没有选举权，因为他们无法或不能及时获得公民身份，这使得他们一直处于政治过程之外。这是一种显而易见的主动排斥（Sen，2000），这些个人或群体没有被赋予政治权利而遭受排斥。我国城市外来工即使在城里工作，也改变不了"外来者"的身份，他们在城里没有选举与被选举权，且大多数政治诉求渠道都受阻，无法参政议政，所以也就不能从根本上提高外来工的社会融合度（邱利，2010；李景治、熊光清，2007；熊光清，2008）。

4. 文化维度

不具有一个社会所认可的或占主流地位的行为、生活观念以及价值导向，我们称之为一种文化排斥（Kronauer，1998）。文化是一种自然传承，从文化多元化来讲，文化本应无等级之分。但由于我国城乡二元分割，城市外来工带着乡土味的文化气息并不适应城市生活中纷繁的文化生活。地域的分割，使得城市居民产生一种优越感，对外来工产生"否定"与"污名化"的态度。从语言到生活习惯，外来工无法保留自身的传统。比如在城市生活中，他们要想与外界取得有效交流，通常要放弃自身的方言，而代之以主流社会需要的语言。但即使这样，外来工都难以摆脱城市文化的持有者那种本能地对外来文化所进行的排斥，城市文化的持有者能够通过外来者语言的口音进行文化表征，从而识别其身份。这种因地位不平等而造成的文化不平等，使得外来工不能享有自身的传统、仪式、宗教和语言等，这也是社会关系排斥的一种（Sabour，1999），与主流社会不相同的外来工自身的文化符号与意义等被边缘化（刘辉武，2007）。有时候排斥也来自外来工自身群体，他们为了获得自尊，也更倾向于他们的外群体地位，不愿意与当地人交往，排斥城市文化，不愿改变自己的习惯，如不愿学习当地方言，甚至不愿意说普通话等（曹进、曹文，2011）。这使得两种文化不能互相理解与包容，从而加剧了排斥与被排斥。

5. 社会关系维度

社会关系排斥是指个人被排斥出家庭、社会团体等其他社会网络关系。社会关系可以依据 House、Umberson 和 Landis（1988）的分类：首先，认为社会关系是指关系的存在和数量，包括人数多少和交往频率；其次是社会网络结构，主要指一类关系的结构性特征，如密度、同质性、多样性或分布；最后，社会关系的功能本质或质的方面，即资源，如积极的社会支持。在欧盟的文件中，社会关系排斥通常采用五个主题：不能参加到正常的社会活动、人们社会网络的联结程度以及社会孤立水平、正常或困难时期的社会支持、政治和民主活动的不能参与、限制，害怕罪犯，残疾或其他因素（Levitas, Pantazis, Fahmy, Gordon, Lloyd & Patsios, 2007）。根据上述两种分析框架，社会关系排斥是指社会网络、社会联结的分割与断裂以及社会交往的人数与频率的下降等。用一句话来概括，即在社会交往中存在困难。

另外，外来工在城市生活中，主要仍依赖于血缘与地缘组成的社会网络，在空间上与当地人形成区隔，成为社会边缘群体；社会联结度低，不能参加正常的政治民主活动，加之经济能力较弱都会使他们不愿意主动与当地人进行社会交往。外来工的经济状况、时间等方面限制了他们的人际交往，因而他们觉得没有必要在人际交往方面浪费时间和金钱（邱利，2010）。经济能力和贫困是影响社会关系排斥的主要因素，Levitas（2006）指出，月收入低于经济合作与发展组织界定的 260 美元的人，社会参与会剧烈缩减。经济能力差距越大，人们越不可能联结在一起。社会关系排斥意味着个人和群体在社会地位上被排斥出其他个人、群体和整个社会。Littlewood 和 Herkommer（1999）指出社会关系排斥是指被排除在社会交往中的相互接触、关系建立和身份认同之外，从而被边缘化和污名化。外来工与当地人形成了水平的中心与边缘的格局，形成了垂直的较高和较低阶层的局面，他们通常会在不同层面受主流群体的限制，被污名化（冯建蓉等，2011），社会问题的制造者、经常犯罪等一系列负面形象，使其被排斥。正如布劳指出：具有同一社会地位的人们之间的社会交往要比那些地位相差大的人们之间的交往更亲密一些（彼得·布劳，1991）。外来工与主流群体存在的任何差距都可能导致社会关系的排斥。

6. 心理维度

社会排斥的心理维度是指由于被某一社会团体或他人排斥或拒绝，一个人的归属需求受到阻碍的现象和过程，其具有多种表现形式，如排斥、拒绝、孤立和无视等（杜建政、夏冰丽，2008）。社会排斥是一个施动与受动相互作用的过程，在排斥发生时，被排斥者通常会体验到被剥夺、被歧视、被孤立和被边缘化等感受。因此，社会排斥的心理量通常用社会排斥感来表示。城乡二元体制以及区域经济发展不平衡导致城市外来工被"污名化"，使得他们处于边缘地位。当地人始终将外来工作为"局外人"或城市生活的"二等公民"，进而对其孤立，甚至嘲笑与厌恶。心理排斥既来自排斥者心理上对被排斥者的厌恶、歧视和边缘化，也来自被排斥者体验到的歧视感、剥夺感与不公平感等，本书中的社会排斥感是指来自被排斥者对社会排斥的体验。

总之，社会排斥的测量实质上就是社会指标运行的反映，目的是用来评估社会发展中的障碍。社会排斥来自多维度多领域，不管是哪种维度的测量，都是基于弱势群体受主流社会的排挤，使得其权益得不到实现，从而体验到被歧视、被剥夺以及被边缘化等社会排斥感。理论上将社会排斥的维度分开讨论，实际上这些维度相互交织与关联，相互强化与累积。任何单一形式的社会排斥几乎是不存在的，而影响受排斥群体社会融合最主要的维度是心理排斥。当一个人体验到来自主流社会的排斥，这种感受称为社会排斥感，它是经过个体对社会排斥进行自我调节之后所体验到的社会排斥水平。

三　怎么理解社会排斥

社会排斥是一种普遍现象，具有复杂多样的表现形式，与个体和社会均有联系。相关的研究在心理层面而言，主要研究社会排斥对个体的认知、情绪、行为以及心理健康等的影响；在社会层面而言，主要研究社会排斥中各个层面的社会排斥，包括制度、政治、文化、经济等。

（一）社会排斥的心理学取向

心理学界对社会排斥这种现象的界定和各国政策制定者对社会排斥概念的界定一样，没有获得统一的理解。从英文关键词来看，社会排斥可用

social exclusion、social rejection、interpersonal rejection、social ostracism、interpersonal ostracism 等关键词来查找文献，其中最常用的是 social exclusion、rejection 和 ostracism，可分别翻译为社会排斥、拒绝和放逐（程苏、刘璐、郑涌，2011；杜建政、夏冰丽，2008）。在心理学领域，研究者倾向于将社会排斥认知为与社会接纳相对立。社会排斥表现为多种形式，排斥、冷漠、孤立、拒绝等。有研究者在回顾国内外心理学对社会排斥的解读后将社会排斥界定为，个体被某一社会团体或他人排斥或拒绝，一个人的归属需求和关系需求受到阻碍的现象（杜丽娟，2015）。

1. 心理学分析视角

心理学旨在探讨人的行为背后的心理规律。传统的心理学流派有精神分析学派、行为主义、人本主义、认知学派。就社会排斥的定义来看，当个人有某种归属需求，但不被社会或某个群体接纳时，被歧视、剥夺以及边缘化等境遇就会产生。因此，心理学研究中关于社会排斥的分析常常与下述两个理论相关联。

（1）需要层次理论。需要层次理论是由著名的人本主义心理学家马斯洛在《人类激励理论》一文中提出的。在《动机与人格》一书中，马斯洛将需要分为五层，由低到高分别为：生理需要、安全需要、情感与归属的需要、尊重需要和自我实现需要。生理需要是人类的基本需要，当生存受到威胁，缺衣少食时，人的生理机能就没有办法正常运行。欧盟最初关于社会排斥的界定特指贫困，当人们因为贫困缺衣少食，即当人类最基本的生活需求得不到满足时，就会感到被社会排斥。安全需要是人类对仅次于基本需要的维持生命体不受伤害的运行环境的需要。当人类有安全需要时，若时刻预感到生命可能受到威胁，对生存境遇产生无力感，这些人就会感知到社会排斥。有研究表明，流动儿童的安全感与其社会排斥感呈现显著的正相关（师保国、徐玲、许晶晶，2009）。流动儿童由于随父母在不同的打工城市进行流动，通常在居住安全、卫生安全等方面不能得到保证，容易产生不安全感，从而产生社会排斥。当生理与安全的需要得到满足时，爱与归属的需要就成了新的需求目标。Burchardt、Grand 和 Piachaud（1999）将受动者的这种需求作为概念界定的一部分提出来，如果一个人（A）地理上他/她是这个社会的居民，（B）由于超出自己控制，他/她不能够参与到这个社会公民的正常活动中，（C）他/她想参与活动时，就被社会排斥。这一概念强调人在社会与群体中归属感的需要，当一个人想从属于某个群体而没有被接纳就会产生社会排斥。社会支持是满足人们归属需要的重要手段。DeWall 等在实验中，通过控制被试被多少人接纳，测量他受排斥时的攻击行为（DeWall，Twenge，Bushman，Im & Williams，2010），即当受到排斥后，在有机会得到他人接纳的情况下，被试也会表现出更多的亲社会行为（DeWall & Bushman，2011）。与具有较强社会关系网络的人相比，生活孤独者的身体和精神疾病发病率较高（Cacioppo，Hawkley & Bernston，2003）。一个人被接纳与否与他的健康、快乐、幸福有密切的关系，剥夺个体的亲密社会关系常常会导致更多消极的身体和心理后果。尊重需要，是相对高级的需要层次。每个人作为一个个体的人，更作为一个社会的人，都希望自己能够具有一定能力和稳定的社会地位，同时，希望这些得到社会的肯定与承认。举个例子来说，朋友圈是大家再熟悉不过的社交网络，一般在朋友圈中秀出的生活片段都是把自己最好的一面展现了出来，希望能获得别人的关注、正面评价和树立自我形象，获得他们尊重。当所获得的点赞与关注和转发越多时，发朋友圈的人就越是充满信心。而很少有人愿意将自己生活最阴暗、千夫所指的行为秀在自己的朋友圈中，因为这样只会引来一致的排斥与不尊重。马斯洛认为，人的尊重需要得到满足，能使人对自己充满信心，对社会满腔热情和体验到一个人活着的用处与价值（马斯洛，2008）。自我实现的需要，自我实现是人生的最高境界，不是每个人都能达到。自我实现是个体潜能的最大发挥，潜能越能被发挥出来，个体就越能实现自我期望。如果潜能发挥受阻也容易产生被排斥体验。有研究者侧重于归属需要，将社会排斥界定为个体被他人或团体排斥或拒绝，从而使得个人的归属需求和关系需求受到阻碍的现象（Williams，2007；杜建政、夏冰丽，2008；徐同洁、胡平、郭秀梅，2017）。

（2）认知归因理论。《心理学大词典》将认知归因理论解释为关于人们对他人或自己的工作、学习或其他行为原因进行分析、解释和推论的理论。该理论最初是美国社会心理学家海德 1958 年提出的设想，到 20 世纪 60 年代中期引起了一些心理学家的兴趣。归因理论认为，人们关于行为结果的因果知觉，会影响他们随后的情感、期望和行为。人们通过这种因果归因可认识、预测和控制他们的环境及随后的行为。归因主要有三个维度。其一，归因的内外源维度，内源归因指把成败归结为努力与否，外源归因则反映把成败原因归结为任务难易。其二，归因的稳定性维度，有的原因对一个个体来说是相对稳定的，有的原因就很不稳定。其三，归因的可控制性维度，即原因是否容易为个体所控制，任务难度是一个不可控制的原因。以上三个维度对于随后的情感、期望和行为的作用是交互的（朱智贤，1989）。有研究发现，社会排斥所产生的情绪体验是消极负面的。Baumeister 和 Tice（1990）研究表明，焦虑是人们对社会排斥的主要情绪反应，社会排斥和焦虑之间存在因果关系。社会排斥与社会接纳的个体相比，排斥组的被试更容易产生孤独、嫉妒、伤心、愤怒，甚至抑郁的负性情绪反应（Leary，1990；Buckley，Winkel & Leary，2004；Nolan，Flynn & Garber，2003；Mendes，Major，McCoy & Blascovich，2008）。社会排斥影响了被排斥者对自我与他人的认知评价，自尊感降低，消极地评价他人与自我。一些研究发现，排斥后个体会表现出强烈地想要重建社会关系的亲社会行为，例如，给潜在的朋友分配更多的钱（Maner，DeWall，Baumeister & Schaller，2007），购买可以体现群体身份的产品（Mead，Baumeister，Stillman，Rawn & Vohs，2011）。由此可见，被排斥者的行为反应与他们的认知具有一定的关系。同样，对于排斥的感知与体验，不同研究者的研究也存在不一致的结果。主观的经济、社会幸福感以及对排斥的感知依赖于人的主观比较（Runciman，1966；Tyler，Boeckmann，Smith & Huo，1997；Walker & Smith，2002），包括与自己过去地位的比较以及与他人的比较等，而不是与当前客观的经济地位比较，如受过高等教育者比没有受过高等教育者的社会排斥感要高，特别是具有大学文化程度的人（Kluegel & Smith，1986）。上述情况主要是个体将结果归因于个人的因素，当个体将被排斥的原因归结于个人因素和稳定的因素时不容易产生消极的情绪反应。Han 和 Whyte（2009）在关于北京的外来工不平等感的研究中发现，外来工比当地居民更能接受现存的不平等。李培林和李炜（2010）研究发现，外来工虽然经济和社会地位较低，但他们倾向于认为这是由自身能力决定的，因而在社会安全感、公平感和满意感方面保持着积极态度。社会排斥背后的动机是多样的，当受排斥者进行内部归因时，倾向于认为自己之所以受到排斥是因为做了什么不妥的事或出于自身的特点，这有助于产生亲社会行为；当进行外部归因时，个体倾向于认为自己受排斥是出于他人的原因，这通常导致反社会行为的出现（杨晓莉、魏丽，2017；Scott，Tams，Schippers & Lee，2015）。

2. 心理学测量方法

心理学常用的研究方法有实验法、问卷法、观察法和个案研究法。关于社会排斥的研究，更集中于使用实验法。实验法有利于探讨社会排斥发生时，个体的微观情绪反应、大脑神经元的活动状态等。所谓实验法，是指按照研究目的，有计划地严格控制或创设条件以主动引起或改变被试的心理活动，从而进行分析研究的客观方法。实验法可以严格控制一切偶然发生的因素，保持实验所需要的常量，以便进行精细、周密的观察，使获得的结果便于定量与比较。由于实验法可以反复实验和验证，故多用以揭示心理现象与环境之间的客观关系。心理学中控制条件最严格的是实验室实验法（朱智贤，1989）。

Pfundmair、Aydin 和 Du 等人（2015）采用实验法研究了文化背景对排斥时个体生理反应的影响。参加实验的被试分别来自土耳其、中国、德国和印度。实验 1 的被试为 70 名德国大学生，51 名土耳其大学生。实验为 2（状态：排斥，包容）×2（德国大学生，土耳其大学生）四水平的实验设计。学生被要求做一份关于过去经历的纸笔测验。他们被随机分配为进行一种实验室条件下的实验，写一段关于他们以前的生活经历，然后，回答问卷部分。结果发现，与土耳其学生相比，德国学生受排斥经历的影响更大。实验 2 的被试来自德国和中国，分别为 59 人和 60 人。结果表明，回忆被排斥的大学生组完成任务的意愿比包容组被试低，差异显著。在排斥条件下，德国人完成任务的意愿比中国学生低；在包容条件下，德国人完成任务的意愿比中国学生高。实验 3 的被试来自德国和印度，分别为 79 人和 103 人。结果表明，排斥条件下的网球投掷次数少于包容条件下的次数，德国学生与印度学生相比，表现为较低的完成任务意愿。研究 4 的被试来自德国和中国香港，分别为 36 人和 39 人。测量被排斥时的生理指标，结果表明，受到排斥时，德国被试的心率显著增加，而中国香港被试的心率则无明显变化。

张野、张珊和崔璐（2015）采用实验法探讨了回忆与现实情境下，不同社会排斥类型对大学生外显和内隐自我关注的影响及权力感的调节作用。结果表明，忽视型被试的外显和内隐自我关注水平较高。忽视社会排斥威胁功效需要进而引发个体提高自我关注水平，回忆和现实的被排斥经历，这两种情境因素对社会排斥产生的影响相同。

Baumeister、Twenge 和 Nuss（2002）采用实验研究发现，被排斥者的智力测验成绩显著低于其他被试，同样的，难以从记忆中提取信息并利用记忆中的信息解决需要思考的、有一定难度的问题，显著降低了排斥者的逻辑推理能力，但没有影响被试简单的回忆任务。这一系列的实验说明，社会排斥损害人们的高级认知能力，导致人们的思维能力下降。

Twenge、Catanese 和 Baumeister（2003）的实验研究发现，社会排斥影响被试的时间知觉，在时间间隔估计中，与受接纳的被试相比，受排斥被试高估了时间间隔，反应时长长于受接纳的被试。这些研究结果支持了社会排斥对认知加工速度与质量的影响。

谭玲、夏天生和刘勇（2015）借助排斥的博弈范式考察了不同的公平条件、平等条件下社会排斥对社会决策的影响作用，共 51 名本科生参加实验。实验的结果表明：社会排斥情境下，被试对公平与平等因素更加敏感；在高不公平条件下，社会排斥的个体表现出更少的合作行为，甚至不惜放弃自身利益，也要惩罚对方的不公平行为；在不平等的博弈条件下，被试更容易产生消极情绪体验。

Baumeister、Twenge 和 Nuss（2002）利用三个实验测量了社会排斥预期对智力水平的影响。进行智力水平前测后的被试首先完成艾森克人格问卷，然后随机分配三组描述他们未来的生活。按外倾性将被试分为三组：外倾性高、外倾性中等、外倾性低。随机分配这三组进行人格类型的描述的阅读任务，诱发排斥且回答问题。结果发现，对未来社会排斥预期引起了显著的理解力下降，正确理解率降低。

实验法研究社会排斥主要是创设社会排斥的情境或体验，测量被试的认知、情感、生理指标的变化，结果表明被社会排斥者与社会接纳者相比，具有心理、生理和认知的较低水平，且社会排斥在不同文化情境被试中的体现是不同的。

3. 心理学研究内容

在心理学领域，社会排斥是指由于为某一社会团体或他人所排斥或拒绝，一个人的归属需求和关系需求受到阻碍的现象和过程。个体的健康、幸福以及社会生活的诸多方面都依赖于其与团体及他人的关系（杜建政、夏冰丽，2008）。因此，被社会排斥的人需求得不到满足，容易产生心理层面的孤立感、排斥感等心理反应。

（1）社会排斥影响因素研究。国内外关于社会排斥的研究发现社会排斥受个体心理特征的影响。李森和张登浩（2016）对国内外研究文献进行回顾时总结了社会排斥的影响因素，就个体层面而言，不同性别影响社会排斥的结果。在 Romero 等人的研究中，社会排斥若对个体的地位产生威胁时，高排斥敏感性的男性更容易产生讨好行为，而在亲密关系排斥中，高排斥敏感性的女性更容易出现讨好行为（Romero-Canyas，Downey & Reddy et al.，2010）。与男性相比，女性更在意情感需要的满足，遇到社会排斥时，为了避免自己被孤立与忽视，而选择与他人结盟，以保证良好的亲密关系或获得新的亲密关系（Benenson，Markovits & Thompson et al.，2011）。

社会排斥的认知理论模型认为，社会排斥的归因是多样的。当受排斥者进行内部归因时，倾向于认为自己之所以受到排斥，是因为自己做了什么不妥的事或由于自身的某些特点，这有助于产生亲社会行为；当进行外部归因时，个体倾向于认为自己受排斥是由于他人的原因，这通常导致反社会行为的出现。归因是个体对某个事件结果发生的原因的认知与解释。Jones、Carter-Sowell、Kelly 和 Williams（2009）分两个实验研究排斥的形式对被试的心理作用的影响。实验一通过对 75 名被试的研究发现，虽然信息排斥影响个体的基本需要的满足、信任感和对群体成员的喜欢程度等，但是，相对于无意识的信息排斥，有意信息排斥给被试所带来的消极影响更大。实验二通过对 145 名被试的研究发现，与群体内的被试相比，部分被排斥的被试经历了不利的影响，如自尊受挫，即使没有付出代价，也对排斥产生较深的体验。因为这些被试相信从群体成员处得到的信息受阻，所以被排斥，当群体成员对排斥的决定负责时，排斥体验程度更深。也就是说，将排斥归为有意排斥对人的负性影响更明显。

（2）社会排斥影响作用研究。社会排斥的研究一方面将社会排斥作为因变量，研究社会排斥产生的原因和影响因素；另一方面，社会排斥也是群体和个体心理与行为产生的重要的自变量，对排斥者和被排斥者的情绪、认知加工、生理、行为等方面都会产生显著的影响。

社会排斥对施加排斥的排斥者自身归属需要以及情感需要产生影响。Poulsen 和 Kashy（2012）采用实验研究法，将被试随机分配到排斥组和对照组，每组共 4 人进行问题讨论，时间 10 分钟。排斥组中，实验要求每组中的三个被试去排斥另外一名被试，而对控制组没有任何要求。之后，要求被试报告他们自己的自尊、情绪和与他人的关系，以及对团队成员的情绪知觉和支持水平。结果发现，社会排斥对排斥者和被排斥者均有不利影响，排斥的程度越高，影响越大，但对自尊无显著影响。社会排斥对排斥者而言，产生消极反应的原因主要有两方面：一是排斥者对别人进行排斥是一项困难和令人尴尬的社会任务，违背了基本的社会交往规范；二是当排斥者排斥别人时，被排斥者对他们的排斥行为产生负性知觉，排斥者会产生感同身受的反应。研究者在文章的最后还强调了，排斥他人也会使排斥者自身付出心理代价。排斥者产生的消极情绪也可能会是通过阻碍排斥者自己心理需要满足而导致的，当排斥者在排斥过程中一方面实现了自主感和联结性，另一方面又要在排斥他人时阻碍自己获得满足，排斥者必然也需要付出极大的心理代价（Legate、DeHaan & Weinstein et al.，2013）。

Baumeister、Twenge 和 Nuss（2002）研究随机分配的社会排斥类型对被试认知能力的影响。实验一，将被试分成三组，分别接受一种实验条件：条件一，告诉被试他整个生命中都会有良好的人际关系、稳定的婚姻关系、被人关心爱护；条件二，告诉被试他将孤独终老、现在的朋友都会离他而去，甚至经历多次婚姻，但终究孤身一人，他会变得越来越孤独；条件三，告诉被试他晚年的时候将遭遇不测，会摔断腿或出车祸，不幸的事会接二连三发生。听完描述后，要求被试在负性情绪7点量表中评估情绪，且在6分钟之内完成一份智力测验。结果表明，预测未来被社会排斥而孤独终老的被试智力成绩显著受损。因为在被社会排斥的预期下，被试在智力测验题目理解中反应速度降低，从而正确率降低。实验二，被试被随机分成三组，接受的实验条件同实验一。之后，要求被试阅读GRE听力材料3分钟，一段难的，两段容易的，并进行阅读理解回答问题，没有时间限制，最后测量阅读理解的正确率。对于每一条件的被试又分两种编码水平：一种是先阅读GRE材料，后听排斥内容，再回忆排斥内容，解码排斥内容；另一种是先听排斥的材料，阅读GRE，再回忆排斥内容，解码排斥内容。结果，社会排斥降低了被排斥者记忆中那些用于回答困难问题的信息检索能力。实验三的任务分为两个，分析推理GRE材料的问题和回忆无意义音节。结果发现，社会排斥损害了逻辑推理，而简单回忆不受影响。由此可见，社会排斥影响了被排斥者的高级的逻辑思维能力，而一般记忆能力不受影响。

研究者（Naomi、Matthew & Kipling，2003）使用功能磁共振成像（fMRI）研究社会排斥，以确定社会排斥引起的疼痛是否与身体疼痛的区域相似。研究者给被试两种类型的社会排斥：外显的社会排斥，个体被某一社会群体的人拒绝参加这一群体的活动；内隐社会排斥，因为某种情有可原的原因，某一个体不能加入其他群体的社会活动。实验要求被试玩一种虚拟投掷游戏，并进行fMRI扫描。游戏的条件一：被试相信投球时，对他进行排斥的这两个人（电脑程序设定）是真实存在的，且同时在进行大脑扫描。第一次扫描，是要求被试观察其他人投球，并告知他，由于技术问题，他只能看不能玩，他被排斥在游戏之外；第二次扫描，被试被他人接纳，与他人一起玩球；最后一次扫描，被试收到 7 次传球后，就被其他两位游戏玩家排斥在外，最后共有 45 次传球但一次也没传给他，且要求被试在游戏结束后填一份问卷评估他们感受的排斥程度以及他们的痛苦水平。fMRI 记录的生理指标表明，社会排斥引起的痛苦与身体疼痛引起的神经认知功能相似。Macdonald 和 Leary（2005）在综述中表明，社会排斥的经历是痛苦的，因为对拒绝的反应是受身体疼痛系统调节的。社会排斥所引起的痛苦与人类身体疼痛所引起的痛苦具有共同的生理机制，降低了被排斥者的免疫系统功能，潜在地损害了被排斥者的身体健康（Cacioppo, Hawkley & Bernston，2003）。

社会排斥对人际信任等的影响。研究者（Yanagisawa, Masui & Furutani et al.，2011）对 84 名被试在社会排斥和社会接纳两种水平下，完成信任游戏时的信任水平进行测量。结果发现，社会排斥组被试的信任水平要显著低于社会接纳组，即使是在想象的社会排斥与社会接纳条件下。社会排斥导致被排斥者的社交行为退缩，在与人交往中显得更加谨慎和小心（Twenge, Baumeister, DeWall & Schaller，2007）。有研究者认为，被社会排斥者在人际交往中可能表现出两种态度：寻求新的人际联系，但这种联结仅限于未来存在合作可能的对象（Maner, DeWall, Baumeister & Schaller，2007）；避免更多的再次排斥，被排斥者在人际交往过程中会变得更谨慎，个体的交往意愿降低（Twenge, Baumeister, DeWall & Schaller，2007）。当被排斥者觉得在社会交往中与之交流的对象的态度是不友好的，就会表现出社交退缩（Sommer & Baumeister，2002）。社会排斥不仅对被排斥者的情绪、认知加工、生理、行为有影响，还对自尊、归属感、控制感以及存在感具有消极影响（Williams & Ostracism，2007；Baumeister & Tice，1990）。

（二）社会排斥的社会学取向

社会学界对社会排斥还没有获得统一的理解。在社会学领域，研究者倾向于将社会排斥与社会融合对立。社会排斥表现为多种形式，如制度排斥、经济排斥、教育排斥、文化排斥等。社会排斥的产生主要是社会学语境中的一种分析，一部分人处于中心主流的位置，另一部分人处于社会的边缘，社会边缘的群体容易被主流社会排斥。

1. 社会学分析视角

社会学旨在从宏观或中观层面探讨人们行为的发生规律。个人属于某类社会群体，社会中的个人与他所从属的社会群体密切相连，就社会排斥的内涵而言，一部分人处于社会的核心位置，一部分人被边缘化，当被边缘化的群体无法通过努力顺利通达至中心位置，就意味着这一群体被另一群体排斥。因此，社会学研究中关于社会排斥的分析常常基于下述两个理论。

（1）社会分层理论。社会分层具有客观性与主观性。客观层面的社会分层是一种完全独立于个人主观意识之外的既定的客观事实，是由社会自身的功能性需要派生出来的、由社会自身的运作机制所决定的、独立于或外在于社会成员个人意志的结构性事实。主观社会分层是由某些相关的社会成员个人主观建构的产物。而多元话语分析学者提出社会分层是一种由社会成员在特定话语系统的约束和引导之下、借助于一些特定的话语策略而建构出来的话语性现实（谢立中，2008）。西方关于社会排斥的最初界定是贫困，这一问题实际上是社会深层次的结构性因素和基本矛盾引起的。当不利条件使得弱势群体与主要的就业环境脱离，就产生了社会排斥，这些不利的条件在学者看来，是个体难以控制的结构化因素。结构化因素的影响作用主要表现为三个共同特征：多维性、动态性和能动性（李保平，2008）。多维性是指社会排斥的产生由多种难以控制的因素相互作用的结果，这些因素之间又会围绕着某个中心因素相互加强和影响。动态性是指施动者与受动者通过某种结构化的制度过程将受动者排斥出一定的社会领域之外，比如某个特定的机构。能动性是指处于社会层级较低的受动者向上流动的可能性较小，或是通过努力之后，也难以摆脱困境，从而出现了主动地与主流社会相隔离，如由于户籍制度而生成的城里人与农村人、某个体制内的人与体制外的人之间的社会排斥、某种福利制度和政策引起的穷人和富人等。西方社会排斥的理论与研究突出强调了非经济的社会结构性因素，而中国式的贫困与排斥，不仅是经济资源的贫困，也是权利贫困，权利贫困是制度化缺乏的表现（李保平，2008）。国内有研究者认为，社会排斥是由于公民的劣势地位造成的，而这种劣势地位主要是由制度、规则的制定造成的（杨团，2002；石彤，2002）。难以控制的结构性因素是客观的社会排斥，在某种结构体系中那些被排斥的受动者也会出现主动与主流社会不相融合的表现，从而表现出主观的社会排斥。

（2）社会认同理论。社会认同理论是学术界众多研究的分析视角，涉及政治、文化、宗教、伦理等各个社会领域。社会认同在本质上属于一种集体观念，Tafel（1974）关于群体心理学的研究首次提出了社会认同，其主要假设是，当个体以群体成员身份确定自我的时候，这个群体定位的自我知觉会在后来的社会行为中产生心理识别效应，形成主动归属的社会心理，产生社会认同。社会认同是行动者对其群体资格或范畴资格的认知评价、情感体验或价值承诺（方文，2008）。社会认同在社会比较中产生，Michael 和 Dominic 又进一步综述了群际关系的社会认同过程的多元化——范畴化和接触假说等（迈克尔·A. 豪格、多米尼克·阿布拉姆斯，2011）。范畴是指在社会归类中获得所认同的群体资格，从而产生特殊的群体行为模式和群体内偏好与群体外偏见等。社会认同用社会范畴来表明社会的结构性特征，人们主要从他们所归属的范畴那里获得认同。在现实中，群际之间经常会有地位、权力和声望上的差异，这些差异在不同程度上被视为合法、稳定、永恒的。占据优势的群体为了维护群体内的利益，常常习惯于排斥异群体。有研究表明，社会排斥发生在群际接触中（Dovidio & Gaertner，2004）。儿童和青少年经历社会排斥与个人的人格特质，宗教和移民身份，种族、国籍、性别，以及社会规范的遵从与偏离等有关。群与群之间的接触、群体之间的差异和社会化因素对儿童社会排斥反应起重要的影响作用（Hitti，Mulvey & Killen，2011）。Brewer 和 Miller（1984）提出群与群之间的接触有三种基础模式：类别化基础模式、差异化基础模式和个体化基础模式。虽然接触假说提出，接触有利于减少排斥、增进了解，但这种接触是在群体与群体之间相互平等的基础上的接触，如果存在类别化不平等的差异，群体与群体之间的接触并不有利于更加积极的群际关系建立。

2. 社会学测量方法

社会科学以人类群体及其行为为研究对象。社会学形成的理论争端存在唯名论与唯实论之争。在社会排斥的研究中，社会学采用的测量方法也沿用传统的方法论，表现为质性研究与实证研究两种倾向。

（1）质性研究。质性研究是指研究者本人作为研究工具，在自然情景下采用访谈、观察、实物分析等多种收集资料的方法，对自然发生的事件中各种行为的变化、发展进行描述和归纳，通过与研究对象的互动理解其行为和意义的一种活动（周宪、胡中锋，2015）。质性研究方法起源可以追溯到人类学研究中的民族志研究，采用质性研究方法进行社会学研究的是美国芝加哥学派代表人物乔治·米德，他使用参与观察和深度访谈方法研究社会现象（胡中锋、黎雪琼，2003）。Chung、Choi、Park 和 Litman（2014）对 300 名自越南、中国、菲律宾、印尼、泰国到韩国的非熟练移民工人进行访谈，了解公共交通服务中社会排斥的问题。结果表明，许多在韩国的低收入移民工人还是可以从韩国的信息资源、教育项目、交通服务和行人安全规则中获益的。Damonti（2014）通过质性研究法对 15000 篇关于女性遭受家庭暴力和 5000 篇关于社会排斥的文章进行分析，发现其中只有 26 篇关于两者之间关系的文章。其通过这 26 篇文章分析了亲密关系中女性遭受家庭暴力和社会排斥之间的相互关系。研究结果表明，女性遭受的家庭暴力经历可以很容易使她们被劳动力市场、住房排斥以及被社会孤立。女性遭受家庭暴力不仅会导致她们的焦虑、抑郁、惊恐等心理问题，也会降低她们社会融合的水平。方巍（2008）对我国城市外来工社会排斥的制度内和制度外因素进行分析时，使用了个案研究的深入访谈。用了将近一年时间，方巍分三个阶段对杭州市外来工 19 人、企业管理人员 5 人、政府工作人员 7 人进行了访谈，并对访谈的记录进行分析。结果表明：外来工不仅受制度内结构化的差序格局的社会排斥，主要表现为体制性的排斥、规范性的排斥和执行性的排斥，如外来工在国营企业中所享有的社会保障较民营企业所享有的社会保障更为完善；也受到非制度化的差序格局的社会排斥，这种排斥既来自城市市民，也来自外来工群体内部的竞争性排斥和强权性排斥。社会学领域中社会排斥的研究还离不开不同国家社会政策的分析。许多研究者基于不同国家社会政策中关于社会排斥的内容进行分析，从社会排斥的概念到社会排斥的测量维度和被社会排斥的群体等进行了概括、归纳和总结（Liyanage，2004；Gradstein & Schiff，2006）。

（2）实证研究。风笑天（2004）坚持以逻辑性、严密性、现实性以及实事求是为主要特征的科学精神是经验性社会研究的立命之本，认识并努力加强这种科学精神，对提高我们的社会研究质量和水平具有十分重要的意义。谢宇（2012）针对当前社会学研究领域出现的一些相当拙劣的作品指出，这不是普遍存在的现象，主要可能是一些社会学家在研究方法上未曾受到充分的训练和对结果的一种"曲解"。社会学领域关于社会排斥的实证研究大多基于问卷调查法。问卷调查法是指根据研究的目的，以书面形式，将所要搜集的材料列成明确的、应回答的问题，控制被试回答的范围或将答案框定在卷面上，由被试作答，然后对回答结果进行分析研究（朱智贤，1989）。Feng（2013）的一项基于当代中国 6 个省份的老年人社会排斥的调查，一共调查了老年人社会生活状况的 6 个维度：经济状况、社会权益、社会参与、社会融合、孤独感和社会支持。结果表明，老年人的社会排斥主要发生在这 6 个领域，且回答了 4 个问题：哪个领域老年人社会排斥的风险系数最高？农村老年人与城市老年人社会排斥的程度为何不同？什么是老年人社会排斥的决定性因素？是什么决定了城市老年人与农村老年人社会排斥的差异？Phillimore 和 Goodson（2006）通过对 1579 份家庭调查问卷的分析发现，在英国的移民他们经历着高失业率。Buck（2001）使用英国的调查数据对社会排斥的邻居效应进行分析，结果表明邻里剥夺和邻居特征与社会排斥有关。研究者用 2005 年我国流动人口普查 1% 的数据进行分析后发现，女性流动农民工经历着多维度的社会排斥（Wang & Zhang，2013）。

质性研究与量的研究相结合可以互为补充，能够更具说服力地对社会排斥现象进行更深入的解释。Raijman 和 Hochman（2011）采用了定性研究与定量研究相结合的方法研究了民族排斥，结果表明采用这种混合使用的方法对移民歧视态度的研究不仅可提供民族一致性的证据，同时也增进了对现代社会中民族关系复杂性的理解与认识。

3. 社会学研究内容

国内外关于社会排斥的研究体系复杂、内容丰富，从社会学角度分析了社会排斥发生的背景、领域及其随着社会的变迁产生的发展与变化。

（1）社会排斥影响因素研究。社会排斥的研究复杂多样，何为社会排斥？不同的研究者给出了不同的界定，划分不同的类型。从社会排斥的成因来分析，可以分为结构性社会排斥和非结构性社会排斥（景晓芬，2004）。

——**结构性因素**。结构性社会排斥是指社会结构的不合理造成的一些排斥，包括制度性社会排斥和政策性社会排斥，以及其他一些由结构性因素和社会基本矛盾导致的排斥（李保平，2008）。在欧洲研究者概念体系中，社会排斥主要是结构性因素或社会性机制导致的，并且认为社会排斥具有三个显著的特点：首先是多维性，社会排斥是由多种因素构成的，但这多种因素中肯定会有一个中心性的因素；其次是动态性，有施动者和受动者，受动者由于施动者具有某种机制或制度特征很容易被排斥在外；最后是能动性，社会的结构化分层，导致不同层级的群体之间的相互排斥等

（李保平，2008）。这种社会成员从社会系统中被排斥出来的现象，可发生在社会、政治、经济和文化等领域。通常是享有资源的群体对他群体排斥的结果（Walker，1981）。有研究者指出，当前我国的社会排斥现象首先在政治领域，主要表现为：公共政策制定与执行的参与程度仍显不足，公众意见与诉求的释放渠道有限；社会阶层之间、不同群体之间由于阶层固化或群体偏见容易产生社会排斥。其次，体现在一部分群体由于缺少资源交换而被排斥在某种社会活动之外。最后，由于制度安排、设计或执行不足，如城乡二元分割的社会保障制度、社会福利制度等，一部分人被社会排斥（刘述良，2012）。由于社会结构的急剧转型，一部分社会群体对社会变迁过程产生不适应，在物质生活、市场竞争和权益表达中处于不利的被排斥地位。被排斥者生活质量下降、公民的政治和社会权益受损等，主要是因为社会转型期的结构性、制度性因素作用的结果，政策缺位与资源配置失衡是被社会排斥的弱势群体形成的具体原因（高强，2004）。

——**非结构性因素**。非结构性因素对社会排斥的影响主要是指除结构性因素之外的所有因素的影响，非结构性因素也可称为功能性因素，是指被排斥的个体或群体因为自身功能上的因素而处于一种被排斥状态。个体的因素有：个体的社会经济地位和人际关系、个体特征和能力特征。有研究者希望通过对社会排斥的主观测量分析社会、经济对社会排斥知觉的影响。结果表明，与社会排斥感知最密切的因素是个人生活的经济领域。其中，失业的影响是最大的，其次是经济收入不能满足基本的生活需求。关系因素对社会排斥的影响作用虽然也有一定的效果，但没有经济因素显著，仅在及时性方面的作用稍大，且在年轻人和老年人之间差异显著（Pirani，Schifini & Vermunt，2009）。个体特征包括个人自身的特殊因素和一般因素。健康是其中之一，Diana 和 Luz（2012）研究表明，个人健康状况会影响一个人对社会排斥的知觉。这可能是因为健康状况会引发社会排斥，或者社会健康服务体系不完善使得患有身体疾病的人感觉到被社会排斥。还有性别、年龄和受教育程度，有研究者针对中国移民社会排斥的性别作用的研究发现，女性的社会排斥水平高于男性，且在多维度遭遇社会排斥（Wang & Zhang，2013）。在劳动就业中，女性在就业机会、就业待遇、职务晋升中常常面临各种歧视。性别的排斥是社会整体文化长期发展的结果，是社会政治、经济、文化、意识形态等多维作用的结果，而非某一阶层或某一群体的行为，更非男性的单独行为（谢治菊，2015）。在一项关于女性高层次人才社会排斥的研究中发现：传统的性别意识对女性社会排斥越强，女性职业流动的可能性越小；年龄对女性高层次人才社会排斥影响作用主要集中在 31～45 岁（徐延辉、熊欢，2011）。阿玛蒂亚森（2005）提出社会排斥与能力不足有关。贫困意味着收入低下，其实是对获得收入和幸福感能力的剥夺。由于能力低下，被排斥者在社会生活中被边缘化（李保平，2006）。从欧盟委员会社会排斥定义来看，多重的和变化的因素是个体被排斥在现代社会的正常交流、实践和权利之外的重要影响因素（Commission of the European Communities，2000）。

（2）基于社会排斥理论的相关问题研究。国内外社会排斥的研究一方面研究社会排斥自身，另一方面将社会排斥作为一种理论视角，研究基于社会排斥的其他相关社会问题。

——教育问题。王小红和杜学元（2016）以吉登斯社会排斥理论为分析视角，分析了教育排斥与教育的阶层化现象。吉登斯社会排斥理论认为，上层社会是主动将自身排斥在社会主流之外，而下层平民则是被社会主流排斥。当前我国城乡学生高考弃考与分流是两种完全不同的社会排斥。城市学生选择了主动的教育排斥与优势阶层地位的保持，高中毕业之后的选择较多，尤其是可以"弃考留学"。而身处农村的学生由于教育资源分配不均，他们一方面对高考失去信心，另一方面也为未来大学后的就业困难担忧，而选择弃考，这只会增加他们被边缘化的程度。王慧娟（2016）基于阿玛蒂亚·森的能力取向社会排斥理论分析了流动儿童教育与社会排斥。阿玛蒂亚森的社会排斥理论强调了能力剥夺，同时主要用建构性社会排斥和工具性社会排斥解析能力剥夺。制度层面，流动儿童由于城乡二元户籍制度，无法享受与城里儿童同等的教育权利，而处于教育的边缘地位。工具性社会排斥是与一些制度在实施过程中出现的执行性偏离有关。由于优质教育资源的有限性和流动儿童义务教育投入的有限性，流动儿童享受公平教育的资格依旧被剥夺（王慧娟，2016）。在流动儿童的教育公平研究中，研究者从社会排斥的理论视角分析发现，制度排斥、经济排斥和文化排斥是流动儿童教育问题产生的主要原因（冯帮，2007；高政，2011；王慧娟，2015）。研究者基于高等教育是一种消费的观点，分析了城乡经济收入的差异对学校选择的影响；从高等教育招生政策的特定性，分析了城乡区域差异导致城乡学生入学机会不均；从城市文明中心出发，分析了农村生活的相对落后不利于农村学生的高校选择（刘广兵、孙红艳，2009）。教育上的排斥也体现在成人教育机会的平等问题上（刘雅婷，2013）。

——**贫困问题**。彭新万（2008）基于社会排斥视角分析了当代中国农村贫困。研究从政策性排斥、经济排斥和社会权益排斥三方面分析并指出中国农村长期以来所遭遇的社会排斥，是农村长期贫困形成的深刻根源。银平均（2007）从更多的社会排斥维度，如政治、经济、社会生活、福利制度和文化方面分析了我国农村贫困的根源，同时还进一步分析了农村贫困再生产的机制，提出消除农村贫困的关键在于改革和制定新的社会政策，消除社会排斥导致的事实上的不平等，以促进社会融合和社会主义新农村建设。沈春梅和杨雪英（2016）分析了社会排斥与农村贫困的作用机理，并从三个方面提出了反贫困机制：实施平等享受政治权利的政策，消除权利贫困；建立和完善城乡一体的社会保障体系，完善医疗保险和社会救助制度；消除文化教育领域的排斥性政策，消除教育、观念的贫困。有研究者从社会排斥视角入手，深入挖掘了扶贫工作中精准识别机制存在的社会排斥问题，即贫困户由于知识能力不足难以理解和申请贫困帮扶，很少参与监督扶贫结果等功能性排斥，以及扶贫政策本身的结构性排斥等，并分析了精准扶贫中社会排斥的理论根源，进而希望通过从政策到制度，从实施到监管的不断完善，建立科学合理的精准识别机制，保障精准扶贫政策的有效实施（陆玉，2017）。贫困是社会排斥的最初形式，因此贫困与社会排斥密切相关。关于贫困的社会排斥视角的分析主要倾向于两个方面，即结构性和功能性。关于社会排斥的研究不局限于农村贫困，还针对特殊人群贫困，如城市中的贫困人群、贫困老年人、贫困大学生等。贫困的最终根源是制度和功能性排斥。

——**就业问题**。Chang 和 Yang（2007）从社会排斥视角分析韩国工人非正规就业，试图回答两个问题。一是非正规就业工人是否被主流劳动力市场排斥？非正规就业工人创造了与正规劳动力市场相分隔的劳动力市场，并且在歧视性补偿制度下获得较低的工资收入。正规就业和非正规就业之间的流动非常严格。非正规就业不景气条件常常发生，容易使得这部分工人被社会主流劳动力市场排斥。二是谁被排斥在劳动力市场之外？其为女性、老年人和低教育水平工人等具有较高水平非正规就业的风险人群。Bharti（2011）基于社会排斥视角解释了印度劳动力市场中的不平等、歧视和脆弱性。马隽（2016）基于社会排斥视角分析了失地农民就业时面临的经济排斥、政治排斥、社会关系排斥、生活圈子内卷化、福利制度排斥和文化排斥。失地农民的价值观和生活习惯与城里人仍存在差异；土地是农民维持生计的基本生产要素，农民的土地一旦被征收，失地补偿金无法保障他们的生活，如果失业他们就会陷入无保障的困境。因此，失地农民在转变为城市人时面对的排斥是多重的，这会导致他们在劳动力市场中处于不利地位。流动外来工在城市就业过程中的社会排斥问题也十分明显，主要表现在：政府的认识偏差及管理排斥、城市户籍体制对外来工的公共服务排斥、城市市民与外来工之间的冲突所造成的心理排斥（刘长飞，2008）。陈庆滨（2006）基于社会排斥视角的结构性和功能性排斥分析了"新失业群体"，这里的新失业群体指的是国有或集体企业的失业者，他们经历着多维度的社会排斥，构成一个社会排斥链。由于结构性和功能性的排斥，这部分人遭受到经济排斥、福利制度排斥，继而陷入贫困，于是产生新的观念上的排斥和社会关系的排斥，并加重经济排斥的强度等。大学生就业排斥也是基于社会排斥视角分析的主要领域，研究者（王隆文，2011；李国栋、韦柳琴、胡文健，2010）从功能性社会排斥、结构性社会排斥、非结构性社会排斥分析了大学生就业的显性社会排斥，从劳动力市场中的性别隐性歧视、劳动力市场中的无经验歧视、对劳动者外在资质区分的隐性歧视、劳动力市场中的教育背景歧视等方面分析了大学生就业的隐性社会排斥，还突出分析了女性大学生的就业排斥（张梅，2010）。

——医疗与健康问题。Gurung（2009）基于社会排斥视角对尼泊尔儿童健康进行研究，结果表明：儿童的健康状况在种族、居住地、财富状况等方面存在差异；不同社会群体儿童健康状况存在差异；由于儿童保健服务的可获得性在下降，不同时期儿童死亡率和营养不良的不平等增加。Soors、Dkhimi 和 Criel（2013）基于社会排斥的分析框架对非洲穷人的医疗服务匮乏进行研究，结果发现，社会排斥是非洲贫困和不平等的驱动剂，加深了对非洲穷人一直以来所面对的贫困问题根源的理解。Kanagaraj（2008）基于社会排斥视角对印度南部的小镇泰米尔纳德邦的四个原始部落的医疗保健进行分析，结果发现，医疗保健获得的方式和水平在非贱民原始部落（Non-scheduled primitive tribe）与贱民原始部落（scheduled primitive tribe）存在显著的差异，贱民原始部落获得更多的医疗服务资源，这主要是因为贱民原始部落获得非政府组织提供的保健服务，而非贱民原始部落主要是由私人付费医疗。这种情况的发生主要与医疗服务质量的等级性和不平等性以及部落的经济地位有关。邓大松和刘国磊（2013）基于结构化社会排斥视角分析了外来工医疗保险缺失的困境。城乡二元化的户籍制度和碎片化特征的医疗保险制度都是外来工医疗保险缺失的结构性障碍，同时医疗保险制度在四个方面强化了户籍制度的结构性作用，这四个方面分别为：外来工参加城镇职工医疗保险困难重重；农民参加城镇居民医疗保险难；外来工享受新型农村合作医疗待遇难；外来工医疗保险计划不完善，外来工群体受益难。柯雄和李宁秀（2010）基于社会剥夺与社会排斥视角分析了我国城市贫困人群的医疗保障问题，指出贫困人口的医疗保障存在"制度缺位型"社会剥夺。作为最贫困的群体，贫困人群缺少卫生服务产品的购买能力，在健康保障制度缺位、未能提供有效卫生服务费用分担机制的情况下，该人群无法享受可得性医疗服务，健康状况受到影响。医疗救助虽为城市贫困人群提供了救济，但因为救助制度缺乏规范化，救助标准模糊化，加之政府有限的财力，城市贫困人口的优质医学服务无法满足，使得这部分人在隐性和显性层面都不同程度地遭遇了社会排斥。基于社会排斥视角的医疗与健康问题的研究大多探讨的是制度排斥、经济排斥在医疗卫生领域中的作用，尤其对社会弱势群体的影响作用最为显著（李玉娇，2018；李阳阳、李楠，2016；陈艳，2013；吕静，2012）。

四　怎么解释移民与社会排斥

20 世纪 80 年代以来，无论是走向统一的欧盟还是正在加速进入城市化和工业化轨道的中国，都经历着大规模的人口迁移（黄叶青，2011）。随着移民数量的不断增加，大部分原住居民感受到更多的还是移民所带来的经济不安全感以及福利与生活质量的下降等。因此，受不同国度、不同种族和文化背景的影响，外来移民的社会排斥问题备受关注。

（一）移民社会排斥理论

社会排斥是关于贫困和不平等多种后果的发展，它已经成为新的话语霸权的关键。在这一话语体系下，社会凝聚和团结以及与社会包含、社会融合相对的社会排斥都可以在劳动力市场得以解释。这一话语被称为涂尔干霸权，是因为它将资本主义特有的社会分化看作通过劳动分工可以维持的社会团结被破坏（Levitas，1996）。移民是社会包含和融合的重要研究对象，空间的转移使得他们的社会、文化以及生活环境等出现断裂，产生社会不适应，难以融合，形成了移民遭遇社会排斥的理论背景。

1. 社会断裂与社会排斥

20 世纪 60 年代，民权斗争之后的 30 多年，美国的城市仍然是种族隔离的，试图将种族或少数族裔等其他移民组成的社区看作白人迁移和民族入侵的原因（Modarres，2004）。对于移民来说，社会断裂具有以下两层含义。

首先，"断裂"表征从一个地方移居到另一个地方后，移民自身原初的社会与现时社会的一种割裂。这种断裂使得他们成为外乡人，在政治、文化与环境等方面成为被隔离者。外来人作为一种特定的互动关系形式，既身临其中，又置身局外，与其互动的群体存在一定的距离关系（Simmel，1971）。Park（1928）将齐美尔的外来人思想应用于复杂社会中的文化接触和移民现象研究中，将移民称为"边缘人"。生活的惯习（cake of custom）被打破，移民需要建立一种新的环境。那些来自同一或不同种族的人，需要在两种不同文化群体中挣扎，最终形成一种不确定的人格特征，这就是"边缘人"。当一个陌生群体进入另一个群体赖以生活的场域的时候，因为语言、生活习惯等文化差异，前者会感受到歧视与边缘化。他们中的绝大多数会经历一个隔离（segregation）过程（杨菊华，2012）。移民在劳动力市场、社会参与中均处于劣势，从而导致贫困以及社会连接的断裂。虽然他们常常进行自我反思，努力适应，但作为外来人，仍一直被排斥在主流社会的文化之外。

其次，移民作为外来者移入，使主流社会原住民感受到了资源竞争的威胁而受排挤，甚至会有歧视性的法律，如许多移民被迫放弃比较理想的工作，去从事诸如家庭服务、洗衣、小商店打工之类的没有竞争性的工作（戴维·波普诺，2011）。另外，主流社会成为优势地位群体，常常对外来者带有社会刻板印象，如攻击性行为、智商低、不讲卫生等歧视性印象。这种刻板印象有时甚至被写入政策与法律，如美国第二大家庭连锁餐馆某有限公司的 CEO，在经营之初制定的雷·丹纳法则中规定：黑人不配经营餐馆和掌管厨房……（戴维·波普诺，2011）。韦伯基于地位群体的视角分析了群体排斥产生的原因。同一地位群体的人通常具有相近的家庭背景，都能够接受正规教育，职业经历和生活方式也相似，因此在婚姻和职业选择、社会交往等方面，他们会对非地位群体成员产生距离与排斥；地位群体通过惯例、习俗、礼仪和法律等，巩固和强化了其优势的生活方式、特权和荣誉等（Weber，1946）。正如孙立平在与图海纳的对话中这样描述断裂，"今天的法国，就像一场马拉松赛一样，每跑一段，都会有人掉队，即被甩到了社会结构之外。被甩出去的人，甚至已经不再是社会结构中的底层，而是处于社会结构之外"（孙立平，2003）。在移入国，移民就是社会结构之外的人，处在断裂的社会中而被主流社会排斥。在法国政治术语中突出了"被排斥"，旨在减少社会断裂（Blanc，1998）。移民适应新的环境会产生压力，同样会增加社会孤立，因为分离缺少来自家庭、朋友、邻居、同学和老师等的社会支持（Myers，1999）。

2. 社会认同与社会排斥

从 1967 年开始，泰弗尔和他的团队构造了以社会范畴化、社会比较、认同建构和认同解构/重构为核心的社会认同理论（Darrin Hodgetts 等，2012）。该理论认为人的社会认同的发生首先是因为社会是由大规模的社会范畴（种族、性别、宗教、阶级、职业等）所组成的，这些范畴在权力、地位、声望方面彼此相关。当某个（或多个）支配群体有实际的权力去宣扬其对于社会、社会中的群体以及它们之间关系的阐释，也就是说，他们强加了一种主导的价值系统和意识形态（迈克尔·A.豪格、多米尼克·阿布拉姆斯，2011）。在社会比较中，人们经常以有利于自己群体的方式来比较，将外群体差异最大化，内群体特性最优化。人们经常与某些类别群体建立联系，以获得自尊需要，或提升优越感。当范畴化和社会比较同时发挥作用便产生了群体行为（Turner，1981），包括群际区隔与歧视、内群体偏好、外群体刻板化等。社会认同的追求是群体间冲突的根源所在，即对所属群体的意识会强烈地影响着我们的知觉、态度与行为（Taifel，1974）。然而人们通常期望得到一种区别并优于其他群体的身份（Darrin Hodgetts 等，2012）。当一个所属群体获得的社会认同是消极负面时，常会使个体产生不满，而希望改变现状，实现社会认同的解构或重构。

社会流动是实现认同解构或重构的途径之一，移民作为一个群体，希望通过社会流动在不同群体之间渗透，实现从一个群体到另一个群体的"穿越"，建构新的认同，但这种穿越通常是不容易实现的（迈克尔·A.豪格、多米尼克·阿布拉姆斯，2011）。由于作为移民的外来群体与当地群体互动的发生，通常会出现不同的认同类型，Berry（1993）将认同分为四种形式：整合、分离、同化和边缘化。在此四种类型中，整合模式是受普遍接受的，边缘化是最不愿看到的，而分离和同化需要取决于特定的样本群体。社会排斥是后现代典型问题，不再是关于等级和不平等，而是一种水平的隔离。拒绝某一特定承认一个人或一个特定的社会群体不再是关于不平等的问题，而是将其排斥出某一特定的成员或存在的身份。因而在社会中存在不同的中心和边缘，边缘化的移民通常会被社会排斥，离中心越远，排斥程度越高（Saraceno，2001；彭华民等，2009）。另外，移民也会出现拒斥性认同，卡斯特认为拒斥性认同是"由那些其地位和环境被支配性逻辑所贬低或诬蔑的行动者所有。这些行动者筑起了抵抗的战壕，并在不同于或相反于既有社会体制的基础上生存"（曼纽尔·卡斯特，2006）。"这是一种对不公平的排斥感……甚至是翻转了压迫性话语词汇的引以为豪的自我贬低（self-denigration），总的可以表述为'被排斥者'对排斥者的排斥"（曼纽尔·卡斯特，2006）。也就是被排斥者所建构出来的防卫性认同，在强化边界的同时翻转价值判断。拒斥性认同是对支配群体不认同的一种愤怒与防卫性反抗（Phinney，1993），是被排斥的激化反应，有可能会诱发集群性事件甚至民族冲突。

3. 社会融合与社会排斥

融合作为社会科学领域的一个理论范式，最早可追溯到 20 世纪初美国芝加哥大学的社会学派（Chicago school of sociology）（杨菊华，2012）。但关于社会融合至今没有一个普遍的定义（Robinson，1999；Castles，Korac & Vasta et al.，2001）。Park 和 Burgess（1921）将同化定义为"个体或群体通过共享他们的经验与历史，获得关于他人或群体记忆、情感和态度的相互渗透（interpenetration）、相互融合（fusion）的过程，最终整合于一个共同的文化和历史生活之中"。但批评者认为，融合理论不分种族/民族差异和移民的社会经济背景，一概假定，随着在流入地居住时间的延长、语言的适应、经济的整合、文化的认同，移民终将融入美国主流社会，但事实却并非完全如此（杨菊华，2009），他们在融入社会的过程中会遭遇来自主流社会的排斥以及产生主观的社会排斥感，社会排斥的总量影响移民最终的社会融合。

社会学家用社会距离的远近来分析本地人与外来人的社会关系（Alba & Nee，1997），这种距离是心理距离而不是实际距离。距离近，具有相同的情感依附与经验共享性等；距离远，缺少向心力，容易将对方疏远，看成不同的类属。主流社会一方面表现为希望移民能自然地融合，另一方面又设法扩大与他们的距离，甚至用"区隔"——一种不可越界的距离来排斥外来者。社会距离被制度化（Merton，1957）。排斥就是为了形成垄断的阶级，社会冲突理论认为排斥来源于阶层、地位和政治权力等之间的相互作用。当制度和文化的差异不仅产生使人无法进入的边界，而且渗透着不平等时，社会封闭就产生了（Silver，1994）。Parkin（1974）在研究中指出，社会封闭通过排斥和团结这两种既相互区别又互补的作用机制促进了社会结构的形成。排斥是社会封闭的主要模式。地位群体为了维护和增加自身的特权而试图与下层群体建立一种区隔，不让他们实现跨界流动，这种"界"即是所谓的社会分层的秩序；而团结是指被排斥阶层对社会排斥的一种反抗，是为保护自身而做出的一种封闭。流入地公共政策以及社会群体或成员表现出来的拒绝、歧视或接纳等过程影响移民的社会融合（杨菊华，2009；Silberman，Alba & Fournier，2007；Portes，Fernandez-Kelly & Haller，2005；Portes，1995；Portes & Zhou，1993）。不同的研究者因为研究的环境和侧重点不同，有关移民在某些领域的融合，Robinson（1999）、Castles 和 Miller（2009）、Penninx（2005）、Sigona（2005）、Spencer 和 Cooper（2006）等认为政治、经济、社会、制度因素影响社会融合进程；彭华民等（2009）认为就业、教育、住房、社会福利、医疗方面等都是影响移民融入的标志。有研究者在对关于融合的研究文献进行回顾时，采用演绎的方法建构了融合的框架，框架具体化为 4 个关键领域 10 个关键要素：就业、住房、教育和医疗获得，市民身份和权利的获得与实行，与语言、文化和当地环境相关的结构性障碍，与当地社区群体之间的社会联结过程（Ager & Strang，2008）。这些研究者指出在宏观的制度设置和微观的能力需求方面移民的社会融入都受到制约而被排斥。

社会排斥是社会分化研究的延伸。社会分化研究的第一个阶段，是迪尔凯姆关于社会分工、机械团结与有机团结的论述；第二个阶段，是以帕森斯为代表的宏观的社会结构和社会分化的理论；第三个阶段，是社会排斥理论（Gough & Olofsson，1999）。社会分化导致了群体间的分工与分层，移民研究中，社会排斥不仅强调了社会连接的断裂，更强调了比社会不平等还要复杂的社会意义。社会断裂的理论基础解释了移民社会排斥产生的根源，断裂的社会使移民在日常生活世界中失去了主导地位，以外来者的身份存在，产生孤独感，被边缘化。当人们离开了固有的社会生活群体以外来者的身份存在时，便会产生社会认同的困惑，群与群之间的不认同以及自我认同的解构/重构使得移民感受到歧视、剥夺、没有归属感。融合到当地社会通常是移民努力的方向，但这融合的过程受语言、文化，抑或通过制度建构的社会距离区隔与排斥。这些理论都基于社会排斥过程中施动者对受动者构成的歧视、剥夺与不平等。而排斥是一个相互作用的过程，受动者的自身能力、社会支持、认知水平都会对社会排斥起调节作用。

（二）外来工与社会排斥

据国家统计局数据，2008 年全国外来工总量为 2.2 亿人，2010 年为 2.4 亿人，2012 年全国外来工的总量达到了 2.6 亿人，2017 年全国外来工总量为 2.8 亿人[1][2]。外来工流入城市，虽然生活在城里，却是城市生活的他者，不能与当地居民享有同等的待遇与机会，被城市社会排斥，难以形成良好的社会融合。

1. 外来工社会排斥的内涵

在社会排斥的研究中，被排斥的群体一般为社会的弱势群体，处于生活的边缘状态，如贫困者、失业者、精神病患者、艾滋病患者以及城市外来工等。根据前文所述，社会排斥是受动者与施动者相互作用的过程，被排斥者对排斥的感知是一个主观建构过程。被排斥者对所感知到的社会排斥也会产生相应的调节作用。那么，是什么因素影响着排斥经验的建构？文献中关于排斥的研究表明：社会弱势群体在某种程度上会出现自我回避（曹进、曹文，2011），他们不愿意与其他群体进行交往，认为自己低人一等，从而产生固化的社会认知；也有一部分群体倾向于维护自身权益，当被社会排斥时，他们会由于较清晰的权益认知加深排斥体验。能力也会影响社会弱势群体的社会排斥感，如自身能力较强的外来工他们的市场适应能力强，社会排斥感较低（沙占华、赵颖霞，2013）。社会支持是社会弱势群体排斥体验最有力的影响因素（田北海、耿宇瀚，2013；王毅杰、童星，2004；陈黎，2010；陈映芳，2005；方巍，2008）。这种社会支持体现在群体层面，如家庭及他人的支持，包括精神和物质的；社会层面，如社会政策的倾斜和制度的制定等，如外来工户籍制度的改革，等等。在互动过程中，经过调节后的社会排斥总量又会反过来影响施动者施加的社会排

---

① 国家统计局：《2013 年全国农民工监测调查报告》，http://www.stats.gov.cn/tjsj/zxfb/201405/t20140512_551585.html，2014 年 5 月 12 日。

② 国家统计局：《2017 年全国农民工监测调查报告》，http://www.stats.gov.cn/tjsj/zxfb/201804/t20180427_1596389.html，2018 年 4 月 27 日。

斥，如此往复。外来工的社会排斥不仅体现在制度层面，还体现在非结构性层面，包括语言和文化与个体层面。新的社会排斥过程建构的框架不仅融合了目前对社会排斥进行归因的三种理论观点——自我责任理论、社会结构生成论和社会政策创造论（周林刚，2004），而且反映了社会排斥的再生产理论，新的社会排斥会不断生成，这种再生产的社会排斥会在外来工身上累积、内化并通过代际传递，影响社会的和谐发展。

2. 外来工社会排斥的基本现状

社会排斥是指主流社会对弱势群体所享有的机会与权益的拒绝与排斥。在我国，大多数沿用国外社会排斥的研究范式，进行社会排斥研究的本土化。城市外来工是社会转型期最典型的弱势群体之一，他们生活在城里，却被主流社会排斥在各种机会、权益和群体之外。外来工社会排斥的现状如何？在学者的研究中，外来工在制度和政策方面与城市居民享有不一样的待遇。由于城乡二元化户籍制度的限制，外来工在社会保障、福利待遇、子女教育、住房、医疗保健等方面都被排除在制度保障体系的范围之外（寇浩宁、李平菊，2008；方巍，2008；徐勇、项继权，2006；李芹、刘万顺，2009；梁涛，2010）。同时，由制度而生产的一些规则使得他们在流入地没有选举权，不能参政议政，政治诉求受阻（邱利，2010；李景治、熊光清，2007；熊光清，2008）。外来工被污名化，成了脏乱差、不讲卫生的代名词，与城市居民相比，他们所代表的是落后文化，当外来工的文化被城市社会排斥，他们就无法融入当地社会。外来工不仅在制度、政策和文化方面遭遇排斥，他们在劳动力市场中也会经历就业歧视，被差别对待，如职业的选择、工资收入、工作环境等都与当地居民存在差异（章元、高汉，2011；严善平，2006；郭菲、张展新，2012；潘泽泉，2008a；任丽新，2003）。外来工流入城市，出现了社会网络的"断裂"，以及较高的流动性，增加了城市居民对与外来工交往不确定性的焦虑，新的社会关系难以建立。当地居民在社会交往中，常常在生活空间、居住空间和心理空间上与外来工刻意保持距离（王桂新、武俊奎，2011；卢国显，2006；Lu，2008；朱磊，2013；赵德雷，2013），将外来工排斥在正常的社会关系之外。外来工在城市遭遇排斥，会导致他们出现一系列不良的后果。研究者发现，社会排斥不利于外来工的城市适应，使得城市化进程变慢，融入难，认同低，甚至发生冲突，成为外来工犯罪的诱因（胡荣、陈斯诗，2010；潘泽泉，2008b；顾天浩、孙树峰、于耳，2009；崔岩，2012；黄佳豪，2013）。社会排斥在外来工阶层还发生了代际传递，有研究表明，流动儿童的社会排斥主要体现在义务教育的排斥。流动儿童在享有教育机会和教育权利上面临不公平。尽管国家要求地方政府为流动儿童提供平等的义务教育，但由于经济、政治排斥等因素，地方政府在不同程度上阻碍了其获得平等接受义务教育的机会（高丽茹，2015）。有研究者（高政，2011）总结了教育排斥、现状制度排斥导致部分流动儿童上不了学，经济排斥导致流动儿童上不起学，文化排斥导致部分流动儿童上不好学。

3. 外来工社会排斥的影响因素

关于外来工社会排斥产生原因的探讨大多基于社会排斥的结构性安排。由于我国城乡二元结构分化，户口是重要的影响变量，它是外来工实现城市化的最大障碍。没有户口，就不能享受公共权利和社会服务，具有城市户口就可以享受就业、医疗、住房、退休金和食品供给等福利，如果是农村户口则不能享有这些待遇（Wang，Cui & Cui et al.，2010；Wang，Li，Stanton & Fang，2010；Wang，2005）。教育公平、教育机会同样受到制度规定性的影响，因此外来工子女教育也常因他们没有户口而存在较大问题（梁在、陈耀波，2006）。总之，户口问题成了外来工与城市居民相比，处于不利地位的重要诱因。这些不利的领域涉及从政治参与到社会保障、从社会交往到工作流动、从住房到医疗等。这一结果得到了很多研究的支持（张春泥，2011；张智勇，2005；史柏年，2013；王小章，2009；易善策，2008；聂朋岩、宋菊芳，2010；Wang，2005；Wang，Li，Stanton & Fang，2010）。有研究指出，如果用一种反事实的思维来思考外来工户口对他们的影响，就会发现，那些实现了户口身份转变的外来者，他们户口身份的改变仅有利于特定的教育程度高、职业地位高的群体，对在其他部门，特别是市场部门内则影响式微（郑冰岛、吴晓刚，2013）。于建嵘（2010）也指出市民身份的获得并不意味着他们享有了市民的生活，身份和生活不能简单地分离，户籍制度不是唯一，关键是需要在就业、住房、子女教育和社会保障等方面能够享受同等的待遇。

落后的经济和文化是外来工遭遇社会排斥的又一原因。社会排斥产生之初是关于贫困的研究。外来工大多来自经济和文化较为落后的地区，他们收入低，生活水平较低，居住条件差，不舍得吃穿等。这些与现代城市文明的发展，显得格格不入，外来工传统的生活方式代表贫穷和落后而被城市社会排斥。市民对外来工通常采取一种隔离或冷漠的态度，与外来工之间形成一定的空间距离和心理距离，不愿意与其交往（文军、黄锐，2011；王桂新、武俊奎，2011），甚至将其污名化，认为外来工成长环境的文化氛围导致了他们具有一些不文明的行为，如不讲卫生、不讲礼貌，整体素质差、行为怪异，是环境问题、治安问题的制造者（管健，2006；尹广文，2008；李建新、丁立军，2009）。

外来工自身的能力素质也是社会排斥的主要原因之一。大多数外来工文化程度较低，以初中学历为主。后工业时代城市发展离不开技术的日新月异，外来工大多数文化水平低，不能适应技术型社会，而传统的乡土劳作方式，使得他们在城市只能从事一些技术含量低的职业。这些职业一般处于低端劳动力市场，外来工由于自身的能力不足而被排斥在主流社会的职业选择之外。有研究者将外来工的这种能力称为自我发展能力，包括就业能力、城市生活适应能力、政治参与和利益表达能力、学习能力（沙占华、赵颖霞，2013）。多数研究集中在探讨外来工就业能力的提高，以适应劳动力市场的需求（张新岭，2008；赵永乐、张新岭、俞宪忠，2007）。能力提高是外来工继续城市生活的关键环节（杨黎源、杨聪敏，2011）。

总之，国内关于外来工社会排斥影响机制的研究主要从结构性制度、经济和文化差异以及外来工个体自身的能力素质等方面进行分析。这些研究多从单一维度对外来工在城市生活中所遭遇的诸多不适应，特别是劳动力市场、社会交往等方面产生的不利影响进行分析，但不能全面和整体反映外来工社会排斥影响机制，也不能考察某一因素对外来工社会排斥的多维度的影响作用。因此，笔者思考有没有这样一种变量：既能区别外来工的身份信息，又能表征他们的文化特征，同时还可以是其能力的体现；既与外来工劳动力市场相关，又与社会交往、权益维护等其他方面密不可分。海德格尔认为语言建构生活，有语言的地方才有我们周围的世界（张一兵，2004）。根据我国方言多样性的特点，外来工流入地语言，特别是长三角和珠三角的当地话是一种强势方言，外来工流入后，原有的语言习惯已不适应城市发展的要求，所以在流动前后，他们的语言发生断裂。外来工需要习得流入地的语言才能有利于城市适应、社会认同和社会融合。事实上，国外已有研究从移民的语言视角研究他们的社会排斥，国内也有相关文献研究语言适应有助于外来人口社会融合（陆淑珍、魏万青，2011；秦广强，2012）。

第三章
语言引起社会排斥

社会排斥是一个复杂的概念，受各种各样因素的影响，从结构化的政治因素、制度因素到非结构化的经济、文化因素等。语言与人的生活息息相关，人们需要语言与人沟通，人们常常也会将语言与人的政治结构和文化特征等社会特征相联结。

一　语言是什么

在当代语言学和语言哲学领域存在两种对立的语言观。一种把语言视为一个抽象的、形式的符号系统，强调语言本身及其与外部世界的联系，旨在关注语言的形式维度；另一种认为语言是人类社会特有的社会现象，人们通过语言交流传递信息、表达情感，强调人类共同体对语言和意义的形塑或建构作用，关注语言的社会维度（陈波，2014）。语言实际上就是说话的那一时刻所牵涉的整个社会行为的总和（郭熙，1999）。因此，语言是一个抽象的、形式的符号系统，强调语句结构与意义的表达，然而语言也是一种社会向度，具有一定的社会属性。近年来，社会语言学越来越关注语言与社会在不同方面的联系。

（一）语言及其功能

1. 语言

吕叔湘曾经说过：语言是什么？说是"工具"。什么是工具？说是"人们交流思想的工具"。可是打开任何一本讲语言的书来看，都只看见"工具"，"人们"没有了……（吕叔湘，1983）因此，人们如何使用语言这一工具是一种社会现象，与语言使用的环境有关。

（1）什么是语言？一直以来，这是哲学家和语言学家都在不断探索的一个问题。语言就是某一社会的成员所说的话（罗纳德·沃德华，2009）。某一个社会成员所说的话可能不同于另一个社会成员所说的话，会说该社会成员的语言是一种能力。语言在本质上是一种社会现象，这体现在语言因人的交流和合作的需要而产生、没有公共交流的需要就没有人类语言的存在。人们进行交流时的语言表达和理解与一个人的语言能力有关。《朗文语言学及应用语言学词典》将语言能力定义为：一个人具有的使用语言的技能程度或语言理解能力的高低（Richards，Richard，Heidi & Youngkyu，2005）。语言能力通常分为听、说、读、写四方面的能力。在移民语言能力的研究中，通常将他们的听说能力作为语言能力的指标（Chiswick，2008）。

（2）语言的社会性。在不同的社会历史时期，人们有可能只说一种语言，也可能会说多种语言。人们总是利用语言中的细微差别达成各种各样的目的（罗纳德·沃德华，2009）。而语言的差异性不仅使得不同语言之间的交流变得尤为困难，还能使人们通过言说者所使用的语言识别一个人的身份信息和特定的文化主体地位，语言是作为一个人文化和认同反应的基本共识（Bucholtz & Hall，2004）。听一种语言变体通常认为是作为一种刺激引起听者对语言社区的态度、偏见或刻板印象（Edwards，1999），语言成了言说者社会认同的启动刺激。用拉康的话说，语言的本质是符号化的象征性，象征就是用"别的东西"替代真实存在的过程。这种"别的东西"构成了人的真实存在，不同的象征性语言"作为一个大写的他者挡住了真实存在的发生和生长"（张一兵，2004）。语言作为国家政治、文化和社会经济特征的主要现象，在传统研究中，社会生活发生任何变化，哪怕是最微小的变化，都会或多或少地在语言中有所反映，因为语言是社会生活所赖以进行交际活动的最重要的交际手段（陈原，2000）。

2. 语言的功能

语言是一种复杂的多边现象，语言不是孤立的，而是和多方面相联系。语言和其他社会现象一样，就社会而言，人们关注语言在社会中的作用和对社会的影响。

（1）语言的表征功能。海德格尔"语言是存在之家"，也就是说，语言不仅构成人作为主体的存在，而且构成了整个世界。索绪尔指出了语言的能指与所指的任意性关联，本身并无意义之分，只是当不同的能指与所指与一个国家和民族的背景相联系，建构本体世界的时候，语言才有了贵贱之分、优劣之别，才有了不平等。语言是群体身份的标志，不同的语言表征着所属的不同群体，特别是与其他不同生活方式的群体成员互动时（Heller，1982）。因而，这些标志意味着等级，群体与群体之间的差异，成为社会隐含的或明确的标准。这些差异用来作为社会不平等的理由

（Bucholtz & Hall，2004），具有声望和权力的语言具有较为优势的资本，这些象征资本可以产生象征性收益。语言的身份表征主要通过日常生活中语言的口音而识别。日常生活中的语言正如布尔迪厄所言，它还是一种象征性符号，隐含着说话者的身份信息。人们在交流中对不同的口音、音调和词汇很敏感，它们能表达不同的社会等级（Bourdieu，1991）。语言是符号资本，不是每一种语言都具有同样的作用力和影响力。任何方言的选用与语言的内在优势及价值没有关系，而更多的是与使用它的人的权力和声望有关系（Speicher & McMahon，1992）。

（2）语言的认同功能。国外研究者 Lambert（1967）提出了研究语言与认同的经典的研究范式"匹配伪装术"（mached guise method）由同一个人用两种或三种口音读同一段文字，然后要求被试根据说话者的声音（语言变体）对说话者进行人格特点和其他方面的评价。不同的研究涉及不同的语言（法语、英语、西伯来语、阿拉伯语、他加禄语）、方言（加拿大和美国本土英语、美国不同英语方言、德国犹太语和也门西伯来语，等等）、不同口音（有口音和无口音英语者）、种族（黑人和白人）以及宗教群体（加拿大犹太人、新教和罗马天主教）（Agheyisi & Fishman，1970）。这些研究的结果基本表达了一个道理，听者通过对说话者口音识别形成刻板的社会认知（Cargile，2002）。语言的特性成为社会评价的标志，听一种语言变体通常认为是作为一种刺激引起人们对这语言社区的态度偏见或刻板印象（Edwards，1999）。听者根据说话者的口音、发音方式来判断一个人的社会认同（Giles，1970），Gluszek 和 Dovidio（2010）、Ryan（1983）等的研究结果也均支持了语言口音作为一种刺激激起了人们关于言说者社会身份的内隐认知的说法。也有研究者认为第二语言者，即使是说得很好也会因为口音问题而产生负面的社会、政治、经济和法律上的不利（Kinzler，Shutts，DeJesus & Spelke，2009；Lippi-Green，1997；Matsuda，1991）。

（3）语言的工具性功能。语言是客观社会中人们传递思想的工具。人们把语言交流视为语言的首要功能，主要有三点理由：语言因人的交流与合作的需要而产生；没有公共交流的需要，就没有人类语言的存在；语言随着交流需求的扩大而繁盛，随着交流需求的萎缩而衰亡，假如一种语言失去了它所依附的社会，便不再是这个社会的交流工具，它的生命力将随之丧失（陈波，2014）。《现代汉语词典》将语言定义为，"人类所有的用来表达意思、交流思想的工具，是一种特殊的社会现象，由语音、词汇和语法构成的一定系统。一般包括它的书面形式，但在与'文字'并举时只指口语"（中国社会科学院语言研究所词典编辑室，2019）。掌握某种相同语言，人们就能够进行相互沟通，实现信息通达、情感表达和相互理解。在这里，语言就又成了信息传递的载体与工具，有助于人与人之间的相互了解。

（二）汉语方言与外来工流动

纯语言分析只是探讨最简单形态的语言事实及其功能变异，然而，语言因自然地域差异，阶级、职业或利益差异形成了各种不同的方言体系（华劭，2003）。所有人使用某一种特定的方言或语言称为言语社区（Lyons，1970）。

1. 汉语方言

方言是一种语言的变体。汉语的方言就是汉语的地域变体。我国地域辽阔，由于地形地貌、山川河流、人文环境的影响，形成了不同的方言区域。根据《汉语方言地图集》的划分，汉语方言可分为官话、闽语、赣语、客家话、徽语、晋语、平话、吴语、湘语、粤语共 10 种。其中，吴语、徽语、湘语、赣语、闽语、粤语、客家话、平话等 8 种属于南方方言，晋语和官话属于北方方言（曹志耘，2008）。方言地位与一定的政治和经济水平相联系，在我国形成了与经济水平相联系的两大强势方言——粤语、吴语。

（1）粤语。在汉语的主要方言中，粤语是具有悠久历史的一种方言，也是在海内外影响较大的一种方言，可追溯到秦汉之前。20 世纪 80 年代，祖籍广东省的海外华人华侨占全国海外华侨总数的 2/3（侯精一，2002）。这强大的海外资源，借改革开放的春风，使得广东的经济迅猛发展，全国各地的人纷纷涌往广东淘金，学习粤语一度成了最时髦和流行的行为。"粤语成为汉民族共同语——普通话以外最具强势的一种地方方言。它的一些语言成分，不但作为口语广泛通行于粤语区，还以书面的形式在香港、澳门及海外许多华侨主办的报刊及影视传媒中出现"（侯精一，2002），掀起了很多人的"粤语热"。因而，部分广东人对粤语的地方感情膨胀了，发展了排斥、歧视其他方言甚至普通话的语言心理。20 世纪 80 年代末期，推广普通话工作在广东遇到了较大的阻力，不少地方的中小学仍用广东话教学（陈建民，1999）。近年来，珠三角的人们也越来越意识到普通话也是一种社会需要，粤语虽是强势方言，然而在政治、经济、法律、文化和教育等方面的影响所及也主要是在广东和港澳地区。但外来工作为城市的边缘群体，自身方言自然无法与粤语抗衡，甚至不标准的普通话也一样难以适应在那里的生活。

（2）吴语。长三角的典型方言是吴语，"吴语是汉语的重要方言之一，一般也称江浙话或江南话，形成的历史可追溯到春秋战国时代"（侯精一，2002）。使用吴语方言的人约占汉族总人口的4%，如果以使用人口数量排序，吴语方言是仅次于北方方言的现代汉语第二大方言，以苏州话为代表（翟时雨，2003）。上海自1842年开埠后在经济文化上很快形成了中心地位，逐渐发展成为国际大都市，有"东方纽约"之称，现已成为中国第一大城市。上海市也是外来工人口较为密集的区域之一。上海话成为吴语区的代表和共通语言，是新型城市吴语，吴语上海话是上海文化及气质的载体。上海及长江金三角其他城市的经济发展速度迅速提升，不断进行国际交流，人们对语言的要求也越来越高。上海人推崇外语的学习，1842年开埠之后就有"洋泾浜英语"，今天的年轻人更是离不开英语，甚至很多年轻人上海本地方言的能力都不及英语能力（中华人民共和国国务院新闻办公室，2009）。

2. 外来工流动

农村人口向城市流动有其特殊的背景。随着人口的不断增长，农村劳动力过剩。改革开放后，家庭联产承包责任制使得农村大量劳动力释放，一部分人乘着改革开放的东风，来到珠三角和长三角等经济发达地区寻找工作，到20世纪90年代，农村劳动力流动达到高潮。

（1）外来工流动现状。据国家统计局公布的数据，2008年全国外来工总量为2.2亿人，2010年为2.4亿人，2012年外来务工人员的总量达到了2.6亿人，2013年外来工总量比2012年增长2.4%[1][2]。2014年我国外来工总量约2.74亿人[3]，截至2016年底，外来工总量达到28171万人。外来工的流动主要从人多地少、经济欠发达地区向发达地区和发达城市流动。

---

[1] 国家统计局：《2012年全国农民工监测调查报告》，http://www.stats.gov.cn/tjsj/zxfb/201305/t20130527_12978.html，2013年5月27日。

[2] 国家统计局：《2013年全国农民工监测调查报告》，http://www.stats.gov.cn/tjsj/zxfb/201405/t20140512_551585.html，2014年5月12日。

[3] 国家统计局：《2014年国民经济和社会发展统计公报》，http://www.stats.gov.cn/tjsj/zxfb/201502/t20150226_685799.html，2015年2月26日。

大多数外来工集中在长三角与珠三角以制造业、服务业为中心的城市。2012 年，长三角地区外来工为 5937 万人，珠三角地区的外来工为 5199 万人，分别占全国外来工数量的 22.6% 和 19.8%，增长速度分别比上年快 1.6 个和 2.4 个百分点①。新时期，外来工群体出现了三个方面的变化：大专及以上文化程度的外来工比例数量在增加，从 2011 年的 5.3% 升到 2015 年的 8.3%；外来工就业逐渐脱离第二产业，第二产业就业比例从 2008 年的 60.2% 下降到 2015 年的 52.2%；工资绝对值提高，但增速却显著下降，2010～2013 年外来工的工资增速为 10%，2015 年只有 7.26%。国家统计局（2016）数据显示，外来工中从事制造业、服务业、建筑业的比重分别为 31.1%、44.5% 和 21.1%。② 2009～2016 年，短短的 7 年时间内，制造业和服务业中的外来工比例分别上升了 8.0 个和 20 个百分点，而在建筑业领域的比例则下降了 3.8 个百分点。这说明新生代外来工更偏爱劳动环境和就业条件较好的工作，不过这些领域，尤其是服务业，对从业人员语言能力的要求较高且语言能力直接影响其经济收益（王玲、王丽娟，2016）。

（2）外来工的语言问题。语言是人们进行沟通与交流的工具，是信息与情感表达的符号表征。我国存在各式各样差异显著的方言系统。这些方言，虽然都是汉语表达，但因语音口音差异，操持着各地方言的流动人口从封闭的家乡语言环境流入城市，原有的语言很难适应城市生活，不可避免地出现了语言问题。

——语言使用。外来工群体大多从原本单一方言的使用逐渐转变为多种语码的共同使用（刘玉屏，2010a；王玲，2012；刘玉屏、侯友兰，2008），普通话是外来工城市生活的依赖语言（刘玉屏，2010b）。由于外来工语言使用存在"二重性"，在不同场合和环境下，外来工语言使用具有不同的倾向性。在熟人社会，特别是依照乡土社会关系网络建构的熟人社会里，外来工主要讲家乡话。而在陌生人社会里，通常存在普通话依赖（刘玉屏，2010b），说当地方言的寥寥无几。语言是群体特征的外部表征，当外来工流入城市，使用家乡方言或普通话都无法使其融入当地人的语言体系，在人际交往中容易因为语言问题而出现情感和交流障碍。语言本身

---

① 国家统计局：《2012 年全国农民工监测调查报告》，http：//www.stats.gov.cn/tjsj/zxfb/201305/t20130527_12978.html，2013 年 5 月 27 日。

② 国家统计局：《2016 年全国农民工监测调查报告》，http：//www.stats.gov.cn/tjsj/zxfb/201704/t20170428_1489334.html，2017 年 4 月 28 日。

无等级之分，但当与一定的经济文化相关联时，就体现出了优劣之别。学会和使用当地方言，无疑有助于扩大社会交往的范围。但外来工群体的语言使用出现了内卷化，他们往往扎堆居住在一起，社会交往的同质性较高，共同的方言基础强化了群体内部的凝聚力，这不利于外来工与当地方言群体的融合（秦广强、陈志光，2012）。他们普遍认为自己的方言口音容易让别人发现自己是外来人，而选择只与熟悉的老乡交往，使用熟悉的家乡方言（崔晓飞，2008）。甚至在老乡之间交往时，不说家乡话者反而会受到同乡的质疑，从而产生情感上的孤立与指责（王玲，2010）。

——语言能力。德国语言学家洪堡特指出"语言本身绝不是产品，而是一种能力"（威廉·冯·洪堡特，1999）。在基本的语言能力中，听是接受性的语言能力，说是表达性的语言能力，这些能力需要长期训练才能获得（张先亮，2015）。进城外来工从乡村语言环境到城市语言环境，两者是断裂的，中间没有任何过渡地带，他们需要快速适应城市语言生活，要想尽快实现语言的城市化，需要从语言资源能力、语言使用及服务能力和语言技术能力进行调整和适应（李宇明，2012；赵世举，2015）。俞玮奇（2017）调查了外来工在进城前后语言能力的变化情况，结果显示：外来工进城以后普通话能力有了显著提升，只有3%不会说普通话；3.8%的被调查者表示能流利使用上海话，79.4%的被调查者不会说上海话或仅会说一些日常用语，19%的被调查者表示能完全听懂上海话，42%的被调查者表示听不懂上海话。张斌华（2016）调查发现，在广东打工的新生代外来工，粤方言的熟练程度最低，认为粤方言"一点也不会说"和"只会一点"的共占76.4%，认为粤方言很熟练的只占7.3%。刘玉屏（2009）对浙江外来工的调查发现，实际上能完全和基本听懂当地话的只占8.59%、基本能交谈的加起来只占2.02%。国外相关研究表明，移民地语言能力是长期融合的前提条件，也是正式进入的必备要求（Dustmann & Fabbri，2003）。有研究者使用CGSS 2010的数据，分析了语言能力对劳动者收入的影响，语言能力高者收入较高（赵颖，2016）。城市流动人口主要语言为家乡方言，虽然普通话能力有所提高，但流入地方言的听说能力较弱。普通话虽是通用语言，但流入地方言能力才是当地人认为外来工城市融入的条件。

二 了解外来工的语言

外来工群体是我国特有的一种社会现象，是经济建设、城市化建设进程中应运而生的数量庞大的流动群体。关注外来工的研究由来已久，对外来工语言问题的研究也逐渐受到重视。国家语言文字工作委员会原副主任、教育部语言文字应用研究所所长陈章太，教育部语言文字信息管理司司长李宇明分别在不同场合提到要关注外来工语言研究。当前，我国外来工语言研究主要集中在以下几方面。

（一）语言态度研究

态度是认同的一个重要指标，是一个人的认知与行为倾向，包括三个方面：认知、情感与意向。通过研究城市外来工语言使用的认知与行为倾向来获得他们的认同模式。认知是认识事物的过程，是主体对态度对象的感情、认知和评价的总和；情感是主体对态度对象掺有感情色彩的感想；意向是主体对态度对象向外显示的准备状态和倾向性状态。这三种成分有着内部的严密关系：认知是态度的基础，情感和意向是基于对态度对象的认识了解发展起来的；情感对态度起着调节作用；意向则制约着行为的方向性（夏慧言、贾亚丽，2011）。

1. 不同语言的态度

语言塑造了人类的思维，语言态度反映了人们对持有这种语言的社会群体认同还是反对，不同的语言态度反映了不同的社会认同倾向。在城市中，外来工是一个多语环境中的弱势群体，而认同的社会建构通常发生在一个标示为权力关系的脉络里。外来工在日常生活中经验到语言作为权力和身份象征的力量。对于城市环境中的普通话和强势方言的态度与选择摆在了城市外来工的面前。对大部分的外来工而言，家乡方言已成为他们早期认同中的一部分，和他们的身份一样在陌生的城市中成为一种被污名化的语言。但若要真正进入城市生活的主流社会，需要接受强势阶层的标准方言、话语模式并应用于其社会生活主要领域的各个方面。

（1）普通话态度。普通话作为社会共同语，渗透到经济、政治、文化的各个领域，外来工在城市生活空间中接触到的阶级意识迫使他们在日常的语言选择中，对普通话的认知、情感与行为选择表现出较为积极的态度。赵燕（2009）对近二十年来国内语言态度的研究所做的考证结果表明，语言态度的研究可归纳为 5 类：少数民族语言态度研究、汉语与外语的态度差异、共同语与方言的态度差异、不同群体语言变体的研究和其他研究。王伟超和许晓颖（2010）对南京言语社区语言态度调查报告显示，在南京言语社区内部，一部分语言使用者依然流露出"语言不安全感"，但和十年前相比已经有所降低，并且出现年龄分层。夏历（2012）对城市外来工语言态度调查的研究表明，外来工群体在普通话的情感、认知和行为倾向上都持正面积极的态度，这一结论得到多项研究的支持（樊中元，2011；林伟，2011；付义荣，2007；胡伟，2009）。刘玉屏（2009）以浙江义乌市的个案调查为例，研究指出：打工行为在外来工由单方言人或潜在双方言人变为现实的双方言人过程中起到了重要作用；普通话是其打工期间使用最多的交际语。外来工既高度认同普通话，又愿意保持家乡话，语言态度开放。欧小艳（2008）在文章中指出，外来工为了改善自身形象，在语言态度上采取了推崇普通话的态度。浙江绍兴、义乌的外来工语言态度研究中，普通话的评价指数都比较高（刘玉屏，2010b、2008）。外来工主观报告普通话的使用率较高，平均使用率达到 80% 以上，但日常生活中经常使用普通话的外来工比较少。针对南京的调查显示，有 43.6% 的外来工仍以方言为主（王玲，2010）。从熟人社会到陌生人社会，外来工为适应城市生活环境需要做出行为调整，语言是他们行为调整的一个重要方面。

（2）家乡话的态度。外来工对家乡话的态度具有两重性：从情感层面讲，外来工对家乡话的态度是积极的，认为家乡话亲切、好听；从社会感知层面讲，外来工对家乡话的态度是消极的，认为家乡话社会影响小、社会地位较低等（林伟，2011；夏历，2012）。虽然有些外来工对家乡话有较深的感情，但总体看来，对普通话的积极评价占主导地位（王玲，2010）。外来工在语言态度上采取了推崇普通话而扬弃家乡话（欧小艳，2008）。也有一半左右的外来工对家乡话的功能、地位持负面评价。出于对家乡话的情感认同，大部分外来工愿意保持家乡话，但基于对其地位和功用的理性认识，他们又对家乡话的失传表现出较高的接受度（夏历，2012）。也有研究表明：外来工对乡土社会关系网络的依赖使得外来工家乡话存用；而从亲切维度看，绝大多数人认为家乡话亲切，这占到了整个调查样本的 95.7%（刘玉屏，2008、2010a）。极少数人会认为普通话亲切，部分人认为如果和家乡人讲普通话会产生隔膜感，没有人认为家乡话不亲切（樊中元，2011）。外来工在与亲戚、老乡等交往时，家乡话的使用非常普遍，而只有当他们觉得老家话不能满足其工作上的需要时，才会去学习并使用普通话（付义荣，2010）。不同的研究表明，外来工对家乡话的态度是两面性的，根据不同的功能和场合，他们所持的态度有所不同。

（3）强势方言的态度。语言是社会结构的反映，表征一定的社会关系。外来工流动到城市，在身份感知上有低人一等的感觉。原住居民会在无形与有形之中凸显自己的优势地位。语言是一种符号，可以表征一个人的身份与所属社会结构。因此，当地方言附着一种强势力量。外来工如果要更好地融入城市生活中，当地方言能够帮助他们更好地沟通交流，还能够使得外来工整饰自身身份从而获得城市认同。调查显示，虽然有些打工城市的方言（主要是南方城市）与普通话或其他汉语方言的沟通度较低，学习难度较大，但还是有部分外来工学会了一点儿打工城市方言，援用务工输入地城市方言中的某些结构成分，使用地方方言能够促成外来工与城市市民的互动与交流（刘玉屏，2009、2010a）。俞玮奇（2017）调查了外来工对普通话、上海话和家乡话的语言态度，结果表明，外来工对流入地方言的整体评价并不高，除社会影响略高于家乡话外，其余均低于家乡话。不过，进一步的研究发现，外来工上海话的听说能力与人际交往、社会互动、心理距离和身份认同均呈现显著相关，语言能力越强，城市融入程度越高。也有研究显示，外来工对打工所在地的方言则在情感与实用上都不怎么认同（付义荣，2012）。甚至很多研究者在研究时设置了家乡话、普通话、工作地方言三种语言的使用情况，但是在预调查中发现，大多数人选择会说普通话和家乡话，会讲工作地方言的人不多，经常使用的人就更少了。因此在研究中，研究者也就只好排除了流入地方言的选项设置，以家乡话和普通话为主，来调查他们的语言使用情况（林伟，2011；樊中元，2010；夏历，2012；王玲，2010）。针对强势方言的研究表明，强势方言的语言能力能够显著地影响外来工的社会融入，但外来工对流入地方言并不持积极态度，在主观上产生了对强势方言的排斥和外来工群体的内卷化认同。

2. 语言态度的特点

外来工在城市社会中的语言是一种多语言共存的现状。语言的选择与使用甚至评价，因与不同群体接触而进行不同的选择。外来工进城，首先面临的是语言习惯问题,《中国语言文字使用情况调查资料》显示,农村人口习惯于在家庭、集贸市场、医院和政府部门等场合使用方言,而较少使用普通话(中国语言文字使用调查领导小组办公室,2006)。随着外来工进城,他们的语言交际模式发生了变化,这在老一代外来工、新一代外来工,甚至是他们对子女语言使用的态度上均发生了变化。

(1)语言态度的场合性。外来工从农村走向城市,由之前的单一方言模式,呈现出了分场合、分对象的语言使用态度。根据外来工不同的接触人群,力量、夏历(2008)将语言场合分为"家人""朋友""同乡的同事""非同乡的同事""顾客""公共场所";林伟(2011)根据接触人群,将外来工语言使用场合分为"家人、朋友""同乡同事""外地同事""农贸市场""大型商场""邮局、政府机关等";也有人从社会心理层面将语言接触场合分为"亲近的""非正式的""正式的"三种(屠国平,2008);夏历和谢俊英(2007)将语言使用场合分为"家人""朋友""同事""顾客和公共场所"。将这些场合概括起来看,语言使用主要与外来工自身的社会网络有关:一种是以亲缘和地缘关系为纽带的同质性的"乡土社会关系网络";另一种是以业缘关系为纽带的异质性的"非乡土社会关系网络"(刘玉屏,2010b)。外来工社交场合的语言选用,随场合的正式程度及与交际对象关系的不同,呈现出普通话和家乡话并存分用的局面:越是在比较正式的场合,以及跟陌生人或关系一般的人交谈时,选用普通话的概率越大;越是在非正式的场合,以及跟熟悉、亲近的人交谈时,家乡话被选用的概率越大(刘玉屏,2009)。外来工在与家庭、同乡相处时,对家乡话持积极的态度。"跟老乡交谈"是唯一以使用家乡话为主的社交场合,如果在同乡面前使用其他语言会受排斥,即使在一开始使用普通话,当发现是同乡时,会转换为家乡话的使用。在到政府部门办事、去医院看病、在集贸市场买东西、跟陌生人交谈、跟非同乡的同事交谈、跟本地熟人交谈等几个正式程度较高、交往对象关系较为疏远的场合,普通话几乎是唯一的交际用语,这样既有利于交流,也表示对对方的尊重和与对方的平等。

(2)语言态度的代际效应。外来工自身使用语言存在普通话与家乡话并用的态度,但他们的子女存在强烈的说普通话的愿望(胡伟,2009)。盛林和沈楠(2012)对外来工子女语言使用状况的调查显示,外来工子女普通话使用态度与能力明显高于地方方言与强势方言;刘莉芳(2013)在对广州青少年语言态度的调查中同样发现，普通话与强势方言使用态度居于同等重要的位置。子女的普通话使用反过来也会影响外来工自身的语言使用，有子女随同打工的外来工，无论是"主要用普通话"的比例，还是"主要用普通话"加上"有时候用普通话"的比例，都高于子女未随住者（刘玉屏，2009）。在青少年中，对普通话与当地方言的使用态度增强。有研究表明：从行政和社会的角度看，普通话责无旁贷地成了城市生活圈的交际语言，是知识分子和政府部门行政管理者的主导语言；从文化角度看，在口语交际中，如果不使用普通话，不同区域的人进行交际时可能会出现彼此听不懂的困难局面；从经济角度看，在广东省，由于大部分合资企业聚集在比较发达的珠三角地区，这种集中布局直接导致的一个结果是，大大加强了广州白话在这一地区经济活动中的作用，使它成为区域性强势方言（徐真华，2008）。外来工正常交往的群体仍为血缘与地缘关系，所以他们的家乡话起着重要作用，但着眼于下一代未来的发展，他们对普通话和英语持较为赞同的态度，而对家乡话虽然希望子女会说，但对家乡话的失传却表现出了较为接受的态度。随着经济发展的全球化，掌握一门外语也成了外来工对子女语言习得的态度之一。不少外来工认识到以英语为代表的外语对个人发展的重要作用，有子女者普遍希望子女能学好英语。在"希望子女会说哪些话"的调查中，选择英语的比例仅次于普通话，达85.12%（刘玉屏，2009）。20世纪70年代兴起的言语适应理论假设人们通过调整言语风格，包括发音、语速和信息内容，向他人传达自己的价值观、态度与意向。言语风格向听话者靠拢称为"趋同"，为社会同化的表现；与听话者言语风格的偏离称为"趋异"，是为了表达对听话者的排斥，或者突出自己的内群体认同（高一虹、李玉霞、边永卫，2008）。外来工语言态度的研究结果可以表明外来工的认同模式。语言最基本的功能是社会交际，通过语言人们得以进行社会交际，从而构建不同的语言集团，同时通过语言集团实现个人的社会认同（王锋，2010）。

（二）语言认同研究

国内研究对语言认同的界定尚有争议。概括起来，从不同的侧重点，语言认同具有不同的界定。侧重于语言交际行为的研究者认为，语言认同是个人或群体凭借特定语言及其书写符号的交际和象征作用而分辨我群与他群的心理认知与行为的实践活动，或群体对同一种语言或方言在态度、情感、认知等心理活动的趋同（盛柳柳、严建雯，2015；张军，2008）。侧重于语言使用的研究者提出，语言认同是指某个人或某个言语群体通过使用某种语言来表示民族或种族归属的身份认同（姜瑾，2006）。而侧重于语言态度的研究者认为，语言认同既是态度的认同也是行为的认同（王玲，2009）。研究者在语言与认同的关系研究中指出，语言是产生自我认知的重要途径、语言是构成成员身份的内在标志、社会认同影响语言选择。因此，语言是社会认同借以产生的载体和工具（叶君，2009）。

1. 传统认同理论与语言

认同是对意义的经验建构。认同是个人自我概念的一部分，这种自我概念来自个人对所属的某个社会集团的成员身份的理解和情感关联（Tajfe，1974）。社会认同的程序有：分类—群体成员身份—评价—积极或消极的社会认同。社会认同既是符号性存在，也与社会历史文化有关，是在互动情境中与语言互动产生的（高一虹、李玉霞、边永卫，2008）。语言与认同的理论基础是，每一种语言都可以反映说话人和听话人的社会特征以及他们之间的关系（张斌华，2016）。语言在群体内或群体外角色认同中扮演着重要角色。传统的认同理论有三类（Owens，Robinson & Smith-Lovin，2010）：强调社会地位的内化以及作为自我结构的组成部分，强调文化、情境与社会地位对行动者认同的影响，强调集体认同。

（1）强调社会地位的内化以及作为自我结构的组成部分。社会符号论十分强调社会意识形态对语言使用的影响，语言使用是对意识形态的"实现"。Foote（1951）的研究认为语言是动机的核心，因为它使个体有意义地理解和标注他们过去的行为以明确表达当前和未来的结果，从而帮助其形成行为。有学者甚至认为，社会认同和族群建构大部分是经由语言建立起来并加以维持的（Gumperz & Cook-Gumperz，1983）。Rosenberg（1979）认为个人认同是个人属于某一种类型的社会分类，虽然由独特的表征符号和个人描述组成，但从源头上说它是社会性的或是体制性的。

（2）强调文化、情境与社会地位对行动者认同的影响。社会认同理论主要解决了关于内团体和外团体分类的认知问题（Tajfel & Turner，1979）。该理论所描述的机制实际上是基于社会环境对人类认知的影响，强调该理论的情境因素。当在某一情境中形成较为有利的社会比较之后，内群体成员的认知一般转向积极的评价，较高社会地位的群体成员更容易与他群体间产生竞争与偏见。Tajfel（1974）认为，当行动者无法从社会认同元素中获得足够的满足,个人就可能选择改变他们的成员身份。语言是群体认同的标志,在语言选择中,马戎(2009)指出发展相对落后地区的群体一般会积极学习发达地区的群体的语言,获得优势群体的语言标识,从而获得该群体的同一身份的融入资格。

(3)强调集体认同。集体认同是以群体与群体为边界的认同。当文化和经济的边界重叠,集体认同将会在文化相似性而不是经济相似性的基础上产生。语言是文化认同的重要构成。通过语言的竞争或接触通常能够促进边界工作的进程,它能引导一种认同的发展,使其能为某一类人所有,并把他们自己看成有共同利益和命运的共同体。在开放的语言环境中,语言对成员身份的确认作用越明显,不同语言群体的成员在交往中越会将自己归于自身的语言群体,如果想融入另一个群体中,其需要先学会另一个语言群体的语言。语言行为就是一系列认同的动作,在这些动作之中,人们发现自己并寻求自己的社会角色(叶君,2009)。但这种认同,可以存在集体内认同和集体外认同共同存在的形式,特别是向上认同的产生,往往会选择优势地位的语言,适应优势群体,形成外群体认同。

(4)语言在认同中的作用。语言认同是指群体在交际过程中使用同一种语言或方言的交际行为,或群体对同一种语言或方言在态度、情感、认知等心理活动中的趋同(樊中元,2011)。语言是社会认同的重要工具,当一个群体共同选择了某一种共同的语言作为交际工具或对同一语言或方言具有共同的情感、态度和认知时,则所选用的该语言既承担了语言的工具性功能,也实现了该语言作为群体认同的重要标志。语言在社会认同中的作用,表现在两个方面(王锋,2010)。第一,语言是塑造自我认知的重要途径。语言本身就是个人或群体的外在表征,尤其是在与其他语言群体发生互动时,语言的口音差异往往成为一个人或群体区别于其他群体的重要标志。第二,语言是构成群体成员身份的内在标志。在同一群体内,语言是群体认同的前提,统一的语言有助于产生对本群体的归属感和认同感,这些个人持有共同的社会认知,他们将自己看作同一个社会类别的一分子(Lepage & Abouret,1985)。正是由于语言具有强烈的群体认同作用,在语言互动中,个人常常进行各种形式的语言选择,趋向于语言的群体一致性,以获得特定的身份认同和特定语言群体的尊重或权益。在我国,由于汉语区域方言众多,人们通过方言就可以辨别言语者是否属于"同乡"。有研究表明,通过语言来区别群体与年龄有关,年龄大者对语言的区域认同情感更深（俞玮奇，2012）。影响语言选择的因素还有认知、情绪、人格特质和群体认同与沟通情境等，不对称的社会地位容易导致更加明显的群体认同与区分（徐同洁、温芳芳、浮东琴、佐斌、肖任飞，2014）。强势语言地区的群体倾向于保持自身的语言特征，而处于弱势地位的语言群体倾向于向上趋同，以获得特定的身份认同和尊重。

2. 外来工语言认同

农民工从农村进入城市，城乡结构二元化发展不均衡导致了经济、文化与农村截然不同的生活经验。根据认同建构的经验与意义来源，外来工群体对生活的意义解释和经验体验都发生了变化。在农村，由于长期形成的乡土文化和乡土语言，外来工群体内交流具有共同的场域，而当他们以陌生人身份流入城市，则遭遇由不同方言构成的语言社区。在城市中他们最初经由时间和空间所建构的原初认同受到城市生活与经验的影响。正如卡洪所说"所有的语言和文化都在其中有某种区别自己与别人、我们与他们的方式……对自我的知识——总是被'建构'的"（Cahoun，1994）。

（1）语言认同与外来工城市融入。外来工的流动主要是国内不同区域之间的流动，尤以经济落后地区的农民流动到经济较发达地区为主。我国幅员辽阔，古有以方言认同建立政治实体，今天的方言体系主要以区域进行划分，共分为十大方言区，还有国家的通用语言。新中国成立后，随着普通话的不断推行，国家规定在正式场合下，普通话要逐渐成为统一用语，而在非正式场合下，对选择普通话还是方言一般没有明确规定。随着国内城市中外来人口的流动性增强，常常在一个语言社区中出现普通话和多种方言共存的现象。汉语方言是人们辨别"老乡""同乡"，或"异乡人""外地人"的一个重要标准（蒋冰冰，2006）。流入珠三角东莞打工的外来工表现出了对粤语学习的积极认同，他们通过学习当地方言进行自我包装和印象管理，努力克服在社会流动中遇到的文化隔阂，通过语言完成城市融入的主体性建构（陈晨，2012）。张斌华（2016）的研究发现，外来工的语言能力与社会认同是正相关的。外来工流入城市，为了更好地适应城市工作和生活，需要调整新的语言认同，包括语言态度和语言使用。外来工想要实现向上流动，需要改变原有的语言形式和结构，熟练使用当地社会的主流语言（黎红，2015）。

（2）外来工语言认同的影响因素。语言认同的界定尚有争论，即通过哪些语言指标来测量说话者的认同，不同的研究侧重点不同。就测量的外来工语言特征来说，有的侧重于语言使用，有的侧重于语言态度，有的侧重于认同的主体建构。不管何种语言特征的测量，整体而言，外来工对普通话的认同程度最高，对流入地当地话的认同程度最低。外来工语言认同受多种因素的影响。第一，语言认同受语言接触环境的影响。武小军（2013）将外来工的社会语言接触环境分为工作语言环境、居住地语言环境和公共场所语言环境，来考察外来工的语言认同。结果表明：工作环境中，外来工表现出较高的普通话认同感；在居住地语言环境中，东部发达城市流入地中使用普通话的人数占 28.3%，但如果是与老乡居住在一起，通常高度认同家乡话；在公共场合中，主要是普通话。第二，语言认同受语言价值的影响。张全仁、李禄胜（2015）通过对福州的外来工的访谈，发现不同生活情境中，外来工对普通话的学习存在两种不同的认同：一种是对普通话缺乏认同感，不是学不会，而是觉得没有真正意义，存在抵触情绪；另一种是对普通话存在高度认同，认为学习普通话是融入城市的重要因素。张斌华（2016）通过对珠三角东莞外来工的调查发现，认同自己掌握较好的普通话、粤方言的外来工比例最高。第三，语言认同受个体心理特征的影响。大多数外来工对普通话持积极的态度，但当他们与老乡交往时，还是会选择自身方言，因为他们觉得在家乡人面前说普通话容易被同乡排斥；与其他群体交往时，一般不讲方言，因为讲方言容易被别人识别为外地人，这样可能会受到歧视或欺骗（崔晓飞，2008）。个体心理特征对流入地方言认同的影响作用，首先，表现在人格特质上。有研究表明，外向活泼的新生代外来工有较强的动机学习和使用流入地方言，而那些经常抱怨的人不太容易主动学习当地方言（陈晨，2012）。其次，表现在对日常交流的认识上。在对外来工进行访谈研究时，有外来工说可以不需要互相听懂，如果无法交流就不交流，可以只干活不说话（张全仁、李禄胜，2015）。有的外来工认为，日常的语言交流不仅是互通信息，还能够建构自身的身份认同。对所流入城市具有归属感，就会对当地方言具有积极的评价态度（盛柳柳、严建雯、李静，2015）。

三 语言与移民社会排斥研究

语言是一个群体成员共同所说的话，它是群体身份的标志。当语言与一定的政治、经济和文化背景相联系时，语言便具有了等级示差效应。语言的口音差异，启动对言说者的社会认同。语言的社会认同功能具有内隐性。同时，语言又是一种交流工具，人们具有相同的语言才能够互相沟通信息，表达情感，相互理解。语言的显性功能还体现在语言的人力资本作用上，它有助于人们特别是移民提升劳动力市场的竞争力。语言被当作排斥的武器（Wright，2000）。

（一）语言与移民劳动力市场排斥

在社会排斥研究中，经济是社会排斥的重要测量维度。经济贫困与劳动力市场中的工资收入密切相关。社会排斥研究产生之初，通常将排斥作为收入贫困的同义词，特指那些没有获得劳动报酬（被有偿劳动力市场排斥）或者是指那些低工资收入的人（Peac，2001；NPI，2006）。正如Atkinson（1998）所说，社会排斥不仅是被劳动力市场排斥，更重要的是，被劳动力市场排斥的人没有可以维持生存的收入，收入较低就无法维持日常的消费，因此被排斥出市场的产品与服务的供应范畴之外，从而引起生活中的经济、社会和政治等多方面排斥（Chakravarty & D'Ambrosio，2006）。在移民研究中，劳动力市场参与最直接的体现是工资收入。

1. 新古典经济学人力资本理论

新古典经济学人力资本理论认为，收入不平等的主要根源是劳动者在人力资本方面的差异，而增加人力资本的投入和积累是职业获得与工资增长的主要途径（Gary，1962；Mincer，1974；加里·S. 贝克尔，1987）。Townsend（1993）也提出了经济排斥的能力说。经济学家通常将语言能力看作人力资本的一种形式，它的预期收益通常用工资收入来衡量（Carliner，1981；Chiswick，1991、1998、2008；Chiswick & Miller，2003；Chiswick & Miller，2005；Dustmann，1994；Grenier，1987；McManus，Gould & Welch，1983；Tainer，1988）。语言能力不同，所具有的人力资本就不同。20世纪70年代后期以来，关于语言经济的研究越来越多，大量的文献探讨了语言与收入的关系，这些研究大多数在发达国家中进行，如英国、美国、德国、加拿大和澳大利亚等。研究者在关于加拿大的移民研究中指出，移民的英语能力同教育、经济、职业和年龄一样，成为地位获得的最有力的"看门人"（Wodak，2012）。研究者还发现人们甚至会通过移民说目的地语言的能力来评估他们其他的能力（Kossoudji，1988）。当一个人不能熟练使用主流社会的语言，不管他的能力如何都会被当作外来者

（Lindemann，2002）。这种隐性的语言歧视变得越来越具有象征性，逐渐渗透日常生活实践，而不是通过强制的外在力量（Bourdier，1991）。移入国语言能力高，首先可以减少歧视，给雇主形成积极的印象，如能力强等；其次可以克服语言障碍，在劳动力市场更具竞争力（Kossoudji，1988）。因此，在移民的经济获得研究中，研究者长期以来达成了一致的共识，语言能力在完成任务、创造机会中具有重要的正向作用（Bleakley & Chin，2004；Chiswick & Miller，1995；McManus，Gould & Welch，1983）。欧洲理事会成员国规定，如果移民想要获得长期居住权以及获得移入国的公民身份，必须达到一定的语言水平（Little，2008）。

2. 语言能力与移民工资收入

移民的语言能力受限，会导致低收入（McManus，1985），语言能力越高，收入越高。除了直接影响工资收入外，综观以往研究结果，语言能力还具有以下作用。第一，语言能力对移民工资的教育回报率的影响。Chiswick 和 Miller（2002）发现，英语能力高者的教育回报率显著高于语言能力不高的移民（6.6% vs 1.0%）。雇主把语言能力看作接受高等教育的标志，英语能力不高，教育的优势也无法体现（Casale & Posel，2011）。控制了教育获得变量，语言能力对收入的直接影响作用减小（Bleakley & Chin，2004）。第二，语言能力对不同职业的移民的影响。Kossoudji（1988）在研究中发现，语言能力在较好的职业阶层如教授、经理中的作用不显著，因为专家级的移民可能拥有所需要的独特的技术，雇主可以不关注其语言能力的缺乏，而只注重其技术资本。对于不同的工作而言，语言能力高者在不同的工作中的工资相同，而语言能力低者在需要语言能力较强的工作中的收入会较低。第三，语言能力对不同聚居地移民的影响。这些结果表明，同一来源地语言密度高对语言能力高的被试的收入具有负向作用，对语言不流利者的负向影响小于对语言流利者的影响。也就是说，那些语言能力高者如果移居到语言密度低的区域，工资提高的可能性更大。语言能力低者居住在语言密度高的区域，语言的经济惩罚性弱；英语语言能力不高的群体，生活在聚居区可以获得较高的收入（Chiswick & Miller，2002）。第四，语言能力对不同民族移民工资的影响。Dustman 和 Fabbri（2003）使用英国1994年、1995年的两个调查研究发现，英语语言获得、工作获得以及收入获得在非白人移民中存在很大不同，依种族而不同。种族对工作获得具有显著的正向预测作用，且英语语言能力缺乏会导致收入减少。Kossoudji（1988）对美国的西班牙移民和亚裔移民的研究发现，语言是移民获得本地人认同的标志，英语水平高能力就强。如果语言能力低，那么西班牙移民遭受的市场损失的代价要高于亚裔移民，如收入低、换工作机会少等，同时在任何职业中，语言能力缺乏对西班牙人的影响都大于亚洲人。语言能力越高，工资越高；语言能力对墨西哥人的影响大于中国人（Kim，2011）。第五，语言能力对不同居住时间移民工资的影响。英语语言能力高移民居住时间长的优势表现为，每增加一年，收入增加 2%；而对于英语语言能力不好的被试，这种效果更明显。

简而言之，语言能力作为重要的人力资本变量，影响劳动力市场，特别是工资收入，国外的大量研究已充分说明这一点。如果不具有移入国语言能力，其他人力资本都难以转换。语言能力对移民收入的影响主要表现为对语言能力资本的预期收益，语言能力越高，收入越高。语言能力影响工资收入，这在移民的语言态度和国家的语言政策制定方面都起着直接或间接的推动作用。

（二）语言与移民社会交往排斥

当前，伴随着史无前例的大量的移民和全球化浪潮，了解主流社会群体因外来者口音而对移民产生偏见的研究，对不断增长的移民流动的研究具有重要意义（Blommaert，2010）。国外关于移民问题的相关研究表明，社会融合受许多因素的影响，其中包括语言，人们如果持有不同语言即不会相互融入，同时还会体验到来自主流社会的敌意和排斥（Rendall，Tsang，Rubin，Rabinovich & Janta，2010）。因而，移民地语言能力是长期融合的前提条件，也是正式进入的必备要求（Dustmann & Fabbri，2003）。

1. 社会交际与认同理论

社会交往中如果存在语言问题，或语言能力低下，则不容易实现信息通达，相互理解产生困难，不利于整个交往过程的进行。语言交际与社会语境和文化存在一定的联系，支持社会表征与其他认知对象的社会性影响（刘江，2009）。移民与当地人的交流能力是影响社会融合的关键因素（Dustmann，1996；Adelstein，1994）。国外的研究表明，主流社会的语言影响移民的社会交往体现在两个方面。一方面是语言能力（Carley，1991；Rubenfele，Clement，Lussier，Lebrun & Auger，2006；White & Li，1991）。一个人流入地语言能力越强，在交流和与当地人互动中产生的问题就越小。语言能力越高在社会交往过程中越能够顺利地与当地社会形成共同的理解，从而减少交往中的困难与排斥。另一方面是语言的认知表征，国外的研究表明，口音是辨别外群体强有力的线索，标志着他们的来源地、群体身份等，说话者经常因为他们的口音而被否定对待（Gluszek & Dovidio，2010；Derwing & Munro，2009），甚至被歧视（Biernat & Dovidio，2000），口音是社会排斥的试金石，一个人说话的方式包括口音具有重要的社会性，构成了说话者社会认同的重要方面以及传达着大量的社会信息（Lippi-Green，1997；Edwards，1999；Cargile & Giles，1997；Cargile，Giles，Ryan & Bradac，1994；Ryan，1983；Ryan & Carranza，1975；Giles & Johnson，1987）。甚至在孩子的眼里，非本土口音比种族线索更能作为一个负面的线索影响他们的态度（Kinzler，Shutts，DeJesus & Spelke，2009）。

2. 语言与移民社会交往

（1）语言能力的影响。流入地语言能力是流入地社会融入的关键因素，可以促进社会成员之间的交流，了解当地的文化（Hammer，2017）。如果会讲流入国家的语言，移民发生的可能性也会增加（Aparicio Fenoll & Kuehn，2014）。语言能力的提高，能够促进与当地人的交流与信息通达。在一项关于澳大利亚移民的研究中，被访谈者表示，如果政府能够提供在一起学习语言的机会，那么他们会觉得自己是澳大利亚人民的一部分（Leith，2012）。对马来西亚大学中留学生的英语语言能力与学生人际互动研究发现，英语能力是影响本国学生与留学生互动的重要因素，留学生语言能力缺乏对他们的交往产生负面影响（Sarwari，Ibrahim & Ashikin，2016）。虽然很多研究均表明，语言能力有助于移民的社会融入和人际交往，但也有研究者通过对澳大利亚的孟加拉国移民的语言能力研究发现，尽管他们的英语能力较低，但这些底层移民也能够找到办法融入流入国，且对自己的生活还比较满意（Chowdhury & Hamidl，2016）。由此可见，移民语言能力对他们的融入与交往产生影响，但对于底层的移民来说语言能力的影响作用较小。

（2）语言口音差异的影响。口音差异都会对他们的交往产生负面的影响（Sarwari，Ibrahim & Ashikin，2016）。在 Derwing（2003）的一项研究中：1/3 的被试报告了因为口音而受到歧视；超过 50% 的被试报告发音在他们的交流中存在问题，但说不出明确的问题所在；而被试中的大多数认为如果英语发音更地道，就会受到尊重。当地人对具有口音的移民通常具有一定的刻板印象和偏见，表现为听上去让他们感觉不愉快（Bresnahan，Ohashi，Nebashi，Liu & Shearman，2002；Lindemann，2003；Mulac，Hanley & Prigge，1974），以及认为具有口音者能力低（Lindemann，2003；Bresnahan，Ohashi & Nebashi et al.，2002），表达差（Lindemann，2003），社会地位低下等（Bresnahan，Ohashi，Nebashi，Liu & Shearman，2002）。说话口音标志着一个人的外群体身份，社会交往中容易受到当地社会的歧视与排斥。这些都说明了对于移民来说掌握流入国语言能力的重要性，以及移民因外来身份而在语言的交流中被识别，使当地人产生消极的态度认同，即使是语言交流能力无障碍者因口音而遭受的排斥仍非常显著。

（三）语言与移民心理排斥

社会排斥过程中，被排斥者对社会排斥的感知是一种心理反应。对于自身被排除在某个群体或某种权利之外的感知以及产生不愉快的心理体验，即为社会排斥感。社会排斥感是一个主观知觉过程，针对同一个排斥事实，会产生不同的、相对的、不愉快的心理体验。

1. 理性行动与剥夺感

社会排斥体验的具体测量指标有：价值感缺乏，无用感，自卑和边缘化（Böhnke，2001），遭受偏见、污名和歧视（Wilson，2011），缺少归属感（Williams，Cheung & Choi，2000），边缘化（Yasmeen，2008），剥夺感（Böhnke，2001）等。这些主观的排斥体验存在两种理论假说：一种是理性行动理论，该理论认为，一个人所处的社会经济地位越高，其对所处的生活状态越满意，而所处的社会经济地位越低，对所处的生活状态越不满意，感受到不公平、剥夺感就会越强（Farley，2000）；另一种是相对剥夺理论，这种理论认为，人的排斥感是相对的，这种相对性不仅来自对当前客观的社会经济地位的评价，还来自与自己和他人的比较等（Kluegel & Smith，1986；Han & Whyte，2009）。关于语言对社会排斥感的作用：根据理性行动假设，高语言能力移民的社会排斥感较低（Behrman，Gaviria & Szekely，2003；Alarcón & Novak，2010）；根据相对剥夺理论，语言对移民社会排斥感的影响又是一个相对量，来自外来工与自己和他人的比较等，高语言能力移民的社会排斥感不一定就低（Chowdhury & Hamid，2016）。

2. 语言与移民社会排斥感

Alarcón 和 Novak（2010）研究发现，移民的社会歧视感受语言口音的影响显著，认为歧视与语言有关者占22%，"人们通常对我不礼貌或嘲笑我的口音，他们把我看作低人一等"。因此，移民排斥感的产生还受语言的影响。Finch、Kolody 和 Vega（2000）研究得出，流入国语言适应能力调节着其他因素对排斥感的作用，对于移民而言，语言适应是重要的适应指标。如果语言不能适应，移民会遭遇到敌意和排斥（Rendall，Tsang，Rubin & Janta，2010）。语言口音作为身份识别的指示器，在社会交往中激活了当地人对移民较低的社会认同。语言能力和语言的符号性标志着一个人的能力、身份和地位，同时移民的语言也是其他能力的外部表现。在劳动力市场中，语言能力低者会被认为受教育水平也低，教育的优势无法体现（Casale & Posel，2011）。关于保加利亚少数族裔的研究发现，语言口音可能是少数族裔和移民被排斥和歧视的一个关键因素（Rossalina，2010）。上述研究表明，移民在流入地的语言能力和口音均影响他们主观的社会排斥体验。总而言之，社会排斥感是外来工在被排斥过程中对社会排斥的主观体验，产生诸如歧视感、剥夺感、边缘化、无归属感以及价值感缺失等心理感受。国外移民社会排斥主要是种族歧视的结果，对少数民族从肤色、语言、教育到生活各个方面都存在偏见与歧视。

第四章
研究逻辑与设计

本章聚焦于语言与外来工社会排斥的研究逻辑与设计。通过介绍研究设计，进行文献回顾与评述，提出研究问题与研究意义，确定研究思路与内容安排，以促使外来工更好地融入当地社会。

一 研究设计

(一) 核心概念

本研究的核心概念围绕着研究对象、研究变量和研究目的进行分析与界定，主要有以下几个。

1. 语言能力

《朗文语言学及应用语言学词典》将语言能力定义为：一个人具有的使用语言的技能程度，如读、写、说或语言理解能力的高低（Richards, Richard, Heidi & Youngkyu, 2005）。本研究中语言能力是指外来工在与当地人交往过程中的语言交流能力。语言能力通常分为听、说、读、写四方面的能力。在移民语言能力的研究中，通常将他们的听、说能力作为语言能力的指标（Chiswick, 2008）。因此，本研究中通过询问"在与当地人交往过程中是否存在语言困难"来测量外来工的语言能力。将回答"不存在语言困难"定义为高语言能力，"存在语言困难"定义为低语言能力。

2. 社会排斥

根据牛津词典的解释，社会排斥是指被排斥在主流的社会制度以及它所赋予的权益和利益之外，尤其是对贫困和少数群体而言（Oxford Dictionary, 2014）。社会排斥的概念起源于贫困，通过不断的演变与发展，它不再是静态单维的概念，而是一个动态发展的过程性概念；不再是一个客观的状态性描述，而是一个发展性的累积概念。但无论怎么发展，社会排斥的本质没有变，即在排斥与被排斥者之间形成区隔，这种区隔由多种因素构成，使得被排斥者难以实现跨区隔的融合。本书中，社会排斥是指城市外来工在劳动力市场、社会交往过程中所遭遇的某种机会和权利的歧视与剥夺等，以及由此而产生的心理反应。

3. 社会排斥感

社会排斥感是对社会排斥的自我感知（Berman & Phillips, 2000）。本书中社会排斥感是一个心理量，是指外来工在社会排斥过程中所产生的不愉快的心理体验。

4. 城市外来工

外来工是我国改革开放和工业化、城镇化进程中不断涌现的劳动大军。他们户籍仍在农村，主要从事非农产业，有的在农闲季节外出务工，亦工亦农，流动性强，有的长期在城市就业，已成为产业工人的重要组成部分（中华人民共和国国务院，2006），也指户籍仍在农村，在本地从事非农产业或外出从业 6 个月及以上的劳动者（国家统计局，2013）。本研究中城市外来工是指具有大专及以下学历者、跨区县流动、被企业或单位正式雇用的外来务工人员，其中也包括少量符合条件的城镇户口者，但主体是农村户籍外来工（占 83.5%）（刘林平、郑广怀、孙中伟，2011）。这一概念突破了传统意义上的外来工，又与涉及更多人群的流动人口相区别。

（二）分析框架

本书的分析框架基于社会排斥是互动过程的概念。社会排斥是施动者与受动者相互建构的过程，一方面外来工在劳动力市场和人际交往等方面遭遇排斥，另一方面作为排斥的受动者会产生对排斥的心理体验。所以，形成本文的分析框架，具体如图 4 - 1 所示。

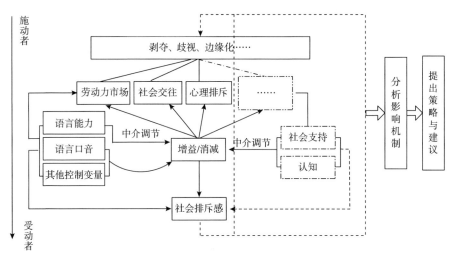

图 4 - 1　本书分析框架示意

在该分析框架中,语言对城市外来工社会排斥的研究主要分为三个部分进行探讨。第一部分,分析语言变量等对外来工劳动力市场排斥、社会关系排斥、心理排斥的影响作用。社会排斥是具有多维度的复杂变量,本书中选用与语言密切相关的社会排斥的劳动力市场维度(工资收入)、社会排斥的关系维度(社会交往)和社会排斥的心理维度(排斥感)。第二部分,分析语言能力对外来工社会排斥的调节作用,包括对施动者施加的社会排斥和受动者感知的社会排斥的调节作用。第三部分,为减少外来工社会排斥,根据语言影响外来工社会排斥的研究结果和作用机制提出建议,使外来工更好地融入城市社会。

二 文献评述与研究拓展

语言是移民社会适应的重要方面。在移民流动过程中原先的语言已无法适应新的生活的需要,因此移民的流入地语言能力的获得就成了重要的人力资本变量之一,它影响着外来工在劳动力市场中的工资收入。移民的语言能力高,可以实现与当地人之间的有效交流,同时还可以减少流出地与流入地语言之间的口音差异,以整饰自己的身份,建构新的社会认同,以减少交往中的排斥。因此,语言能力低下会产生一系列的消极后果,从经济获得(Wated & Sanchez, 2006)到社会交往(Lazear, 1995)都会发生排斥。城市外来工大多来自农村,当城市生活中所需要的语言这一符号资本、人力资本能力不足时,他们会在劳动力市场遭遇排斥,社会交往中遭遇不认同,从而体验到不愉快的心理反应的社会排斥。语言与城市外来工社会排斥研究旨在通过城市外来工语言能力和语言口音差异两个变量来分析语言对外来工社会排斥的影响。本章主要评述之前相关研究、提出研究问题,并在后续各个章节中对具体内容进行定量与定性分析。

(一)文献述评

通过国内外社会排斥、语言及移民的相关研究,分析国内外来工社会排斥研究现状,在以往的研究中,存在以下几点不足。

1. 外来工社会排斥的研究忽略了主观感知维度的探讨

社会排斥是一个相对复杂的概念体系,具有建构性,是排斥的施动者和受动者互动过程中的产物,包括施动者施加的社会排斥和受动者感知的社会排斥。国内外关于移民社会排斥现状的研究，大多数是关于在社会排斥发生过程中施动者所施加的社会排斥的测量，如政治维度、社会维度、经济维度和文化维度等。这些维度一般是客观存在、可以直接测量的。作为排斥过程中的受动者，在互动过程中，对社会排斥具有主观感知和心理体验，是一个相对量。国内关于外来工社会排斥的研究中，很少有研究者在同一研究中既测量施加给外来工的社会排斥维度，又测量他们对排斥的主观体验。然而，这是一个相互依存的过程，最终反映出外来工主观感知水平，这一主观感知是影响外来工社会融合的关键。因此，外来工社会排斥的现状离不开客观现实，也离不开主观体验。

2. 外来工社会排斥研究的语言视角鲜有涉及

通过语言与社会排斥关系的文献回顾发现，在国外移民的研究中，语言是社会排斥的重要影响变量，既影响移民的工资收入，又影响移民的社会交往等。但国内城市外来工社会排斥的研究大多探讨传统的变量，如人口学变量、社会网络变量、劳动力市场变量等，对外来工在城市生活中遭遇的社会排斥的影响作用，研究视角较为单一。在国内，根据研究者个人经历和当前外来工语言问题的社会热点，笔者发现外来工因语言问题而遭受当地居民的排斥，这种排斥发生在城市适应的多个方面，如劳动力市场、社会交往、心理等方面。同时，因语言问题不同，对社会排斥产生的心理体验的程度也不一样。那么，这些现象发生的机制是什么？目前，国内有部分研究从语言这一视角探讨外来工的经济收入，但针对语言对外来工多维度社会排斥的研究还鲜见。因此，本书希望从社会语言学视角探讨语言是如何作用于外来工社会排斥的，以及进一步探讨外来工社会排斥的影响机制。

3. 社会排斥的影响机制局限性与制度结构的探讨

中国城乡二元结构一直以来都是社会排斥研究的重中之重。户籍制度、各种福利保障政策等是外来工社会排斥发生机制的重要解释变量。城乡二元化，使得外来工在经济、文化、社会关系中处于弱势地位，从而在城市社会遭遇排斥。然而，这些研究忽略了一个事实，社会排斥是一个主客观建构过程，外来工自身的能动性，包括能力和认知也是影响其社会排斥的重要机制。排斥感是一个心理量，更容易受人的认知与能力的调节作用而具有相对性。而且，有研究指出，外来工的社会排斥也是非结构性的，与人的个体因素有关。因而，研究外来工语言与社会排斥的关系可以从外来工语言能力等方面探讨社会排斥的发生机制。

4. 社会排斥形成机制缺乏中介调节作用的考察

从排斥与排斥体验的发生，经过一个中介调节过程，这一过程受人的能力、认知、社会支持等因素的影响。外来工流入地语言能力既可以直接作用于外来工的社会排斥，又可以调节其他变量对社会排斥的影响作用。国外有研究表明，语言能力调节着教育等因素在工资模型中的影响作用，国内关于外来工社会排斥的调节作用的研究几乎未涉及。因此，本书中语言能力变量既作为外来工社会排斥的直接作用变量，又作为调节变量来考察其对外来工社会排斥的影响作用。

（二）研究拓展

本书从社会认知理论、语言学视角分析外来工的社会排斥，探讨语言影响外来工社会排斥的机制，并根据研究结果，提出如何从语言层面减少外来工社会排斥，促进他们社会融入的策略和建议。

1. 拓展了社会排斥的研究领域，增加外来工社会排斥感的研究

社会排斥的内涵经过不断发展，从最初的指代贫困到过程建构，丰富了社会排斥的研究领域。国内城市外来工社会排斥的研究更多集中于城乡经济二元化和户籍制度限制下的外来工在经济、社会和关系中的排斥，是一种由施动者施加的社会排斥的外部表现。关于外来工感知到的社会排斥的研究大多从单一角度进行分析，如：袁亚愚（1997）的研究，发现农民工对歧视的体验不强烈，甚至认为本该如此；朱力（2001）认为，农民工歧视的产生来源于自身的局限性；俞彦芳（2009）认为，农民工容易产生剥夺感和歧视感；陈黎（2010）认为，外来工存在两方面的社会排斥感，即经济排斥感和心理排斥感。这些研究进一步说明，外来工的社会排斥感是一种普遍存在的现象，它是排斥的互动过程。因此，本书中同时引入社会排斥感的研究，拓展了社会排斥的研究领域。

2. 拓展了社会排斥的研究视角，探讨语言对外来工社会排斥的影响机制

我国的汉语方言具有多样性，来自不同地区的外来工所持有的汉语方言在语音、语法结构等方面均存在差异。当他们从土生土长的乡土生活进入另一个群体赖以生息的场域，他们原有的生活出现断裂。由于城乡分化，外来工被分化为城市生活的次级群体，连同他们所具有的语言。国外有研究表明，移民在迁移过程中，所面临的首要问题就是挡在他们面前的"语言他者"，这种语言他者会使移民在移入国的经济与社会互动的刺激因

素贬值，从而遭受排斥。城市外来工的语言与国外移民语言相比，是一种双言能力的适应（什维策尔，1987）。这种双言能力对外来工社会排斥的影响机制如何？本书在控制影响外来工社会排斥已有变量的基础上通过模型分析，研究语言与城市外来工社会排斥的关系。

3. 提出减少社会排斥的策略，进一步从实践层面促进外来工的社会融合

因此，本书聚焦于语言与外来工社会排斥的研究。根据社会排斥建构过程中主客体的互动性特征、社会排斥测量的多维性，以及语言在外来工社会生活中的影响领域，选择受语言影响作用较大的社会排斥维度进行讨论，如劳动力市场排斥和社会关系排斥以及对多维度排斥的心理感知等。

三 研究问题与研究意义

国内外研究表明，语言是影响移民流入地社会融入的关键因素之一。文献中，学界关于外来工社会排斥的研究大多集中在二元化制度体系下，外来工在政治、经济和社会关系等方面遭遇的社会排斥。这样一来，以往研究一方面忽略了社会排斥是一个主客体互动建构的过程，外来工在排斥过程中的心理感知与体验比施动者施加的社会排斥更能影响他们的社会融入；另一方面，忽略了社会排斥受能力等因素，包括语言能力的影响和调节，从而产生不同的排斥水平。

（一）研究问题

语言是一种符号，它表征着一定的社会信息；语言也是一种能力，它可以作为实现某种目的的途径。外来工从乡村到城市的地域流动并没有为他们带来身份的改变。日常生活环境的改变也使得他们出现了若干困惑，语言是最直接的体现。外来工自身方言已不适应在城市发展的需求。就语言的人力资本作用而言，自身的乡土方言在劳动力市场中的竞争力降到最小；就语言的符号特征来讲，方言的口音使他们一出声便被识别，从而作为城市"外群体"的一员被排斥……移民最敏感于语言资本的重要性，流入一个不同语言的国家，会使得经济和社会互动的效果打折扣（Chiswick，1991）。因而，研究者的问题始于个人经历和社会热点议题中城市外来者语言的影响作用，以及国内外关于移民社会排斥的相关研究文献，研究最终关注的问题，即语言与外来工社会排斥关系这一核心议题，包括语言能

力和语言的口音差异对外来工社会排斥的影响。从某种意义上来说，语言是社会融入的关键，也是内源性社会融入的重要体现。本书希望通过研究揭示语言对城市外来工社会排斥的作用机制，以便采取相应的措施减少社会排斥，同时鼓励外来工提高语言能力，积极融入城市生活。本书基于社会认知的理论，根据社会排斥的多维度体系以及语言在外来工城市生活中的涉入性，试图回答下列问题。

（1）外来工语言能力的影响因素是什么。要研究语言是如何作用于社会排斥的，首先要了解外来工语言能力的分布、差异以及他们的语言能力受哪些因素的影响，并解释差异形成的原因。

（2）外来工社会排斥的基本现状怎样。了解外来工语言引起的社会排斥的基本现状，对外来工社会排斥的影响做一个初步估计，再进一步用模型去验证语言作用于外来工社会排斥的影响机制。

（3）语言如何作用于外来工的社会排斥。根据社会排斥建构过程中主客体的互动性和社会排斥测量的多维性，以及语言在外来工社会生活中的影响领域，研究主要从以下几个方面分析语言如何作用于外来工的社会排斥。语言如何影响外来工劳动力市场排斥。经济学研究表明，流入地语言能力较差不利于工资的获得。而移民融入流入地最基本的保障是获得一份工作，国外移民的访谈研究中，甚至有移民认为有工作就融入了。因此，本书通过建构三类不同模型来回答语言如何作用于外来工的工资收入、语言如何影响外来工的社会交往、语言如何影响外来工的心理排斥。交往行动理论认为，个体在互动过程中需要通过语言彼此交换信息，行动者通过信息交换相互理解，使自己的行动得到合作，获得情感支持，实现良好融入。语言既是交往的工具，具备一定的语言能力才能使交往顺利进行；语言又具有一定的符号性，口音差异小容易形成群体认同，促进交往。因此，通过建构不同模型来评估语言对社会交往的影响作用。社会排斥感是指对排斥的心理体验，具有相对性，因人的能力、认知等因素的不同而不同。外来工在城市生活中的排斥感体现在剥夺感、歧视感和身份归属感等方面。

（4）语言为什么能够影响外来工的社会排斥。通过对各模型结果的分析，探讨语言能力和语言口音差异为什么会影响外来工的工资收入、社会交往以及排斥感，并对语言影响外来工社会排斥的内在机制进行总的分析与讨论。

（5）如何减少外来工的社会排斥。通过对前述各部分研究的分析与总结，从国家政策、实践融合、语言规划方面提出建议，以减少语言对外来工社会排斥的影响作用，促使外来工更好地融入城市社会，为推进城市化进程做出贡献。

（二）研究意义

1. 理论价值

（1）丰富了城市外来工社会排斥的研究视角。语言既是身份认同和文化认同的符号，又是一个人能力的体现。不具有适应流入地生活的语言，通常会引起来自主流社会的敌意与排斥（Rendall，Tsang，Rubin，Rabinovich & Janta，2010）。我国幅员辽阔，各地方言差异性大，外来工在流入地同样面临着语言适应问题，这种不适应是否也会引起城市社会对他们的排斥？以往关于社会排斥的研究多从结构化制度体系分析外来工所受到的社会排斥（陆学艺、龚维彬，2006；杨菊华，2012；李景治、熊光清，2006；徐勇、项继权，2006；寇浩宁、李平菊，2008；方巍，2008；李芹、刘万顺，2009），关于语言对外来工社会排斥的研究鲜有涉及。本书从语言视角研究外来工的社会排斥，可以从微观层面分析外来工社会排斥的形成机制，丰富了社会排斥的研究视角。

（2）探讨了社会排斥过程中的中介调节作用。社会排斥是一个动态过程，从施动者施加的排斥到受动者对排斥的感知，经历了一个动态调节过程。以往的研究多集中在对社会排斥各维度的探讨，忽略了被排斥者作为社会排斥建构过程中的主体性作用。本书探讨了不同语言能力被排斥群体的社会排斥有何不同，即探讨语言能力在外来工社会排斥过程中的调节作用。

（3）拓展了社会排斥的研究内容。以往关于社会排斥的研究多集中在探讨施动者施加的社会排斥，而社会排斥是一个主客体相互建构的过程，受动者对社会排斥的主观感知也是社会排斥的重要组成部分。因此，研究受动者主观体验的排斥感和施动者施加的社会排斥维度同样重要。弥补了文献中社会排斥多维度研究的不足。

（4）探讨语言作用于社会排斥的内在作用机制。由于制度安排二元化、经济和文化发展的城乡差异，自然而生的乡土方言具有了高低贵贱之分的社会属性。这使得外来工语言适应问题成了一种社会现象。本书通过语言作用于外来工社会排斥的多模型构建以及深入的访谈研究，分析了语言为什么能够作用于社会排斥，即语言作用于外来工社会排斥的内在机制。

2. 应用价值

（1）促使外来工认识到语言能力的重要性。语言学的许多调查中，外来工对学习流入地语言持一种否定态度，认为只要能够进行日常交流，语言的学习无关紧要。其一方面为了维护自尊，而主动排斥当地方言；另一方面为了不受同乡排斥，甚至认为讲普通话也是一种忘本行为（曹进、曹文，2011）。通过本书的论证，笔者希望促使外来工充分认识到：语言既是重要的人力资本和交流工具，语言能力越高适应能力就越强，劳动力市场的收益与回报就越高，人际沟通与交流的信息通达就越有效；语言又是群体身份的标志，外来工要融入当地社会生活，需要积极主动地去习得适应流入地生活的共同语言。具备一个群体所需要的共同标志，会促进与当地人的社会交往，实现情感互动，减少社会排斥。

（2）调整当地人对外来工的社会认同。通过多渠道宣传城乡平等、人与人之间的平等与合作，强调多文化相互共存，创造机会增加群体之间的交流与接触，调整当地人的社会认同，这些都有利于减少外来工的社会排斥。

（3）推进教育对策的制定与实施。了解外来工语言能力现状及其对社会排斥的影响机制，在此基础上提出相关的教育对策。外来工基本来自农村，普通话能力不高。当前农村儿童的语言发展也暴露出一些问题，一些农村中小学生除了上课期间使用普通话，课间和同学之间的交流以及回家后与家人之间的交流基本仍使用家乡话。甚至在偏远的农村，学校教育中连普通话教学都难以实现。这种教育现状不利于外来工普通话能力的提高。因此，根据本书的研究结果，希望促进教育部门相关对策的制定与实施。

（4）提出有利于外来工社会融合和本地化的政策建议。语言所引起的社会排斥终究还是一种制度排斥。由于制度安排和政策设计，本身只是所指与能指关系的语言符号具有了价值表征，于是有了语言的强势与弱势之别。因此，为减少语言引起的社会排斥，促进社会融合，需要推动户籍制度改革，促进有利于外来工社会融合的各项政策的制定与实施。

四　研究思路与内容安排

（一）研究思路

根据对城市外来工流动过程中语言现状的分析，以及社会热点所反映的因语言而遭遇排斥的社会现象，希望通过分析语言如何作用于社会排斥的影响机制，为减少外来工社会排斥、促进其社会融合提供经验参考。通过文献回顾及分析，提出本书的基本思路。

本书的研究思路如图4-2所示，主要分为五个部分，分别为：研究背景、文献回顾、提出问题、分析问题和解决问题。

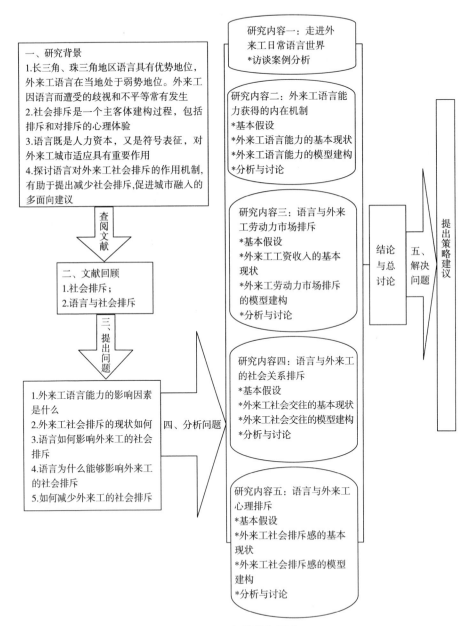

图4-2 本书研究思路

（二）内容安排

本书主要分为十章，结构如下。

第一章，语言差异知多少。从一则招聘说起，从语言影响社会排斥的个人经历到公共议题、从外来工的乡土生活到城市适应、从社会排斥的制度障碍到语言差异和对排斥感知的认知作用的相关现状和研究背景的分析，表明外来工从农村流入城市所面临的语言适应以及语言适应引起的社会排斥问题。

第二章，移民与社会排斥。了解社会排斥概念的产生与发展，社会排斥如何测量，社会排斥的理解以及对移民与社会排斥的相关研究进行文献回顾。

第三章，语言引起社会排斥。介绍语言是什么，了解外来工的语言，以及对语言与社会排斥国内外相关文献进行较为系统的回顾与分析。

第四章，研究逻辑与设计。提出本书核心概念和分析框架，介绍文献述评与研究拓展，提出研究问题与研究意义，分析研究思路和内容安排。

第五章，走进外来工日常语言世界。本章通过深入访谈走进外来工日常语言世界，主要分为四部分内容：一是通过案例介绍外来工日常语言能力获得的经验；二是通过案例分析外来工劳动力市场中的语言弱势；三是通过案例分析外来工社会生活中的不平等遭遇；四是通过案例分析外来工在城市中感知到的社会排斥体验等。

第六章，外来工语言能力获得的内在机制。本章主要分为四部分内容：一是对相关研究进行回顾和提出假设；二是介绍资料来源、变量设定与赋值；三是描述外来工语言能力的基本现状，建构模型探讨外来工语言能力的影响机制；四是解释外来工语言能力获得的影响机制，并进行小结。

第七章，语言与外来工劳动力市场排斥。本章主要分为四部分内容：一是对相关研究进行回顾和提出假设；二是介绍资料来源、变量设定与赋值；三是描述外来工工资的基本现状，建构模型探讨语言影响外来工工资收入的作用机制；四是解释语言影响外来工工资收入的作用机制，并进行小结。

第八章，语言与外来工社会关系排斥。本章主要分为四部分内容：一是对相关研究进行回顾和提出假设；二是介绍资料来源、变量设定与赋值；三是描述外来工社会交往的基本现状，建构模型探讨语言影响外来工社会交往的作用机制；四是解释语言影响外来工社会交往的作用机制，并进行小结。

第九章，语言与外来工心理排斥。本章主要分为四部分内容：一是对相关研究进行回顾和提出假设；二是介绍资料来源、变量设定与赋值；三是描述外来工社会排斥感的基本现状，建构模型探讨语言影响外来工社会排斥感的作用机制；四是解释语言影响外来工社会排斥感的作用机制，并进行小结。

第十章，总讨论与对策建议。本章主要分为三部分内容：一是根据各个章节的研究结果，进行概括和归纳，得出结论；二是从总体层面分析语言影响外来工社会排斥的作用机制；三是从制度设计、实践融合和语言接纳层面提出对策建议。

第五章
走进外来工日常语言世界

语言能力是促进外来工社会融合、减少社会排斥的前提与基础。由于每个外来工个体在城市所遭遇的语言经历并不相同，语言能力的影响因素也不尽相同。为了更进一步具体了解外来工语言能力的影响因素，本章通过对外来工访谈资料进行分析，进一步探讨外来工语言能力的影响机制。本章的访谈资料来自2018年3月和2013年11月对上海的外来工进行的访谈，他们的年龄在23～53岁。其职业有房产中介、工厂工人、建筑工人、街道工作人员和家庭主妇。此外，还有2名上海本地人的访谈资料。

一　日常语言能力获得的经验之谈

（一）主动融入有利于语言能力获得

　　外来工是城市生活的他者，乡土社会与城市社会存在诸多差异，如文化背景差异、语言差异、经济水平差异和生活模式差异。从乡村到城市，必然会有不同环境需要适应，使得外来工在心理与实际生活中存在冲突与矛盾。外来工进城务工后，语言环境发生了变化，这些也会体现在语言获得方面。

　　FU_Q①，女，53岁，小学文化。18岁从家乡来到上海务工，来上海工作的最初几年是在浦东，那时候的浦东还未开发，她在一家小吃铺当服务员，后来经人介绍，嫁到了上海农村。现在的个人身份是上海新市民。（访谈记录2018312FU_Q）

　　　　访谈者：您好！请问您会讲上海话吗？
　　　　FU_Q：我说得不太好，多数是听人家说，然后自己会说一点。真正本地话，现在上海人也说得很少，现在小孩子都不说上海话了。
　　　　访谈者：现在的孩子方言是不讲了吗？
　　　　FU_Q：这里的学校现在都说普通话，现在也在说上海人要讲上

---

① 被访者命名：姓的拼音全拼加名的首字母缩写，下同。

海话。我说得不正宗。以前在（上海）本地人那边我说得还行，那时候身边全是上海人，大家都说上海话，我也说，水平还行。现在这个十年一过，又不行了。一直说就会说了。经常听人家说就会了，现在又生疏了，说也说不好了。以前我说了，他们听不出来我是哪里人。

访谈者：说得好、说得不好、一点不会说，与当地人交往时有什么差别？

FU_Q：说得好，洋泾浜，你真要调查上海话，要去找×××。

访谈者：那她是怎么那么会说的？

FU_Q：环境啊，他们那边没有江北人，我们这边全是江北人。所有的人都说上海话，我们也跟着说了耶。

访谈者：除了环境对会不会讲上海话的作用，还有什么在起作用？

FU_Q：人家说什么要记牢，那么下次就会讲了。

访谈者：有的外来工并不怎么会讲上海话，是为什么？

FU_Q：有的外来工一点都不会。有的人（在上海）年数少啊。

访谈者：对，有的外来工一点不会讲。

FU_Q：一方面他想学又不想学，他不想学一直说普通话，就说惯了啊。不习惯说就不好意思讲了啊。

访谈者：你学会了，感觉到有什么好处？

FU_Q：可以融入他们那一堆人里面。

访谈者：要是不会说就不能融入，当地人会有哪些表现呢？

FU_Q：他们一看你就是外地人。

访谈者：现在还这么明显吗，觉得你是外地人？

FU_Q：人家会得讲外地人外地人。

访谈者：说外地人时，你心里面怎么想的？

FU_Q：那肯定不好受，有点不好受。以前听他们说外地人外地人，心里总会有不舒服，本地人讲外地人外地人，会得讲阿漏阿漏。

访谈者：阿漏，阿漏什么意思？

FU_Q：就是外地人，阿乡阿乡，还有比这个再难听点的。时间长了会说本地话了，（上海人）就不会说了，不会当着你的面说你外地人外地人了。

访谈者：给你现在说上海话和听上海话的水平打个分？

FU_Q：说还不是太标准，80 分吧，听有 100 分。

访谈者：好的，谢谢您！

通过对 FU_Q 的访谈，我们可以从中知道，外来工主动融入当地社会，不被当地人看作外地人，熟练地习得当地语言显得尤为重要。尤其是在广东务过工的人员，很多人表示会学习当地的"白话"，这非常有用（夏历，2017）。

（二）主观的学习动机有利于语言获得

在与 FU_Q（访谈记录 2018312）的交谈中，我们知道主观的心理融入有利于外来工的语言获得。在另一位访谈者的言谈中，更强调了主观学习动机对语言获得的影响。

XU_L，男 23 岁，一名房地产销售人员，来上海 7 年多，这几年上海房地产市场火爆，5 年前转行到不同的房地产公司做销售经理。（访谈记录 2018313XU_L）

访谈者：小许你好，大家都称呼你小许，我可以这样称呼吗？

XU_L：没事的，称呼什么都可以。

访谈者：小许，你来上海几年了？

XU_L：来上海有 7 年多了，刚开始来是做产品销售，你知道的，这几年房产市场火爆，5 年前，我开始转行到房地产公司做销售，现在已做到了销售经理。

访谈者：你会说上海话吗？

XU_L：说得不好，（但）都听得懂。

访谈者：嗯，是怎么学会说上海话的？

XU_L：听的呀，以前我身边的同事都是上海人，他们天天讲上海话。我听不懂的就问他们，时间久了，就听得懂了。

访谈者：大概来多久之后能听懂的？

XU_L：这个说不清楚。

访谈者：你上海的同事，他们一般在什么情况下说上海话？

XU_L：正常来说，上海人的习惯就是一直说上海话，特别是上海人和上海人说话，不管你能不能听懂的。

访谈者：这时候，你是怎么想的？

XU_L：问呀，听不懂就问。都是同事的话一般还是会告诉你的，这个都因人而异。有些人你听不懂他也不告诉你。

访谈者：不告诉你时，你是怎么想的？

XU_L：当时心里很难受，就告诉自己，一定要把上海话学会。你不告诉我，我就留心听其他的人说。你不告诉我，我还可以问其他人。

访谈者：嗯，现在说上海话的水平可打多少分？

XU_L：七八十分吧，但都听得懂。

访谈者：学会了这里的语言，给你带来了什么改变？

XU_L：你知道的，我们这里接触的人多，虽然上海话不是都要讲，但你会讲上海话，会增加很多自信。别人即使知道你是外地人，但知道你会讲上海话，会觉得你这个小伙子很上进，学习能力很强。做事一定很认真，放心跟你谈业务，把买房的大事交给你来做。

……

FU_Q 和 XU_L 在流入地语言学习过程中，具有很高的融入动机与学习主动性，这使得他们的语言能力较高。然而，并不是每个外来工都能意识到语言在社会融入中的重要作用，能够给自己在城里生活和工作带来很多的便利和机会。有研究者将外来工语言城市化过程分为"实用化、适用化""标准化、专业化""文明化、文化化"三个深化层次（夏历，2018）。实用化仍是农民工语言能力发展的初始层次。

外来工小王，房产中介，山东人，男，25 岁，来上海 4 年，之前在济南打过工。（访谈记录 2018312Wang_XN）

访谈者：您好，请问您来上海几年了，会讲上海话吗？

Wang_XN：我今年来这里 4 年了，之前在济南工作过。我不会讲本地话。

访谈者：嗯，你不会讲本地话，可以说说可能的原因吗？

Wang_XN：主要是自己心里的意愿。本身就听不懂，加上对本地话没有兴趣，学会也没太大用处。一般来说，本地的客户比较少，但我有本地的朋友，跟他们在一起的时候，他们都说普通话，不说上海话。

访谈者：与当地人交流时，他们有刻意表现出自己是上海人吗？

Wang_XN：这个有的，本地人与外地人交流时，一下子就会表现出他们是本地人，他们会说一些你听不懂的话，说一些你不知道的文化，当地特色小吃，等等。这在跟（他们）第一次见面时就体会到了。

……

研究中发现，外来工不想学习当地话，不仅表现在强势语言区，有研究者的访谈研究也表明，外来工从农村流入城市，甚至连普通话都不愿意讲。下文这段访谈引用自张全仁和李禄胜（2015）的研究。王永强，48岁，他在企业干的是一些苦力活，由于年龄大，进城后在语言交流方面遇到了障碍。

访谈者：您好！听说您进城后在语言方面遇到了障碍，能说说原因吗？

王永强：因为我说话人家听不懂，要我说什么普通话。我不会说，就是会说我也不说，咋的？中国那么多伟大的人物，谁说普通话来着？毛泽东说湖南话，邓小平说四川话，怎么从来没人说听不懂。他们瞧不起乡下人，并不是说明我讲的话他们听不懂。

访谈者：城里人说话，您能听懂吗？

王永强：不就两句"二杆子话"吗，有啥听不懂的。广播天天听、电视天天看，那些播音员，哪个不比他们强？人家那才叫普通话呢。有些所谓的城里人，说话让人听着就难受。特别是那些小青年，"再见"就"再见"，还偏要说"拜拜"。

访谈者：看来您的语言障碍，不是口头问题，而是心理问题。您进城几年了？

王永强：一年。去年收完小麦，农闲了，我见别人都出来打工，我也就跟着朋友出来了。起初，我担心找不到活，或者活儿不好干，没想到说话竟然成了大问题。我说了大半辈子话，在这里还要我学什么普通话。我又不是孩子，怎么学嘛！

（三）当地方言环境是语言获得的重要前提

访谈者 XU_L 和 FU_Q 的上海话语言能力相对来说非常好。除了他们主观融入与学习的意愿外，还有一个不可或缺的前提条件，就是他们周围的当地方言环境。他们在方言环境中，通过自己的模仿学习和不懂就问获得了较高的语言能力。如果没有方言环境，即使想学也很难实现，正如 FU_Q 在交流过程中提到过，以前在都是上海人的环境中，自己说上海话的能力较强，后来身边都是外地人时，自己的上海话水平也在退步了。因此，方言环境是语言获得的重要前提。

被访者，小刘，女，33 岁，已婚，育有一女，现在在一个街道工作。十多年前来上海打工，经人介绍后在上海结婚。

> 访谈者：您好，请问您现在会讲上海话吗？
>
> Liu_N：不会讲，不怎么会讲。
>
> 访谈者：您认为不怎么会讲的原因是什么呢？
>
> Liu_N：讲不好，就不好意思说了。
>
> 访谈者：那平时能讲一些吗？
>
> Liu_N：要看说些什么呢，比如一些日常的用语还能说一些，成段说就比较难了。
>
> 访谈者：怎么不好意思讲的？
>
> Liu_N：因为家里人都说普通话。
>
> 访谈者：您嫁的是上海本地人吗？
>
> Liu_N：是本地人。但因为我不会讲上海话，他们在家一般和我都说普通话。
>
> 访谈者：您小孩会讲上海话吗？
>
> Liu_N：也不会讲，现在家里基本讲普通话。
>
> 访谈者：给自己说上海话打个分。
>
> Liu_N：40 分。
>
> 访谈者：听可以打多少分。
>
> Liu_N：85 分。
>
> 访谈者：为何会讲一些也不讲？
>
> Liu_N：就是有时候上班的时候说上海话，不标准，总是有些个老头和老太听不懂。所以时间长了自然就不想说了。
>
> 访谈者：说说您觉得影响外地人说当地话或不会说当地话的原因有哪些。
>
> Liu_N：人家知道你是外地人，人家自然就会给你说普通话了，

怕（我）听不懂。

> 访谈者：人家是怎么知道你是外地人的？
>
> Liu_ N：一开口就知道了呀。
>
> 访谈者：有没有觉得你自己是上海人？
>
> Liu_ N：当然没有了。
>
> 访谈者：怎么没有的？
>
> Liu_ N：因为我是江苏人呀，我觉得江苏人挺好的。
>
> 访谈者：您来上海多少年了？
>
> Liu_ N：十几年了。
>
> ……

Liu_ N 的交谈进一步表明流入地方言环境的重要性。虽然与上海人生活在一起，但由于缺少用流入地方言的沟通与交流，也讲不好上海话，但是环境的作用还是体现了出来，即使没有有意识地去学习上海话，在这种环境中，上海人之间的对话也能够对外来工产生潜移默化的作用，一些日常用语还是能够听懂和表达。只是外来工自身的原因，不敢说、不想说而学不会。

（四）流动距离与方言距离相近有利于语言获得

地域方言主要是以地理区域来划分的区域语言。江苏启东与上海相邻，都来自同一方言吴语区。访谈中，一位来自江苏启东的女店主，因为家乡方言与上海方言同属一区域，又差别不大，而具有较高的上海话语言能力。

> 我们老家话启东话①和这里的话差不多，我们与上海人基本没有差别，而且说话口音差不多，我觉得没有什么差别。在这里与上海人交谈时，我们就说启东话，他们也能听得懂。（访谈记录20131118 Xiao_ Z）

上海话，不仅是一种语言，还是一种文化。不同地域由于语言文化的差异，常常在表达与理解上也会出现差异。

———————————

① 启东话和上海话都属于吴语。

> 访谈者：阿婆您好！请问我可以跟您做个简短的访谈吗？
>
> 阿婆：你不是本地人啊？你想做啥？
>
> 访谈者：阿婆，就是问一些关于外地人在上海讲什么话的情况。
>
> ……
>
> 访谈者：阿婆，您有遇到过因为外地人不懂上海话而发生的一些误会吗？
>
> 阿婆：因为语言不通而产生的误会常有，如上海人说"打头"（实际上是指洗头发），而外地人会理解成"你要打我头啊？你有什么资格打我的头啊"。哪有人想打他的头啊，听不懂就产生误会了。
>
> ……

虽然启东话和上海话同属于吴语，但是由于从启东流入的外来工仍是外来工，他们在与当地人接触时，虽然表现出较高的语言交流能力，但仍然被边缘化。因此，通过对多名外来工个案访谈，本书从更深入细致的层面分析了外来工语言获得的日常经验。在访谈中，外来工更多地强调了语言环境的重要性以及学习语言的主观动机在当地方言学习中的重要作用。

二　劳动力市场中的语言弱势

劳动力市场过程和分割最明显的标志是找工作、工作类型和工作报酬（范芝芬，2013）。笔者将外来工在劳动力市场中的参与分为求职、就职以及职业报酬三个方面，通过访谈资料，从下述三个方面探讨语言对外来工劳动市场参与产生的影响。本部分的访谈资料来源于 2013 年 11 月在上海的访谈。

（一）难以获得就业机会

外来工流入城市首先为的是寻找一份工作。但他们在择业之初会受到劳动力市场二元分割的影响，大量的农村劳动力被限制在城市的低端劳动力市场。韩清林在论述强势语言的生产力作用时指出，强势语言有助于人们的求职、职业选择和职业胜任（韩清林，2006）。语言的本质，只是一种习惯表达，无高低优劣之分。但韩礼德（Halliday，1978）的语言理论强调语言的使用选择通常基于两方面：习惯怎么说以及在跟谁说。习惯怎么说一般是指说话者自身的方言，而在跟谁说一般是交往的语言环境。方言与一定的经济、政治和文化发展相关，因而便有了等级之分。强势方言的这种现象在中世纪和文艺复兴时期欧洲许多国家的语言选择上就已出现（游汝杰，2000）。在我国，长三角与珠三角的吴语方言和粤语方言的强势地位难以撼动。外来工的乡土方言在方言等级体系中属于弱势方言，跨省、跨地区流动使得他们的乡土方言已不适应城市中主流社会的语言要求，难以在城市社会实现与强势方言共存。那么语言对外来工求职过程的影响作用如何？在访谈中一位来自江苏建湖的女性外来工是这样描述的。

> 有那么一段时间想过学上海话，但也只是想想而已。因为在外面招聘时，有的行业需要你会上海话。如做营业员，像我们现在所做的这种营业员每天面对的也就是小区的居民和外来人口。这种工作老板不太要求是否会上海话，只要会普通话就可以。但是对于那些中高端消费产品的营业员，是一定要会上海话的。如果会上海话就占有优势，老板会择优录取，机会更多。因为面对的消费人群比较有钱，有地位。（访谈记录20131116Liu_F）

一般来讲，中高端消费品的销售与服务通常服务好、环境好。相比于社区的生活消费者，中高端产品消费者更注重精神与品质追求。如果说语言仅作为一种人力资本，普通话就可以胜任。但由于长期的经济发展不平衡，上海话具有较高的社会地位。它作为一种优势方言，具有较高的经济效应，在中高端消费服务中能够增加产品的附加值，更多地表现为一种满足心理需求的附加值。所以，作为追求利益最大化的企业本身，员工不会上海话有可能会损害因语言而产生的附加值。因此，他们希望实现语言经济价值最大化，从而将那些不能帮其实现利益最大化的群体拒之门外。虽然普通话作为国家通用语，具有普遍的生产力价值，但在普通的当地人眼里，也逐渐成为外来工群体的共同语言（雷红波，2008）。当普通话作为外来工的共同语，语言能力的生产力价值低于流入地方言，因此，大多数只会普通话的外来工受用工单位青睐的可能性较小，被拒绝在较好的工作机会之外的可能性增大。当然，如果缺少了普通话能力，只会自身的本土方言则有可能在就业之初就被排斥在参与市场竞争的机会之外。

> 我没想过自己一个人到外面找工作，自己年龄大，没文化，又没

有什么技术，普通话也说不全，说话人家都听不懂。到外面去找工作人家肯定不会要，自己心里面就是很清楚也会感到不舒服的。（访谈记录 20131120Shun_CL）

被访者 Shun_CL，为避免直接接受市场的机会排斥，甚至不愿意直接面对市场的机会挑战。虽然引起这一结果的原因可能存在年龄大、技术差等因素。但在访谈中，她提到了语言障碍，不会说普通话，说了别人也听不懂，因而害怕在交流过程中信息通达不顺畅，影响她的职业机会获得。

简而言之，外来工的职业获得通常在低端劳动力市场实现，这种现象是由多种原因引起的。但通过两个案例的分析发现，语言对市场中的机会获得具有一定的作用。当地方言能力有助于外来工在劳动力市场中的机会获得；普通话能力是一般工作机会获得的基本语言条件，如果连国家共同语的能力都缺乏，就很难实现正常就业。然而大多数外来工虽然意识到这一点，但他们并不想积极去学习当地话，因而，语言就成了他们获得较好就业机会的障碍之一。

（二）难以获得身份认同

外来工大多处于低端劳动力市场，一项关于四川和安徽外来工的访谈记录表明：外来工男性中大约 35% 是建筑工人、20% 在工厂工作；女性外来工人口中大约 50% 在工厂工作、10% 做家政、10% 在服务行业（范芝芬，2013）。据国家统计局公布的数据，2008～2013 年外来农民工从事的主要行业分布，如表 5-1 所示①②。

表 5-1 2008～2013 年外来农民工从事的主要行业分布

单位：%

行业	2008 年	2009 年	2010 年	2011 年	2012 年	2013 年
制造业	37.2	36.1	36.7	36.0	35.7	31.4
建筑业	13.8	15.2	16.1	17.7	18.4	22.2
交通运输、仓储和邮政业	6.4	6.8	6.9	6.6	6.6	6.3

① 国家统计局：《2012 年全国农民工监测调查报告》，http://www.stats.gov.cn/tjsj/zxfb/201305/t20130527_12978.html，2013 年 5 月 27 日。
② 国家统计局：《2013 年全国农民工监测调查报告》，http://www.stats.gov.cn/tjsj/zxfb/201405/t20140512_551585.html，2014 年 5 月 12 日。

续表

行业	2008 年	2009 年	2010 年	2011 年	2012 年	2013 年
批发零售业	9.0	10.0	10.0	10.1	9.8	11.3
住宿餐饮业	5.5	6.2	6.0	5.3	5.2	5.9
居民服务和其他服务业	12.2	12.7	12.7	12.2	12.3	10.6
其他	15.9	13.0	11.6	12.1	12.0	12.3
合　计	100	100	100	100	100	100

注：本表为参照原表进行补充合并后的表（将表中所列行业之外的百分比部分归为其他行业；补充了合计值）。

根据表 5 - 1，笔者发现外来工主要集中的行业可以分为三类：制造业、建筑业和服务业。在我国，建筑业中从事一线生产的工人基本为农民工（赵炜，2012）。这类外来工的工作特点相比于其他外来工而言流动性更强，同乡聚集程度高。因此，对于这类外来工而言，语言在他们工作中的作用如何？根据对一名建筑工（访谈记录 20131116Chen_ X）的访谈来分析。

访谈者：请问您是哪里人呢？

Chen_ X：海安人，江苏海安人。（他用家乡话海安话回答我的问题。）

访谈者：现在做什么工作？

Chen_ X：泥瓦工，跟人家装潢不呐。

……

访谈者：您刚才说来上海十多年了，那么这十多年里您的语言发生了什么变化？

Chen_ X：呵，语言，语言我们没多大变化。反正就是，一般的话基本就是干活，反正很少跟人家交流。交流得少，变化得少。一般都讲老家话或普通话，上海话讲不来，偶尔有交流，他们说我们听，时间长了也能听懂，讲不来。我一般是跟在外地人老板后面到别人家干活，很少自己接活，与当地人没多少交流。

访谈者：您有过因为语言问题而影响到干活的事吗？

Chen_ X：你晓得我们搞这个工作的，基本上没什么（交流）。你比如说，打个比方，我们贴瓷砖的，买个水泥黄沙的，这个交流都好交流的，没什么的，技术是最重要的。

被访者 Chen_X 是众多建筑业类外来工中的一员，这类工作属于脏活、累活，当地人不愿意干的活。因此，不管他是否会讲当地话，这类工作的性质决定了工作的群体身份。另外，在工作中他们基本与当地人接触交流得少，工作情境中所需要用的语言不多，即使接触也是简单的情境性较强的短语交流，大家都能意会。所以对于通过工作类型就能识别其身份，且与当地人几乎无交流的外来工而言，说不说上海话对他们的影响不大。

在国家统计局公布的 2008～2013 年外来农民工从事的主要行业分布数据中，制造业类外来工历年以来在外来工群体中所占比例都最高。[1][2] 相比于建筑类工人而言，制造业中有一部分来自当地人。而对于那些既有当地人又有外来工的工作环境，外来工的语言在社会排斥发生过程中的作用如何？

> 我来这个厂子里（上海）19 年了，基本是讲普通话，他们上海人讲话我可以听懂 80%，但不会说。在工作中那些上海人之间老是用上海话进行沟通，我们听不太懂，稀稀的，不能完全明白。我来的年数多了，可以听懂 70%～80%，但那些刚来上海的，他们就困难了，听不懂。但是即使我们使用普通话，他们也是把我们当外地人看待。上海人对外地人肯定有歧视，这是我来上海第一天就知道的事了。但刚出来感受不深，因为与自己的利益冲突不是很严重，现在年龄增长了，打工时间越来越长，慢慢意识到这种不公平。在我们单位里，就是在食堂吃饭，你说的要是上海本地话，食堂师傅在打菜时都会给你多打一些；要是说的普通话，看都不看你一下，他们就是很现实的，这个时候就会有不公平感、歧视感等，很不舒服。（访谈记录 20131117Wang_B）

被访者 Wang_B，在国有企业工作，来了很多年，基本能听懂上海话，但不会说。在工作中，上海人之间的本土话沟通某种程度上对他造成了理解上的不利。在工作中普通话被贬值，成了外地人身份的标识。当交流中的普通话被孤立，对外来工而言更可能意味着他们作为外来者的身份被排

---

① 国家统计局：《2012 年全国农民工监测调查报告》，http：//www. stats. gov. cn/tjsj/zxfb/201305/t20130527_12978. html，2013 年 5 月 27 日。

② 国家统计局：《2013 年全国农民工监测调查报告》，http：//www. stats. gov. cn/tjsj/zxfb/201405/t20140512_551585. html，2014 年 5 月 12 日。

斥。食堂师傅的举动同样表明语言是身份识别的指示器，将不同语言者区别对待，直接表现出了对外来工身份的一种区别对待。

在工厂中通常在流水线工作的工人与工人之间的语言交流相对较少。但相对于流水线工人而言，那些在一般管理岗位的外来工，他们的语言能力对工作会产生怎样的影响作用呢？

> 我本人会讲一些上海话，在工作中基本用上海话交流，这样交流更方便些，更加融洽，自我感觉也不错，人总是虚荣的，我也能讲上海话了，具有了这个城市的特征，出去办事更方便些。（访谈记录20131117Wang_C）

被访者Wang_C，在私有企业工作，来了（上海）十多年，精明能干，在工厂办公室工作，属于一般管理人员。因为自己会讲上海本地话而自我感觉不错，给外出办事也带来了方便，上海话能力帮助他提升了自我的向上认同感。

另一类因上海话能力高而出现自我向上趋同者，更多地来自自我雇用者，这部分人一般来上海年限较长，且只通过语言的使用很难识别他们的外地人身份了。他们在经营自己事业的过程中，表现出了会当地语言的优势心理。

> 我来这里已二十多年了，一开始就是帮人家做装修。很难接到活，语言又不通，又是老土，没人理会。现在就不同了，上海话嘛，我早就会讲了，现在又搞了部轿车，房子嘛有两幢了，小孩也解决了户口。这里的人早就把我当上海人，我不说，没人知道我是外地人。一些装潢的高档小区，一般进出保安都是要查证件的。我开着部嘛车子，同他讲几句上海话，他就会什么都不查就给放进去了。而另一个装修队的××，他嘛上海话不会讲，一开口人家就知道他是外地人，三查四查的，搞了半天才能进去，时间全耽误了，生意哪做得过我嘛，哈哈。（访谈记录20131118Shun_RH）

在我的访谈中，被访者Shun_RH应该算是一个成功的外来工，有房有车。上海话也说得一流，这不仅为他带来了身份的表征，也为他的事业带来了强大的竞争力。产生了语言所带来的优势效应，他更倾向于上海话的使用，出现一个累加的积极效应循环。

　　而来自江苏启东的一位女店主，虽然没有主动去说上海话，但因为其自身方言与上海话同属于吴语，因此这种语言口音的差异性小，同样能够为他们带来语言所产生的优势效应。

　　　　我们启东话跟上海话差不多，有时候外地人也会当我们是上海人，我们说话和上海人一样。虽然我们觉得说话一样，但上海人还是能从口音听出我们是外地人，有时候知道我们是外地人，来修手机时就故意找事，不讲理就会吵架。只是比其他外地人要好一些，我们说家乡话他们当地人还能听得懂。（访谈记录20131118 Xiao_Z）

　　被访者正说着，一个上海人走进店里来直接用上海话说道"不知道啥成况，这只充电器电阿充未进"。"这只充电器啥宁阿？侬老婆啊！……"Xiao_Z用启东话应答着。

　　被访者Xiao_Z，来自江苏启东。启东话本身与上海话同属于一个语言区域，在语言的发音上差异很小，所以女店主一直在强调她的家乡话启东话和上海话差不多。在这不断的重复中，可以看出她自身的语言优越感，如在与上海人说话时不说普通话，以及在与其他外地人说话时也说启东话，让其他外地人觉得他们是上海人。甚至还强调了在上海，因为语言的接近，他们比其他外地人更具一些优势。但是在上海人眼里，口音依然暴露了其身份，当涉及利益冲突时，排斥自然发生。

　　工作中因不会当地话而受到排斥更容易发生在服务类行业中。有网友甚至呼吁上海的服务业应出台相关地方法规，尤其是餐饮行业服务员"一律要听得懂、会得讲上海闲话才可以勒拉上海从事餐饮等服务性行业个岗位工作"[①]。在第一章中我们也提到了笔者的个人经历，以及2013年4月曾在网上热议的"真功夫"事件[②]，都表明服务性行业中的非本地话歧视。上海本地人讲上海话无可厚非，但语言是用来沟通的桥梁，当语言信息不

---

① 《"真功夫"中山公园地铁站店服务员剥夺顾客的母语权（吴语上海话）》，新浪网友：巴士电车，http://blog.sina.com.cn/s/blog_702204870101gjb9.html，2013年4月17日。

② "在中山公园地铁站'真功夫'用上海话点餐，店员说听不懂让我说普通话，我说你在上海做服务业要会上海话！过来一男一女两店员帮腔说让我说普通话，特别是一男的还两眼一瞪凶得要命！我换家吃！同样的在徐家汇百脑汇旁真功夫也遇到过！@真功夫你们索性门口写好你们只对YP开放，上海人免入！我抵制你们"，新浪微博网友：蓉蓉_舍得，http://weibo.com/lanny126#!/p/1005051229361080/weibo?is_search=0&visible=0&is_tag=0&profile_ftype=1&page=596#feedtop，2013年4月17日。

能传递时，理应寻找能够促成共同理解的表达方式。在交流中用语言的不让步，坚守自己本地人的立场，歧视外地人，甚至呼吁建立歧视性法规，会导致一种盲目的排外行为。

总之，排斥是对某种机会与权利的拒绝。在上述多个被访者中，针对不同工作类型外来工，语言在排斥过程中所起的作用不一样。当被访者的工作类型决定了其身份特征时，如在用语较低的工作类型中的外来工，语言的影响作用极小。而在用语情境较高的工作环境中，打工地语言能力越高在工作中越有利，既作为一种有效的交流工具，又可以整饰外来者的身份，提高社会认同。因此，语言能力低者更容易遭遇歧视，尤其是服务行业的外来工。

(三) 难以获得职业回报

国外研究中移民的语言能力作为人力资本显著影响着移民的工资收入（McManus，1985；Dustmann & Fabbri，2003；Chiswick & Miller，1995；Shields & Wheatley，2002）。根据不同行业中语言接触程度的差异，通过访谈资料来分析外来工的语言能力在劳动力市场回报（工资）中的作用。

> 我们的工资跟会不会上海话没有关系，干多少个活，拿多少个钱。(访谈记录20131116Chen_X)

> 我们这个厂里工人的工资不受会不会上海话影响，大家一起干活，拿的钱都差不多。(访谈记录20131120Xu_L)

> 你是问语言会不会影响我们的工资吗？不会。老板不会因我们不说上海话而少给工资，我们的工资与上海的最低工资标准有关。只有做中高端产品的营业员有上海话要求。我们进来之后，工资是一样的。那些靠计件领工资的工厂工人更不会因为你不会讲上海话而多发或少发工资的，工资只跟计件有关。(访谈记录20131116Liu F)

> 而另一个装修队的××，他嘛上海话不会讲，一开口人家就知道他是外地人，三查四查的，搞了半天才能进去，时间全耽误了，生意哪做得过我嘛，哈哈。(访谈记录20131118Shun_RH)

从上述被访者的谈话中可以看出，外来工的工资收入在不同工作类型中受语言能力的影响作用是不一样的。大多数外来工处于低端劳动力市场，工资报酬依赖于计件式或参照行业最低工资标准而定。语言的作用只在最初入职的时候作为参考。一旦进入企业工作，便不会因语言而产生差异。而对于自雇用者而言，上海话能力有助于其提高市场竞争力和整饰自己的身份。当其他能力相当时，相比于语言能力低者，语言能力高者更易获得较高的经济收益。

劳动力市场排斥是外来工社会排斥的重要维度，工资收入的差别对待是劳动力市场排斥的主要表现。但从外来工个体所反映的工资收入水平来看，他们所比较的对象是同一行业中的外来工，他们基本居于同一水平，这是劳动力市场分割造成的。外来工工作多处于低端劳动力市场，语言对工资的影响更多地体现在就业机会的获得。对于自雇用者而言，语言能力的工资回报率大于其他职业者。这可能是因为自雇用者拥有一定的资本，受劳动力市场分割的影响较小，所以语言能力的人力资本作用得以体现。

通过劳动力市场中，语言对上海外来工求职、就职和工资报酬三方面的影响关系分析，笔者发现普通话能力虽然为一种国家共同语言能力，但在劳动力市场中普通话的功能受当地人强势语言身份认同作用的冲击。在上海当地人眼里，普通话已作为超越其各自方言的、外来工这个群体的共同语言。会讲普通话已不能作为一种优势在劳动力市场中存在，会讲上海本地话，有助于就业机会的获得，还可以提升外来工的向上认同，特别是对于自雇用者，甚至可以提高其实现向上流动的可能性。

三 外来工社会生活中的遭遇

外来工流入城里除了工作，还有社会交往。社会交往影响当地人对外来工的社会认同、心理距离、权益评价等，也影响外来工的城市适应、社会融合。在社会交往过程中，信息的传递离不开语言，语言是人类行为的基础。Carley（1991）提出了语言在交往过程中作用的两大假设：相似性假设和交流假设。所谓相似性假设，是指大多数社会互动在说相同语言的个体之间产生；交流假设是指个体在社会互动过程中通常通过语言彼此交换信息。也就是说，持有相同的语言可以增加人们相互之间的互动和信息通达。雷红波（2008）在其博士论文中通过对上海新移民的语言现状分析发现，普通话在低端劳动力市场中被认为是外来工这一群体的共同语。外来工即使能够讲普通话也会被排斥在劳动力市场中较好的就业机会之外。语言是社会交往的媒介，又是社会认同的表征。笔者希望通过深入的访谈，进一步分析语言在社会关系排斥过程建构中的具体表现。本部分的访谈资料来源于 2013 年 11 月在上海的访谈。

（一）个人交往中的歧视

在福山看来，社会性的日常交往是指超出自然亲情能够包容更多的陌生他人的交往（引自山崎正和，2008）。外来工日常交往的特点呈现社会网络的内卷化，与当地人的交往形成区隔，不利于他们的社会融合。语言是交往的媒介，也是群体认同的社会表征，当地话能力缺乏或低下不利于外来工社会交往的进行。因此，会不会上海话，在外来工与当地人的日常交往中会产生不同的交往效果。不仅是沟通问题，还有更多的社会排斥问题。一个 38 岁的女工是这样讲的——

> 刚开始来上海时，上海话一句也听不懂。只看到人家嘴动，不知道啥意思，只能靠手比画，费劲。比画完之后，上海人感到很费劲，很吃力，显得很不高兴，还来了一句"刚度""十三点"，以为我们听不懂，其实大家都知道，这是骂人的话。（访谈记录 20131120Ye_HY）

语言是实现信息通达的工具，是为理解服务的，行动者通过相互理解使自己的行动得到合作，以实现一定的目的（哈贝马斯，1994）。当 Ye_HY 与所交往的上海本地人不能通过语言的表达相互理解时，便无法合作。在首次沟通中，交往双方理应都调整语言策略，用一种大家共同理解的语言进行交流，但这一过程在当地人的歧视性语言辱骂中宣告结束。

在访谈中，大多数外来工认为现在上海的年轻人对外地人比较包容，但中年人仍然看不起外来者，来自河南的小张是这样说的——

> 现在上海的年轻人好多了，就是那些中年人，特别是中年妇女。在与她们交往的过程中，一听我们是外地口音，马上就判断出你不是本地人，她就会做出一种行为方式，低看你几分，让人感觉很不舒服。（访谈记录 20131116Zhang_W）

这一点在对上海当地年轻人的访谈中也得到了证实。

我们现在比较接受外地人说普通话，他们来上海也不容易。但是像我妈她们可能就不会这样认为，她们一辈子没出过几次上海，连普通话都不会说。她们不愿意与外地人特别是不会讲上海话的外地人交流，也不会承认外地人是上海人的，她们对外地人偏见比较大一点。（访谈记录 20131118Gu_XC）

一个在小区做保安的本地人直接讲道——

外地人到上海来就应该学会上海话，到这里说话应该让本地人听得懂，这是最主要的。（访谈记录 20131116Wang_RJ）

一位上海老阿婆讲道——

外地人不太讲文明、不讲卫生，脾气也和上海人两样，所以一听你讲的不是上海话，就知道你是外地人。因为语言不通而产生的误会常有，如上海人说"打头"（实际上是指洗头发），而外地人会理解成"你要打我头啊？你有什么资格打我的头啊"。如果你要想长期待在上海，随便哪能讲，你一定要会讲上海话。比如你到上海南京路去买东西，你要是用苏北话问这个枕套几块钱？本来这个只要5块钱，那她一看你不是上海本地人，她好卖给你10块钱，因为你是外地人。你要是上海人，你说"侬给我嘛（卖）只枕套"，她就给你两样的，她看得起上海人。你到南京路或到哪，你必定要说上海话。你要是说普通话，人家就说你是外地人。既然要到上海来，就要学会上海话。你要是会上海话会有很多便利，不懂是要吃亏的。总结一句话，你想在上海，不说上海话就是不能生存的。你（她用手指访谈者）要是不开口说话，没人知道你是外地人，你要是一开口说话，就知道你是外地人。比方说，这件衣服要是外地人（买），她一分钱不划价，要是你说"忒巨啊，未要伊了，未要伊了"，他一听你是上海人。会说，好了好了，降一点卖给侬了。（访谈记录 20131117Shi_Y）

日常生活离不开语言，不管是外来工还是当地人都反映本地的年轻人对外来工会不会本地话比较包容，而上了年纪的本地人即使不会讲普通话，也会对说普通话的外来工心存偏见。一方面不同的方言表达之间的差异，使得交流存在困难。由于语言具有等级性，强势语群体自然心生优越感，在交流中很难产生向下趋同，从而不愿意和那些不会本地话的外来工进行交往。另一方面由语言而产生的排斥主要与他们对外来工形成的刻板印象有关，他们认为外来工不讲卫生，甚至脾气都与本地人两样。因此，如果不会讲上海本地话，本地人一听口音就会产生关于外来工群体记忆的索引，从而产生对他们的文化和身份的不认同。流入地语言能力低影响与当地人交流过程中的信息通达，难以实现相互沟通与了解，从而强化了当地人对外来工的偏见。同时，口音是社会排斥的试金石，它作为身份认同和文化认同的启动刺激，使当地人在听到外来工不同于本地人的口音时提取了关于外来工刻板印象的记忆，从而产生排斥。国外的移民研究也证实了这一点，当人们听到非主流社会的语言口音时，甚至认为言说者具有攻击性，形成关于言说者较为突出的且污名化的索引信息"他们处于非主流或下层社会"（Milroy，2000），听者总是把人的口音与某种社会分类相联系（Dyer，2007）。

> 我现在会一些上海话，如果按 10 分打分的话，（我）大概（打）6 分左右，平时在与上海人交往的过程中，我会讲上海话。普通话是通用语言，很生硬。在一起讲上海话，感觉更融洽，也带来了一些自信，表明自己在上海也有了积淀，在城市中生活了一段时间，这座城市给我带来了影响，人要适应这个城市，才能更好地发展。（访谈记录 20131117Wang_C）

被访者 Wang_C 具有较高的上海话能力，在与当地人交往过程中也会使用上海话，这样可以拉近与当地人的社会距离，从而产生一定的主观融入感。对本地人来说，外来工语言能力高对其存在的歧视是否就可以减少了呢？

> 如果外地人和我们之间用上海话交流，那么我会觉得更亲切一点，更认同一点。但是我们还不会把在上海达到了相当程度的发展、已能够融入上海的人称为上海人，除非我不知道，而且他一开口有流利的上海话。（访谈记录 20131118Xiang_JP）

外来工流入地语言能力有助于在日常交往中实现良好的信息通达。语言是内源性社会融入的外部体现（Lazear，1995）。当外来工反映自己的语言可以胜任与上海本地人进行交流时，便有了融入感。一个人对流入地语言能力越强，在交流和与当地人互动中产生的问题就越小（Carley，1991；Rubenfeld，Clement，Lussier，Lebrun & Auger，2006；White & Li，1991）。当地人在与外来工交流的过程中，也会在情感上感到更为亲切。特别是当外来工的本地话非常流利时，甚至可以实现身份的认同。

通过对上述资料的分析，笔者发现在陌生人之间的社会交往中，不会流入地语言者容易在交流过程中受歧视。那么对于以情感交往为主的朋友之间，语言在他们交往过程中的作用是否有所不同呢？

> 在上海我有一两个要好的本地朋友，我们在一起时用普通话交流，也很融洽。但是如果要再有几个不认识的、朋友的朋友（讲上海话的人）在一起时……他们就会用上海话交流，偶尔用普通话和我搭一下话，这个时候就感觉到自己是多余的那么一个人。（访谈记录20131116Qiao_YM）

朋友之间倾向于情感联结，当语言存在差异时，当地人会主动趋向于共同语的表达。但是当场域中存在另一个会讲本地话的朋友时，他们会用本地话进行交流，使得不会本地话的外来工在这场域中缺少了一部分的信息共享与情感交流，处于相对次要地位。

总之，日常个人交往是群体共同生活的基本方式，离不开人们互通信息的过程。语言既是交流的工具，又是群体认同的标志。当外来工与当地人在交流过程中发生语言选择的冲突时，非本地口音的语言会在交往过程中被排斥，这不仅体现在陌生人之间，在熟人之间也存在一定程度选择倾向。会本地话，无论是从外来工自身体验还是本地人的反应而言，均有助于其社会交往。马克思指出，人们的思想、观念和意识在日常生活的交往中发生改变（马克思、恩格斯，1995）。如果持有不同的语言则会影响交往的顺利进行，从而不能有效地建立共同的意识。因此，共同的语言是减少排斥、促进融合的有效途径之一。当然我们所倡导的共同语言更应是一种多元文化的融合。

（二）日常服务中的不平等

由于城乡二元体制的差异，外来工在许多公共服务领域的权益得不到保障，如在教育、医疗等方面遭遇城市公共服务体系的排斥。他们不能融入服务体制之内享受平等的社会产品与服务，即使是在日常的社会服务中也会遭遇不同程度的歧视。如果说生活事件中的个人交往更多地需要语言的理解，共同的符号表达容易实现生活事件脚本的建构，有利于形成群体认同，那么在消费日常服务的过程中，外来工的语言对社会排斥的影响作用如何体现？通过对外来工的访谈，笔者发现，日常服务消费的过程中更容易存在不平等对待。

> 你就是去菜场买菜，那当地的妇女一听你的口音不是当地人，菜都要卖得比别人贵一些。有时候，还把那个不太新鲜的故意卖给我们。（访谈记录20131117Wang_C）

日常商品买卖中欺负外地人的现象，不止一个外来工反映过，普遍是因为一听外来工的口音，故意做出歧视性的行为反应。不只个人买卖是这样，企业中的买卖服务也是这样。

> 有一次我去银行和客户代表谈话，说的不是上海话，人就和你说两句就不愿意和你聊了。我想要是讲上海话，他们人就会很热情。（访谈记录20131120Xu_L）

> 要是去银行，你用上海话讲，他们的态度非常热情，你要是用普通话讲，动作再生疏一些，他们的态度马上就变，口气强硬，完全两样。有时候对某些规范的遵守也差别对待。一个上海人去了，插了队，他也许不会说什么，但一个不说上海话的人去银行，就不会让你插队。有一次我们都在排队，一个说上海话的直接去窗口呱啦啦说几句就走了，要是一个外地人，肯定是要让你排队，排到再说的。（访谈记录20131120Xue_H）

买卖通常与经济能力有关。外来工由于经济条件相对较差，被认为是贫困的象征。当地人根据他们的刻板性印象，判断外来工的经济能力低下，消费能力低下，对产品消费大多是必需品，消费需求的档次较低等。因此，他们主观上为外来工提供的服务质量也较为低下。语言成了外来工身份表征的指示器，当外来工身份被语言口音差异索引后，这种歧视性的心理与行为也就发生了。

> 有一次我带小孩去医院打吊瓶，小孩子嘛，看到打针总会有些害

怕，不敢打。一听我们口音，就不是本地人。医生就会露出不耐烦，说"哦，乡下的小孩子，总是这样的，胆子小，没见过世面"，我当时听了很难过。因为刚排在我们之前的一个小孩子，同样也害怕打针，就因为说的是上海话，医生表现出的却是另一番情形。她安慰小孩，用手摸摸孩子的头，在背上拍了拍，鼓励他勇敢一些，而碰到我们的小孩咋就这么一句话呢？（访谈记录 20131117Wang_B）

从被访者 Wang_B 的谈话中，我们发现日常服务中外来工所遭受的不平等对待已波及外来工子女。这一现象说明，外来工身份的污名化甚至发生代际传递。医疗服务机构是公共服务体系的社会组织之一，外来工在城里已被限制在享受公共医疗服务的福利制度之外，本身就是一种排斥。当花自己的钱进行个人消费时，还遭受这种不平等的对待，甚至影响到下一代。

总之，日常服务中的主体通常能够根据外来工的说话口音识别外来工的身份信息。当外来工的身份被识别，伴随而生的污名和歧视便反映到服务的行为上，使得被服务的外来工在正常消费过程中不能正常享受到公平的待遇。

(三) 社会管理中的偏见

外来工作为城市生活的陌生"他者"，不请自来。流动的生活使得他们在当地人眼里显得飘忽不定，难以预料。正如鲍曼所言，流动的陌生人是城市生活的永恒组成部分，无处不在，这加剧了所有居民的生命历程中永久存在的不确定性，从而产生焦虑与敌对的情绪。虽然没有公开，也没有明显表现出来，但它们在一定活动范围内存在（齐格蒙特·鲍曼，2012）。

刚来上海那会，有一次晚上我们几个老乡在大街上走，遇到了联防队，听到我们外地口音，不像是本地人。非要查我们的身份证和暂住证。我们当时很不服气，心想又没有做什么（坏事）凭什么要给你查啊，但是又人生地不熟，毕竟在人家的地方啊，只好不情愿地拿出身份证。要是听到的是本地口音，他们是不会查身份证的，听说以前查到没有暂住证的还要被遣送回老家。（访谈记录 20131119Yang_J）

外来工流动性强，当地人对他们了解的信息也充满了不确定性。大多数场合下，积成的焦虑会被转嫁给选定代表"陌生性"的一种"异类"（齐格蒙特·鲍曼，2012）。对异类的认识与评估通常根据群体记忆所形成的印象进行标签化。因此，外来工常被污名化和偏见性地认为对城市社会环境和社会治安具有破坏性作用。虽然，大多数外来工工作踏实，遵纪守法，但是城市治安仍把外来工作为防范主体，所以才出现了听口音就查证件的现象，这种过度防范，在很大程度上是对外来工的一种社会排斥。

甚至有外来工反映，一旦有打架之类的事发生，不管事情的真相如何，刚开始，外来工和当地人一定会被区别对待。

你要是在街上不小心和别人撞了一下，打个比方讲，你们一起来到派出所，只要一讲话，派出所的人的天平就向本地人倾斜了，我们外地人肯定要吃亏了。你在理，他也说你不在理。

我楼下的两个人打架，一个外地人，一个上海人。打完110后，到了派出所，那个上海人进到办公室里面喝喝茶，聊聊天；那个外地人，就在外面，蹲在大街上，在那等。我在那边的，我和他（那个外地人）一起去的。他一进去办公室，就被人家赶出去了，让他在外面等。从110来打架现场到从派出所出来，我一句声没吭。因为我知道，一出声他们就知道我也是外地人，也会被赶出来的。我没出声，派出所的人也看不出来，所以我也一直在办公室里喝茶。　（访谈记录20131117Chen_SM）

如果说刚才的联防队案例（访谈记录20131119Yang_J）只是反映一种过度防范意识，那么在已发生事件的处理过程中，管理部门的天平也是倾斜的。外地人连进屋说话的机会都没有，而只能通过语言的伪装，才可以有和当地人一样的待遇。这既是一种歧视又是一种权利的剥夺。虽然这也许发生在个别的管理人员身上，但对外来工来讲，相关事件处理中的工作人员代表的是国家，代表的是城市形象。处理过程中存在偏见，不客观公正，就是对外来工的社会排斥与歧视。

彼特·布劳（1991）在不平等与异质性中提出语言是社会结构的参数，具有同一结构参数的群体共同具有某个影响他们的角色关系的属性。城市管理部门代表的是国家利益，但是因为与上海本地人具有共同的社会结构性参数——上海话，而被定义为同一个内群体。且这一群体在某种程度上的等级结构高于外来工,因此,形成了不平等的对待,将讲上海话的人作为优势交往群体,而把不讲上海话者界定为流动的陌生人,从而根据集体记忆将他们标签化为社会不确定因素的制造者,喜欢滋事、容易违法犯罪等。虽然这种歧视没有公开宣称,但可以通过他们偏见性的行为反映出来。语言具有显著群体特征,它影响着群体关系的判断以及群体属性的划分。这种强有力的、通过群体结构性参数进行的判断有利于内群体团结,但不利于社会整合(彼特·布劳,1991)。尤其是社会管理部门,更要控制主观判断,客观分析事件,以减少对外来工的社会排斥。

总之,外来工在城市中的社会生活离不开他们的个人交往、日常服务和社会管理之间的各种关系。人们的交往(相互之间反复进行的社会互动和信息传播)表现出的规则是人们的角色关系和社会位置的分化(彼特·布劳,1991)。当地人与外来工在城市生活中一个处于中心位置一个处于边缘地带,他们的社会位置发生了分化,因而被分割为两个不同的群体角色——优势群体与弱势群体。他们的身份通过社会互动中的语言被识别,从而启动了那些储存在城市居民记忆中的、关于外来工的负面形象。为了维护自身的优势地位,为了缓解外来工所带来的不确定性体验,他们排斥和拒绝外来工。

四 外来工排斥体验的感知

社会排斥是排斥发生过程中施动者主动施加以及受动者参与互动的过程。受动者对社会排斥的心理感知和主观体验,称为社会排斥感。外来工是流入城里的陌生人,由于城乡发展差异,外来工从来都是落后文化和生产力的代表,在城里不受欢迎。语言与其他标志相比,如服饰等,更能标识他们的身份。那么语言是如何影响外来工社会排斥感的发生的?通过访谈资料,笔者具体分析外来工对社会排斥的心理感知与体验的建构过程。本部分的访谈资料来源于2013年11月在上海的访谈。

(一)被打量的"外地人"

外来工的流动性使得当地人对他们这种不确定性了解充满了焦虑与不欢迎。陌生人被看作城市生活的异类,城里人希望与他们形成区隔,以缓解产生的混合恐惧(齐格蒙特·鲍曼,2012)。因此,语言的口音是社会排斥的试金石。当识别了外来工的身份后，当地人就会试图与外来工之间保持距离。当社会排斥发生，外来工作为社会排斥的受动者，同时会产生社会排斥的心理体验。

> 在一起乘公交车时，如果几个家乡人在一起说家乡话，就会受到来自他人异样的目光，并上下打量着我们，弄得我们很不自在。（访谈记录20131116Xu_ M）

> 比如说在公共场合一个讲上海话的人和一个讲普通话的人在一起，其他人会用一种眼光去看你这个讲普通话的人，心里面会很不舒服……（访谈记录20131116Hua_ H）

> 嘴巴一出声，马上就判断出你不是本地人，他就会做出一种行为方式——又警惕又排斥你的方式，（令人）不是很舒服。（访谈记录20131117 Wang_ C）

> "外地人"这个词本身听上去就（令人）不舒服，我们在这里工作快20年了，仍被称作外地人。出去买东西，那些店主一听你说话，不是本地人，东西都要卖得比别人贵，态度也不好，（我们）心里面很不舒服。（访谈记录20131117Chen_ SM）

> 即使用普通话他们也是把我们当外地人看待，现在的年轻人要好一点，特别是年纪大一点的周边居民，那些拆迁户，所谓的土豪，他们看不起我们。（访谈记录20131120Xia_ SH）

> 排斥外地人在上海人中是存在的，我也感到上海人是排斥外地人的，但是你要拿出什么具体事件来说，还真没有五年之前明显了，尤其是年轻人。（访谈记录20131116Yan_ GJ）

通过上述几个案例资料分析，外来工对公共场合中发生的社会排斥体验较明显。虽然大多数时候，当地人的排斥不再那么明显，但通过外来工的语言口音进行身份的识别与判断仍是本地人对外来者排斥的重要依据。不讲当地话者很容易被识别为外地人而被区别对待，外来工体验到的多半是不舒服感、不自在感或歧视感等，他们作为城市的异群体被排斥。

（二）被多余的"好朋友"

与陌生人进行社会交往时，当地人根据外来工的说话口音进行身份识别。当判断说话者不是本地人时，本地人会出现异样的目光和歧视性的态度。外来工因此而产生不舒服感、歧视感等。社会交往是一个情感通达的过程，熟人之间的交往应该更多的是一种情感交流，会因语言不同而产生差别对待吗？

> 只有两个人在一起时，上海人和我都用普通话交流。但有几个人在一起时，上海人之间用上海话进行沟通，我们外地人在一旁插不上话，也不怎么听得懂，不知道他们在说什么，会感到很无助，就会感觉那两个人是一伙的，我在这里是多余的，（有）被孤立的感觉。（访谈记录 20131117Zhou_Y）

被访者 Qiao_YM（访谈记录 20131116），在访谈中也反映有过类似的经历。朋友之间的交流是一种双向的情感表达。从访谈资料可以看出，持有共同的语言更有利于这种情感交流。语言不同，便体验到无助与不被重视的感觉，群体归属感较弱。

（三）被差别对待的"老百姓"

虽然大多数外来工在日常交往中的排斥感在降低，但是在与公共服务机构交往过程中的排斥感却在增加。用来自江苏盐都的一个外来工的话讲——

> 你平常老百姓听我口音不是本地人排斥我，我不感到难过，我只当他们是个没素质的上海底层市民。如果是一个村干部或政府机关的人排斥我，我的感受就很强烈。（访谈记录 20131117Wang_C）

在访谈中有一个河南小伙子一直强调说"现在的职能部门对外地人的排斥是最明显的……"（访谈记录 20131117Chen_SM），他还列举了在派出所所遭遇的事件，甚至为了在事件中不泄露自己外地人的身份，不被职能部门办事的人排斥，从头至尾一句话没说。

（四）被鼓励的"同化者"

语言能力是长期融合的前提条件，也是正式进入的必备要求（Dustmann & Fabbri，2003）。一些外来工通过自身的努力，在交往中可以应付自如地使用上海本地话。他们表示，本地话的使用给他们带来了很多有利的方面。

> 我现在和上海人在一起基本讲上海话，没怎么感到被歧视。有时候他们会说，哦哟，一个外地人上海闲话讲得尽结骨啊，比上海人还讲得溜呢。（访谈记录20131119Fu_SM）

> 会讲上海话总会带来一些好处的，与本地人沟通方便，好办事；还可以忽悠一下充当一下本地人的，生意也好做点。会讲本地话，本地人就是听出来我是外地人，也不好讲什么的。（访谈记录20131118 Shun_RH）

言谈之中可以感受到被访者已实现语言的同化，且很受当地人的欢迎。这更进一步表明，语言是符号象征，可以帮助外来工整饰身份。但语言同化无法超越现实中制度造成的身份差异，正如Shun_RH（访谈记录20131118）所说："但是，光会讲上海话有什么用，政府所给的社会政策一项也照顾不到我。"所以，归根结底，外来工在城市社会所受的排斥是制度差异和区域发展不平衡引起的。

总之，访谈资料中的大多数外来工表示，他们的社会排斥感较前几年有所降低。上海本地人对外地人的接受度也在提高。但是，政治、经济、文化发展水平的城乡差异仍然存在，上海本地人的优越感仍然存在，所以对外来工的排斥仍不可避免。语言作为身份的表征，一开口就被识别。因此，因语言差异而感到排斥的事时有发生，通常会给外来工带来不愉快的心理体验。Wang、Li、Stanton和Fang（2010）的研究还发现，许多从事服务工作的人员报告说经常遭受顾客的歧视，因为不会说上海话。也有研究指出，人际交往中的不愉快经历更能影响外来工的心理感受，产生自卑、回避等歧视感（Wong，Li & Song，2007）。特别是当遭遇公共服务和社会管理部门的排斥时，这种感受更为强烈。相同的语言可以是内群体表征的结构性参数，但也只起到身份整饰的作用，外来工最终还是沦为制度的排斥对象，体验到不公平。

五　排斥过程中的"安全阈"机制

排斥的感知与体验一般与不愉快的心理反应相关联。因此，相对于外来工自身来讲，他们会采用一定的策略进行调节，以使这种不愉快的体验降低。语言不利者是如何实现这一调节过程的？

（一）主动回避

作为外来工，他们与市场抗衡的能力较弱，自身的语言等其他条件处于不利地位，难以实现良好沟通的情况下，他们采取了主动回避的策略。寻求熟人帮助或回避类似情境，以减少可能遇到的拒绝和歧视等。

> 我没想过自己一个人到外面找工作，自己年龄大，没文化，又没有什么技术，普通话也说不全，说话人家都听不懂……通过熟人关系先把条件说好了，能要就做，不能要就不做，又不是当面拒绝，自己心里面还舒服一些。（访谈记录20131120Shun_CL）

一位在上海工作的三十多岁男工在某商店买东西遭遇歧视之后再也不去那种不明码标价的地方买东西。他说——

> 上海人歧视外地人在买东西时表现得很明显。他一听口音不是本地人，态度都两样的。我现在基本去超市买（东西），明码标价，机器结账，不用看别人脸色。（访谈记录20131116Hua_H）

主动回避可以减少社会排斥发生情境中的消极情绪体验。但是这种策略不利于城市居民和外来工的相互接触与理解，不利于社会融合。且这种被排斥的体验只是被回避了，它仍然存在，甚至某种程度上还有累积的可能。当达到一定的社会累积量，有可能会成为社会不稳定事件的诱因，产生抱怨情绪，容易激化。

（二）被动接受

不管怎么回避，总会在城市生活中遭遇各种社会排斥，当无法选择时，很多外来工选择了被动接受，承认事实的不可改变性，就会减少自己的主观期望与客观现实之间的差异，从而减少社会排斥感。

> 语言重要又怎么样，我们改变不了这个事实（来自农村），人有很多不能选择，你不能选择你的父母，不能选择你的出身……你没有办法，他们所占的就是地域优势。（访谈记录 20131120Xia_SH）

> 他们当地人有优越感，有语言优势，这是由国家政策造成的，你没办法改变。我们应该顺应这个环境，而不是想去改变这个环境，如果按着自己的意愿去改变这个环境，那是不行的。你能力再大，你要是想改变现状，绝对要撞得头破血流……（访谈记录 20131117Wang_C）

被访者 Xia_SH，把城市社会中因语言而产生的不公平等，归于自己的出身不好。父母没有把自己生在一个发展好的城市中，但这是不可选择的，所以只能接受现状。被访者 Wang_C，认为在城市社会中的遭遇是制度引起的，是国家发展政策倾斜导致的，上海人所占的是地域优势。所以，作为外来人口，他们无力与政策抗争，只能被动接受这样一种现实，以降低对自己利益的需求与维护，减少理想与现实之间的差异，从而减少排斥感。

（三）合理化防御

合理化是心理学家弗洛伊德所提出的心理防御机制之一，简而言之，就是找一个自己认为合理的理由来解释无法接受的挫折感，以减少内心的痛苦体验。

> 卖菜的听我口音歧视我，我还瞧不起她呢。她就是因为自身优越感强，她其实才挣多少钱一个月。她才那么一点钱，她有什么资本瞧不起别人，不就是一个卖菜的吗，也是底层社会的一员。（访谈记录 20131117Wang_C）

> 说白了……我还看不起他们呢，我在这里打工，我靠我的劳动力、靠我的智慧、靠我的汗水挣钱，他们靠什么，靠的是党，靠政府来扶持他们的，他和我到另一个地方（第三方城市），他说不定还不如我呢。（访谈记录 20131116Hua_H）

我们讲外地话，他们现在看不起我们又怎样？现在的当地人都变懒了，很多事情都倚仗（靠）外地人去做，自己只知道去享受。本地人很有惰性，不吃苦，挣个几百块钱就拉倒了。特别是那些拆迁暴发户的小孩子，他们不工作，整天待在棋牌室打麻将，对身心健康也不是什么好事情。（访谈记录 20131120Xia_SH）

被访者 Wang_C 和被访者 Hua_H 都将当地人的排斥合理化为政府的政策扶持。如果没有政策，光靠能力，本地人还不如外地人，从而将自己所受的排斥解释为不是因为自己的能力不行，而是客观的政策导致的，这样把排斥归结为外部影响因素，有利于缓减被排斥的心理压力。被访者 Xia_SH 将当地人对外地人所表现出的排斥解释为他们没有认识到这样做的后果。如果再这样下去，会害了他们的下一代，这样会导致他们的下一代在以后若干年的城市建设中不具竞争力，会导致他们失去中心地位以及引起心理不健康。这样在他们失衡的心理中寻找到新的平衡点，有利于他们减少社会排斥感。

（四）积极应对

消极的回避、接受和合理化防御只是暂时缓减排斥的心理体验，不能最终解决排斥。外来工群体中有一部分人也意识到这一点，他们采取一系列不同的措施去改变现状，实现积极的城市融合，减少社会排斥。

来这里嘛，肯定是要学会这里的语言的，这样和当地人交流起来方便，别人也喜欢和你在一起交流。你多学点本事，是为了自己，不是说为了他人，对自己有好处，当然要多学点。（访谈记录 20131119 Fu_SM）

尤其是语言，既可以在谈生意时发挥作用，又可以在与当地人交流时增加亲切感，一举两得。（访谈记录 2013118Shun_RH）

要好好挣钱，你有钱了，经济就强大了，就没人看不起你了，说什么话都行。（访谈记录 20131118Dai_G）

我们也承认，本地人教育程度高，他们这边什么都学。外地人受教育程度低，我们那边什么都不教，只要不出事就好。外地人有不讲卫生等习惯，这么多年来，我们也在逐渐地改变，改掉了不少。知道排队了，不随地吐痰了，等等，要提高素质。我还对自己家的小孩子说，你做得比城里人好，就没有人会说我们什么了。　（访谈记录20131117Wang_B）

被访者在语言引起的社会排斥的调节作用中，一部分人认同语言很重要，需要学习当地的方言，这样才能有助于增加收益，也有助于与当地人的交流，产生较高的心理认同。这部分人流入地的语言能力往往也比较高。另一部分人认为，之所以说不同的语言会引起歧视，是因为自身的经济能力、文化素养不够，使得自己在社会中的地位较低而引起排斥。他们希望通过积极的应对来减少社会排斥和排斥感。

语言的地位表征与城乡经济发展不平衡，以及语言群体的社会福利和保障等有关。这是一个长期问题，需要一个有序推进与解决的过程。外来工城市适应问题引起了国家、政府以及全社会越来越多的关注。但只要存在差异，外来工作为城市的弱势群体，社会排斥就会存在。外来工社会排斥感是一种消极心理体验，极大地影响外来工在城市的心理融合，以致影响社会的和谐与稳定。通过访谈，本书深入分析外来工语言能力低者应对社会排斥的策略，有利于国家、政府的政策制定，也有助于引导外来工采取积极的策略，主动适应城市生活，减少社会排斥。同时也希望当地居民了解外来工的内心体验，从城市发展的全局出发，关爱、关心外来工，增加他们的城市归属感。语言引起的社会排斥虽然与政治、经济和文化的发展有关，但外来工流入地语言能力的提高有助于劳动力市场的机会获得，有助于社会生活中的顺利交往，有助于减少他们的社会排斥感，促进社会融入。

第六章
外来工语言能力获得的内在机制

《朗文语言学及应用语言学词典》将语言能力定义为：一个人具有的使用语言的技能程度，如读、写、说或语言理解能力的高低（Richards，Richard，Heidi & Youngkyu，2005）。在移民语言能力的研究中，通常将他们的听、说能力作为语言能力的指标（Chiswick，2008）。与国外移民双语能力相比，国内城市外来工的双言能力与自身方言具有基本一致的书面表达，只是口头发音存在差异，而国外移民主要体现为一种语言与另一种语言的适应，表现为双语能力，不仅发音存在差异，且文字表达也存在差异。什维策尔（1987）区分了双语与双言，认为：双言是同一语言的两种变体，包括标准语和方言，或者是两种不同的方言在同一语言集团内部并存的现象；双语主要是指讲话者使用两种不同的语言。因而双语更多地强调的是语言的差异性，双言存在相对的差异性，同时也具有一定的共同性。国外移民的双语能力影响因素是否适用于我国城市外来工双言能力的获得？分析外来工流入地双言能力的影响因素，旨在提高外来工语言能力，从而促进外来工在流入地的社会融合，减少社会排斥。

一　文献回顾及研究假设

（一）文献回顾

Espenshade 和 Fu（1997）关于美国移民英语语言能力的分析表明，移民出生国和移入后的文化或培训影响着其语言能力，移入后的人力资本以及努力程度、移入后的技能及其他经验的累加都会影响移民的语言能力。Chiswick 和 Miller（1996）、Chiswick、Lee 和 Miller（2005）、Eckert（1989）指出，移民的移入地语言能力受移民的居住环境、居住时间、家庭成员以及个人的性别、移民时的年龄和受教育程度影响。有研究者（Esser，2006；Dustmann & Fabbri，2003）将移民的语言能力影响因素分为四种：家庭和移民背景（移民动机、移民时的年龄、移民的时间等）、最初语言环境（语言距离等）、目标语言环境（种族接触和社会距离等）、民族环境（民族聚居区、朋友数量、配偶等）。这些因素中，出于经济动机移民的语言能力较好；移民时年龄越大、同一来源地朋友多都会降低语言能力获得；语言距离越小语言能力越好等。Chiswick 和 Miller（1995）提出了移民语言获得的方程如下。

$$语言能力 = \int \begin{pmatrix} 期望的工资增量^+;期望的移民时间^+;移民时间^+;与自身国家居民结婚^-; \\ 少数民族语言聚集区^-;语言距离^-;孩子^-;流入国语言培训^+; \\ 移民时的年龄^-;教育背景^+;…… \end{pmatrix}$$

注："+""-"表示积极作用和消极作用。

方程显示，语言能力不仅受移民的家庭和教育背景影响，同时语言环境、社会环境，经济和移民期望也是语言能力获得的刺激因素。

国外移民流入地语言能力是一种双语能力，外来工语言能力的研究是一种双言研究，即某种语言的两种形式。国外移民的双语能力影响因素是否适用于我国城市外来工双言能力的获得？国外研究对象大多数为国与国之间的移民，从一个国家流入另一个国家，语言的变异程度较大，因此移民需要掌握某种流入国语言的影响因素会比较复杂。这样的结果也不适合于直接应用在中国国内移民的研究。对于国内大多数城市外来工来说，双言虽然存在相对的差异，但普通话是通用语言，且自推行普通话政策以来，全国各族人民普通话能力都在不断提高，在这样一种普遍推行普通话的背景之下，外来工语言能力是否能够实现普遍交流？另外，在我国方言分类较为丰富，根据不同的分类标准将方言分为不同的类别，但不管是哪种分类方法，方言总与一定的经济发展水平相关联，通常将经济发达地区的方言称为强势方言，如粤语方言、吴语方言等。

（二）研究假设

外来工在城市生活中处于弱势地位，语言是他们身份的符号表征。已有研究表明女性比男性更倾向于依赖符号资本，女性的语言更接近标准语和有声望的语言（Eckert，1989）。因而，与男性相比，女性语言能力更好（Eckert，1989）。受教育程度越高，接受普通话训练的时间越长，普通话水平越高，语言能力越好；同时受教育程度越高，学习能力越强，越容易习得新的语言。年龄越大，尤其是达到认知发展高峰之后，认知加工速度变慢，影响新事物的接受与学习。因而第一次外出打工的年龄会影响他们语言习得的效率，年龄越小越有利于新的语言习得，语言能力越好。有研

究表明，移民的语言习得表现为想融入比认为语言很实用时会学得更好
（Lambert & Gardner，1959；Spolsky，1969）。也有研究表明，工具性动机
语言能力得分高于融合动机，且差异显著（Lukmani，1972）。因此，打工
动机影响外来工语言能力的获得。未来打算影响着个体居住流入地的时间
以及想融入城市生活的程度，这些主观意愿反映了外来工对语言能力重要
性的认识。因此，不同的未来打算影响着外来工的语言能力。家庭经济收
入高可以提供较好的接受教育的机会，有助于语言能力的提高。上述国外
移民语言能力的影响因素均与个体的特质有关，因此，形成本章研究的假
设6.1。

假设6.1：个体变量影响外来工语言能力。

假设6.1a：女性与男性相比，语言能力高的可能性大；

假设6.1b：受教育程度越高，语言能力高的可能性越大；

假设6.1c：与已婚者相比，未婚者语言能力高的可能性大；

假设6.1d：第一次外出打工时年龄越小，语言能力高的可能性越大；

假设6.1e：打工动机显著影响语言能力；

假设6.1f：未来5年打算显著影响语言能力；

假设6.1g：家庭收入越高，语言能力高的可能性越大。

外来工进入城市生活更多的是一种互动的过程。社会行动理论表明社
会接触有利于人们相互影响与了解。对于外来工来讲，外出打工年限越
长，一方面意味着离开自己土生土长的语言环境的时间就越长，这种与原
有语言环境的剥离有助于其他语言能力的获得；另一方面意味着接触到新
语言环境的时间就越长，外来工为了适应城市环境，语言的学习是必备条
件，因此，接触的时间越长，学习新语言的时间也越长，越有利于语言能
力的获得。在城市生活中，如果流动过程形成的是一种外来工聚集的方言
社区的交往环境，不利于语言能力的提高。因此朋友有老乡意味着外来工
在城市日常接触中更喜欢与来自家乡的人接触，这种交往形成的自身方言
环境不利于语言能力的提高，而与当地人的交往有助于语言能力的提高。
移居前的母语与流入地语言越相似（发音、词汇和语法结构等），越有助
于流入地语言能力的获得（Esser，2006；Dustmann & Fabbri，2003），如
荷兰语者学习英语要比韩语者学习英语容易（Chriswick，2008）。一种方
言与另一种方言的差异，称为语言距离，如果语言距离较小，交流障碍较
小，外来工会更愿意进行交流，这样有利于习得流入地语言，提高语言能

力。因此，形成本章研究的假设 6.2。

假设 6.2：流入地社会环境影响语言能力。

假设 6.2a：外出打工年限越长，语言能力高的可能性越大；

假设 6.2b：与当地人有交往机会，语言能力高的可能性越大；

假设 6.2c：朋友有当地人，语言能力高的可能性越大；

假设 6.2d：朋友有老乡，语言能力低的可能性越大；

假设 6.2e：来源地与打工地方言语言距离越小，语言能力高的可能性越大。

二 资料来源及变量设定

(一) 资料来源

本章的资料来源于以刘林平教授为首席专家的关于长三角（包括上海、南京、苏州、无锡、常州、南通、杭州、宁波、嘉兴和绍兴）及珠三角（包括广州、深圳、佛山、肇庆、东莞、惠州、中山和江门）外来工课题组的调查数据①。本次调查以两地城市外来人口的比例作为样本分配依据，共发放问卷 4254 份，有效问卷 4152 份，有效回收率 97.6%。

1. 外来工样本的城市分布

各城市外来工样本分布如表 6-1 所示。

表 6-1 外来工样本的城市分布

单位：个,%

城市	样本数	百分比
广州	317	7.6
深圳	553	13.3
珠海	101	2.4
佛山	201	4.8
肇庆	105	2.5

---

① 刘林平教授作为这一项目首席专家，以及中山大学、南京大学、上海大学和浙江工商大学课题组成员对长三角（包括上海、南京、苏州、无锡、常州、南通、杭州、宁波、嘉兴和绍兴）及珠三角（包括广州、深圳、佛山、肇庆、东莞、惠州、中山和江门）外来工进行的调查。在此深表感谢！

城市	样本数	百分比
东莞	462	11.1
惠州	101	2.4
中山	103	2.5
江门	103	2.5
上海	567	13.7
南京	167	4.0
苏州	263	6.3
无锡	143	3.4
常州	142	3.4
南通、镇江、扬州、泰州	100	2.4
杭州	269	6.5
宁波	249	6.0
嘉兴	101	2.4
绍兴	105	2.5
合　计	4152①	99.7

2. 外来工样本语言区分布

各语言划分区外来工样本分布如表 6-2 所示。

表 6-2　外来工样本的语言划区分布

单位：个,%

语言区	样本数	百分比
官话	2417	58.40
吴语区	191	4.61
粤语区	703	16.98
赣语区	293	7.08
湘语区	358	8.65
闽语区	43	1.04
客家话	134	3.24
合　计	4139	100.0

---

① 　注：本书各表格中的样本数为实际填答人数。

（二）变量设定

1. 因变量

语言能力的测定一般包括听、说、读、写能力，在关于移民问题的研究中主要采用听说能力（Chiswick，2008）。这种听说能力通常是一种主观评定，如通过问题"您觉得您听普通话是什么水平？①完全听不懂；②比较差；③一般；④比较好；⑤很好""您觉得您说普通话是什么水平？①完全不能说；②比较差；③一般；④比较好；⑤很好"进行测评（CGSS，2010）[①]。国外移民语言能力研究中的语言能力的测定也是如此（Chiswick & Miller，1995；Dustmann & Fabbri，2003）。有研究将语言能力的不同水平进行两类划分——低语言能力和高语言能力，将"比较好"和"很好"归为高语言能力，将"一般""较差""非常差"归为低语言能力，而且语言能力二分类模型所得结果与用 5 点量表评定的模型所得结果非常相似（Dustmann & Van Soest，2001）。在加拿大 1981 年人口学调查中只有一个可以被看作主流社会语言能力的指标"您所说的语言是否能够用以完成对话"（Chiswick & Miller，1990）。根据上述文献中对语言能力的操作化以及问卷中关于语言能力测定的实际指标，本书结合听、说能力，将语言能力操作为"与当地人交往中是否存在语言困难，存在语言困难定义为低语言能力，不存在语言困难定义为高语言能力"。

2. 自变量

自变量分为个体变量和社会环境变量。（1）个体变量分别有性别、受教育程度、婚姻状况，第一次外出打工时的年龄、外出打工动机、家庭收入以及未来 5 年打算。外出打工动机测量，通过问题"下列陈述是否符合您第一次外出打工时的情况，请您根据符合程度进行 1~5 级的评分"完成，共 8 个题项。通过因子分析[②]，归纳为三类动机：经济动机、发展动机和交往动机，以各个因子的所得分数之和作为因变量指标值，分值越大动机越小。未来 5 年打算测量，共 7 个选项，进行分类合并为 4 个项目：继续打工、创业、回家、其他和不清楚。（2）社会环境变量分别为外出打工年限，与当地人有无交往机会、朋友是否有当地人，朋友是否有老乡，

---

① CGSS2010 问卷，http：//www. cssod. org/cgss/download. php。

② KMO = 0. 642；Bartlett's test of sphericity，p < 0. 05。

语言距离。在调查中并没有直接测出外来工流出地与流入地方言之间的距离。因此，语言距离的算法如下：根据袁家骅等（2001）汉语方言 7 分类、罗杰瑞（1995）汉语方言 3 分类，将每个外来工流入地与流出地语言进行分类比较，测量两者之间的语言距离。来源地与目的地属于同一大类同一语言区的，称为相同（如吴语→吴语）；来源地与目的地属于同一大分类，但并非相同语言区的，称为相似（如湘语→吴语）；来源地语言与目的地语言不属于同一大类的两种语言称为相异（如吴语→粤语）。

（三）变量赋值

根据 logit 回归模型中变量的使用要求，将各变量水平赋值，如表 6 – 3 所示。

表 6 – 3　语言能力及各自变量及其赋值

变量	赋值	变量	赋值
个体变量		**社会环境变量**	
性别	男 = 0，女 = 1	外出打工年限	连续变量
受教育程度	小学及以下 = 0，初中 = 1，高中及技校 = 2，大专及以上 = 3	与当地人有无交往机会	无 = 0，有 = 1
婚姻状况	已婚 = 0，未婚 = 1，离异或丧偶 = 2	朋友是否有当地人	否 = 0，是 = 1
第一次外出打工时的年龄	连续变量	朋友是否有老乡	否 = 0，是 = 1
外出打工动机	经济动机、发展动机、交往动机，均为连续变量	语言距离	相同 = 0，相似 = 1，相异 = 2
家庭收入	连续变量	**因变量**	
未来 5 年打算	继续打工 = 0，创业 = 1，回家 = 2，其他 = 3	语言能力	低 = 0，高 = 1

三　语言能力现状与分析

（一）语言获得环境的现状描述

本部分主要对各自变量进行简要说明，并分析比较高语言能力与低语言能力人群的组间差异。描述统计结果见表 6 – 4、表 6 – 5。

表 6 - 4   不同语言能力外来工群体各自变量（分类变量）描述统计

自变量	频数（人）	高语言能力（%）	低语言能力（%）	自变量	频数（人）	高语言能力（%）	低语言能力（%）
样本	4152	60.6	39.4	社会环境变量			
个体变量							
性别				与当地人有无交往机会			
男	2247	59.8	40.2	有	468	66.0	34.0
女	1896	61.7	38.3	无	3675	59.9	40.1
受教育程度				朋友是否有老乡			
小学及以下	659	57.5	42.5	是	1824	58.8	41.2
初中	1795	59.8	40.2	否	1363	63.8	36.2
高中及技校	1231	62.3	37.7	朋友是否有当地人			
大专及以上	458	63.8	36.2	是	266	69.9	30.1
婚姻状况				否	2577	61.2	38.8
已婚	2394	59.5	40.5	语言距离			
未婚	1692	62.5	37.5	相同	986	86.5	13.5
离异或丧偶	56	53.6	46.4	相似	219	56.2	43.8
未来 5 年打算				相异	2781	51.2	48.8
继续打工	2080	60.0	40.0				
创业	414	62.3	37.7				
回家	970	59.8	40.2				
其他	676	62.6	37.4				

表 6 - 5   不同语言能力外来工群体连续型自变量描述统计

自变量	总体 M（SD）	高语言能力 M（SD）	低语言能力 M（SD）
个体变量			
第一次外出打工时的年龄（岁）	22.7490 (7.95)	22.3953 (7.72)	23.2710 (8.25)
家庭收入（lg）	4.5390 (0.306)	4.5545 (0.320)	4.5153 (0.282)
外出打工动机			
经济动机	7.4262 (2.67)	7.5052 (2.71)	7.2971 (2.59)
发展动机	4.7600 (1.78)	4.7321 (1.80)	4.7974 (1.74)
交往动机	7.9903 (2.11)	7.9756 (2.16)	8.0098 (2.05)
社会环境变量			
外出打工年限（年）	8.7022 (6.48)	8.9956 (6.70)	8.2661 (8.25)

注：M 为均值，SD 为标准差。

由表 6 – 4 可知，研究中，外来工调查的有效样本为 4152 人，其中在与当地人交往中无语言困难者为 2512 人，占调查样本总体的 60.5%，有语言困难者为 1631 人，占调查样本总体的 39.3%。尽管有语言困难者的比例小于无语言困难者，但是，在普通话普及的年代，外来工如此高比例地存在语言困难的原因何在，正是本课题研究的目的。总体上外来工在城市里呈现男性为主、低学历、边缘化特征。高语言能力者与低语言能力者百分比之差表现为，女性高于男性、受教育程度越高差值越大、未婚者高于其他婚姻状态者、与当地人有交往机会者高于无交往机会者、朋友无老乡者高于朋友有老乡者，语言距离越小差值越大。

由表 6 – 5 可知，语言能力高者第一次外出打工时的年龄较总体均值小、家庭收入较总体均值高、外出打工年限较总体均值高，不同打工动机在高低语言能力者中的得分不一样。表 6 – 4 与表 6 – 5 的结果表明，这些因素可能对外来工语言能力存在一定的影响。

（二）语言能力影响因素统计分析

描述统计结果的差异性不能进一步推论，为此需要对语言能力的影响因素进行回归模型分析。以外来工语言能力作为因变量，这是一个二分类别变量，因此采用 logit 模型（见表 6 – 6）。

表 6 – 6　外来工语言能力 logit 回归分析（1 = 高语言能力）

变量	回归系数	标准误	Exp（B）
个体变量			
性别（男 = 0）	0.082	0.093	1.085
受教育程度（小学为参照组）			
初中	− 0.006	0.141	0.994
高中及技校	0.011	0.154	1.011
大专及以上	− 0.008	0.194	0.992
婚姻状况（已婚为参照组）			
未婚	0.160	0.128	1.173
离异或丧偶	0.098	0.391	1.102
第一次外出打工时的年龄	0.003	0.008	1.003

续表

变量	回归系数	标准误	Exp（B）
打工动机			
经济动机	0.040 **	0.020	1.040
发展动机	− 0.037	0.028	0.963
交往动机	− 0.053 **	0.022	0.948
未来 5 年打算（回家为参照组）			
创业	− 0.023	0.162	0.977
打工	0.085	0.110	1.088
其他	0.104	0.151	1.109
家庭收入（lg）	0.155	0.153	1.167
社会环境变量			
外出打工年限	0.026 ***	0.010	1.026
与当地人有无交往机会（无 = 0）	− 0.344 **	0.147	0.708
朋友是否有当地人（无 = 0）	0.218	0.166	1.243
朋友是否有老乡（无 = 0）	− 0.063	0.089	0.938
语言距离（相同为参照组）			
相似	− 1.556 ***	0.211	0.210
相异	− 1.792 ***	0.131	0.166
常数	1.364 *	0.803	3.911
N	2478		
2Log likelihood	− 3016.595		
Cox & Snell R Square	0.111		
Nagelkerke R Square	0.151		

注：* $p < 0.1$；** $p < 0.05$；*** $p < 0.01$。

因为在测量时，动机得分越高，动机就越小。从表 6 - 6 可知，个体变量中不同打工动机对语言能力的影响作用不同。具体而言：在控制其他变量时，经济动机得分越高，动机越小，语言能力高的可能性越大，$B = 0.040$，$p < 0.05$；与当地人交往动机得分越低，动机越大，$B = − 0.053$，$p < 0.05$，语言能力高的可能性越大，说明外来工越是期望与当地人交往，越倾向于语言学习，语言能力高的发生率就高。其他个体变量对外来工语言能力的影响作用不显著。

在社会环境变量中，交往机会影响着语言能力。模型估计的结果显示，$B = -0.344$，$p < 0.05$，说明在其他条件不变的情况下，外来工语言能力存在有无交往机会的差异。有交往机会者评价为语言能力高的可能性比无交往机会者低约 30 个百分点。外出打工年限越长，语言能力高的可能性越大，即外出打工年限每增加一年，语言能力高的可能性增加 2.6 个百分点，$p < 0.05$。语言距离显著影响语言能力，语言距离相似者语言能力高的可能性比语言距离相同者低约 80 个百分点（$1 - e^{-1.556}$），$p < 0.05$；语言距离相异者语言能力高的可能性比语言距离相同者语言能力高的可能性低约 85 个百分点（$1 - e^{-1.792}$），$p < 0.05$。语言距离越大语言能力高的可能性越小，语言距离对语言能力有显著的影响作用。

（三）自身条件对外来工语言能力的影响

回归分析的结果表明显著影响外来工语言能力的变量有两类：一是个体变量，如打工动机中的经济动机和交往动机，而其他个体变量如性别等对语言能力影响不显著；二是社会环境变量，包括外出打工年限、与当地人有无交往机会和语言距离，显著影响着语言能力，而朋友有无当地人、朋友有无老乡对语言能力的影响作用不显著。

1. 受教育程度、婚姻状况、第一次外出打工时的年龄、家庭收入、未来 5 年打算

在本章研究中，性别等个体变量对语言能力的影响作用不显著，这一结果与国外移民语言能力研究的结果并不一致（Eckert，1989）。可能是因为在使用"与当地人交往是否存在语言问题"来判断一个人的语言能力时，男性即使掌握的口头语言程度不如女性，但他们对自身的语言期望也没有女性高，同时在交流中男性更善于比画也有利于交流。因而男性判断在交往过程中所表现出的语言能力比自身所具有的语言水平要高。另外，与国外移民相比，外来工语言能力只是双言差异，双言的共同性要大于差异性，且文字表达一致，语音理解困难时可以通过文字表达实现共同理解。

（1）受教育程度。一个人的受教育水平越高表明他积累的知识越多，能力较强，对于一种新的语言学习具有较强的能力。接受教育多者具有精通母语的能力，有利于学习第二语言中新的概念和术语。但在本章研究中，受教育程度对语言能力的影响作用不显著，主要是因为，研究中城市

外来工的语言能力指的是城市方言能力和普通话能力。普通话是我国的官方语言，也是从小学就开始学习的语言。因此，只要能用普通话交流，就反映不出流入地方言习得过程中受教育水平高的优势，所以结果与双语习得不一样，并不能体现出受教育程度的显著影响作用。

（2）婚姻状况。反映一个人生活与交往的正常对象。有研究（Chiswick & Miller, 1995）指出，配偶来自同一地区或第三方地区，都会不利于移民语言能力的提升。已婚者与未婚者相比语言能力没有显著差异，一个原因可能是两个群体的交往人群不存在显著差异。因为在城市生活中，外来工总体上是边缘化群体，大多数人的交往对象都来自同一个地方或第三方的移民聚居区，降低了与流入地语言接触的机会，不利于新语言的习得。

（3）第一次外出打工时的年龄。移民时的初龄达到一定的岁数就会影响他们习得第二语言的效率。越年轻，越具有显著的能力来获得新的语言，随着年龄的增长，这种效率在降低（Chiswick & Miller, 1995）。在国内，外来务工人员第一次外出打工时的年龄较小可以促进第二语言能力提高。但是如果年龄相同，第一次外出务工时年龄较大者，通常在学校中待的时间也比较长，习得与使用普通话的时间也较长，因而两者的双言能力差异不显著。

（4）家庭收入。对于国外移民来说，习得第二语言需要的是一种投入，这种投入需要花费一定的金钱，所以家庭收入可能会为语言学习提供更大的可能。而国内外来工的双言学习，大多数是基于接受的教育，普通话学习从义务教育阶段就开始了，另外来自媒体，随着全民生活水平的提高，广播、电视已随处可见。而真正的某种优势语言的培训机构在国内市场尚少，即使有也很少有人会花钱去选择培训机构专门学习，因而收入对语言能力的影响作用不显著。

（5）未来 5 年打算。语言获得的刺激同样来源于对目的地的憧憬，移民希望回到他们原来的国家，通常期望在目标地待的时间较短，因此，会对语言学习投入较少，语言能力较低（Chiswick & Miller, 1995）。在我国，外来务工人员因为受户籍和城乡二元体制的限制，短期内实现在城市定居几乎不可能。因此，在未来 5 年内，无论是回家务农还是继续打工或者是创业，这些都不能决定他们在城市能否居住下来，因此，未来打算对当前语言能力影响没有显著差异。

2. 打工动机（经济动机、发展动机、交往动机）

获得一种新语言的动机通常分为两类："融合动机"和"工具动机"（Lukmani，1972）。究竟哪一类动机在语言习得中更占优势，不同的研究者结论不一（Lukmani，1972；Lambert & Gardner，1959）。外来工打工动机为经济动机者，倾向于将语言习得作为一种市场准入工具，移民流入地语言能力有助于提高工资收入（Dustmann & Van Soest，2002；Braun，2010）。要想提高工资收入，需要提高语言能力，因而经济动机应有助于语言能力的提高。但模型中，经济动机高者，语言能力低，这一结果产生的原因可能是外来工流入城市，是为了挣钱。对他们来说，在城里往往没有能够长期落脚的地方，最为急切的是争取一份工作，挣得收入，维持生存，而不是等到语言能力适应市场要求后再去寻找高薪工作，这种工作的搜寻所带来的时间成本和经济成本，他们也无法承受。最后的结果就是他们只能暂时找到一份工资收入较低、对语言要求又不严格的工作。因此，Lukmani（1972）所提出的工具性动机有利于语言能力的获得的结论在本章研究中并未得到支持。模型还显示，交往动机越强语言能力高的可能性越大，这种预测趋势说明，在与当地人的社会互动中，当地人对外来者语言能力有一定要求，他们希望外来工最好能用当地话交流，这样在交流过程中才不会存在困难。如果外来工语言能力达不到当地人的期望，在交流过程中，他们容易受到歧视与排斥。外来工越倾向于和当地人交往，对自己语言水平的要求越高，希望能够达到一定的水平，在与当地人交流的过程中不被歧视。因此，交往动机越强，语言能力产生的预期收益的激励作用越强，从而促进外来工对语言能力提高的资本投入，以获得更高的预期收益。发展性动机的影响作用不显著。这些结果验证了假设 6.1e，打工动机显著影响语言能力。

（四）社会接触对外来工语言能力的影响

社会环境主要是为语言学习提供一种语言接触机会。社会环境为语言学习提供的接触主要是指"做中学"。在本章研究中，用"外出打工年限""与当地人有无交往机会"等变量来反映接触的程度。

1. 外出打工年限、与当地人有无交往机会、语言距离

（1）外出打工年限。居住时间是提高融入的保证（Fennelly & Palasz，2003），外出打工年限长表明外来务工人员很早就离开自己的家乡到城市

打工,离开家乡的语言环境,生存于新的语言环境有利于习得新的语言。因此,外出打工年限越长,所接触的新语言环境的时间就越长,有助于双言能力的提高。这一结果与 Chiswick 和 Miller(1995)对澳大利亚移民的研究结果一致。

(2)与当地人有无交往机会。与当地人交往可以增加接触机会,增加接触能够为语言学习创造机会。但是模型的结果显示,有与当地人交往机会者反而更容易成为语言能力低者。出现这一结果的原因可能有两方面。首先,研究中将"语言能力定义为在与当地人交往过程中,是否存在语言问题,如果存在即为低语言能力,如果不存在,即为高语言能力"这一操作性概念,用问题来反映能力,使得主观判断的语言能力变得更客观。因为,如果主观上评定自我的语言能力高,但在实际交往过程中,并不能顺利交流,这种主观的能力判断显然是一种高估。因此,才会出现在其他变量都相同的情况下,有与当地人交往机会者语言能力低的现象。这种主观评定是在客观实践中的感受,因此更准确。其次,只有在与当地人交往的过程中,外来工才会感受到自身的语言还不适应。而为了更好地进行交往,他们会进一步要求自己提高语言能力,所以他们给自己的语言能力的主观评定显得比没有机会交往者更苛刻。通过描述统计的结果可以看出,有交往机会者语言能力高与低的比例之差大于无交往机会者,进一步验证了有交往机会者对自身的语言能力的评价更为苛刻。

(3)语言距离,主要是指流入地语言与来源地语言的相似性,语言距离小者相对容易学习。因此需要考虑语言距离对语言能力的影响(Chiswick & Miller,1995),比如西班牙语和意大利语较西班牙语和韩语之间的语言距离要小。本书中调查的对象为长三角、珠三角19个城市中的外来务工人员。根据中国方言区域的划分,本章研究将语言距离分为相同、相似和相异。结果表明:语言距离越大,越有可能存在语言问题,语言能力低的可能性越大;语言距离越小,表现为两种语言之间的语音、语义、词汇语法之间的相似性越大,越有利于意义的理解,越有利于学习当地方言。当学习难度减小,人们更愿意去学习,所以会有利于提高语言能力。这一研究结果与国外移民语言能力的研究结果一致。

2. 朋友是否有当地人、朋友是否有老乡

朋友有当地人,增加了与当地人的接触机会,对语言能力提高有促进作用。朋友有老乡,表明日常生活当中与老乡接触多,在与老乡接触的过程中，为避免家乡人的排斥大多数人会使用家乡话，这样虽有利于群体内交流，但无益于双言能力的提高。本章研究中朋友的社会接触作用没有得到验证。

总之，外来工从农村流入城市，他们的流动虽然不是为了学会或使用某种语言，但是流入地的语言能力能够帮助他们更好地适应城市生活，从而有利于他们在陌生的城市获得竞争力。尽管在研究中，笔者将语言能力定义为与当地人交往过程中是否存在语言困难，并没有特指用当地方言进行交流；而在实际交往过程中，尽管普通话是通用语言，但研究结果却表现出方言的距离效应，这种效应充分说明了语言附着在人们身上的符号特征。在交往的过程中，当地人更倾向于用当地的地方强势语言交流。外来工作为城市生活的边缘群体，不仅体验到因户籍差异而受到的歧视与不公正待遇，还体验到附着在其身上的语言文化所带来的符号差异。

四　语言能力获得影响机制的解释

（一）个体的认知加工影响外来工语言能力的获得

认知发展理论认为，人的学习效率与个人的认知加工过程密切相关。个体认知能力的发展与年龄密切相关，年龄大，认知加工能力低。国外研究表明，移民时的年龄越小越有利于新的语言的获得（Chiswick & Miller，1995），而在本章研究中年龄变量的界定是指当时问卷调查时的年龄，与国外研究有差异，所以结果不能在严格意义上代表外来工第一次外出打工时的年龄，也不能从严格意义上反映外来工的认知能力发展水平。因此，外来工调查时的年龄对外来工语言能力的影响作用是否显著意义不大。个体的认知能力发展还与受教育水平有关，在模型 1 中受教育年限的主效应不显著。通常意义上，随着受教育年限的增加，所使用的学习策略越有效，积累的学习能力越强，成为学习效率高者的可能性越大。受教育程度高有利于语言的学习，语言能力高的可能性就越大，但这种效应只出现在语言口音差异小的外来工群体。分析其原因，可能体现在如下方面。首先，在与外来工交往过程中，当地人更喜欢使用当地方言以区别于外地人的身份。其次，我国的语言结构体系复杂，特别是粤语和吴语学习起来比较困难。对于语言口音差异较大者，学习起来困难较大，会出现受教育程度的地板效应，即不管受教育程度如何，流入地语言学习起来都非常困难；而对于语言口音差异小者，语言的发音和语法结构等较为相似，学习起来相对容易，需要的学习能力相对较弱。根据上述结果进一步推断，在实际交往过程中，当地人更可能倾向于用地方话进行交流。因此本书中的语言能力更倾向于指流入地方言能力。

（二）语言接触影响外来工语言能力的获得

语言接触就是指在人们的社会互动过程中，相同或不同语言系统之间的相互影响。同质性语言系统相互强化，异质性语言系统相互借用、转化、吸收等。外来工自身方言作为一种弱势语言，在与当地人接触的过程中，处于不利地位，而要适应城市生活，需要出现语言的向上趋同。这种向上趋同的前提是脱离自身的方言环境，增加融入当地语言环境的社会接触。

外来工流出地与流入地语言口音差异小，某种程度上就相当于外来工在流动前已经接触了流入地的语言环境。这种流动前语言口音相似性的接触有利于外来工流入地语言能力的获得。国外的相关研究也支持了这一结论（Chiswick & Miller，2001、2007a）。居住时间是提高融入的保证（Fennelly & Palasz，2003；Dustmann，1996）。外出打工年限长表明外来务工人员很早就离开自己的家乡到城市打工，离开家乡的语言环境时间较长。虽然不能直接表明外来工流入地语言环境的接触，但能够表明外出打工年限越长，外来工脱离原有语言体系的时间越长，异质性的语言环境有助于语言能力的提高。同样，Chiswick 和 Miller（1995）研究表明，目标语言能力会随着居住时间增加而增加，是一种渐进线性关系。比如一项关于澳大利亚移民的研究表明，对于英语能力，亚洲国家移民的居住时间每增加 10 年，语言能力就会增加 3.5 个百分点。因此，外出打工年限既是反映外来工脱离自身语言环境、接触异质性语言环境的指标，又是反映接触的时间指标。这两种因素共同作用，使得外出打工时间越长，语言能力高的可能性越大。

流入地语言环境的异质性有利于外来工语言能力的提高，这是因为在异质性语言接触中，外来工需要不断调整自身的语言实践，从而使得社会交往中语言交流更为有效。朋友有当地人的外来工语言能力高的可能性大。朋友是社会互动过程中建立起来的强关系网络，朋友之间乐于交流且互相帮助。哈贝马斯在交往行动理论中提出"只有当一种语言活动具有了必要的条件，从而使一个听众能够对发言者所提出的要求表示'肯定'的态度时，这种语言活动才可以称为'可接受的'"（哈贝马斯，1994：377）。如果外来工与当地人成为朋友，他们会在相互交往过程中不断调整自己的语言，以便"可接受"。流入地语言具有优势性，优势语群体向下趋同的可能性几乎为零，所以外来工便倾向于向上趋同，习得流入地语言。反之，朋友有老乡，主要是同质性语言的接触，只会强化原有语言系统的能力。同质性语言接触的不利性还体现在，和熟人居住者比和陌生人居住者语言能力低的可能性大。付义荣（2010）研究发现，外来工主要与亲戚、老乡等交往，老家话的使用非常普遍，而只有当他们觉得老家话不能满足其工作上的需要时，才会去学习并使用普通话。有的外来工甚至在社会交往中采用回避策略，回避与自身言语社区之外的人员进行交流，尤其是言语交际。少数农民工认为，使用普通话而回避家乡话是一种忘本行为（曹进、曹文，2011）。因而，接触的语言同质性环境不利于外来工语言能力的提高。

与生活中的语言接触相比，工作环境中的语言接触对外来工语言能力的影响作用较弱。可能的解释是社会的劳动模式决定的，大多数工人处于流水线工作，制度严格、劳动强度高，人与人之间的交流越来越少。他们每天上班更多的工作就是与机器对话，这种对话限制了外来工语言能力的发展。有研究（Chiswick，2008）指出，在工作中只有经常与人交流的移民的语言能力会显著高于其他人群。但这一结论似乎在不同工种外来工群体中得不到验证。从语言接触强度来讲，服务工语言使用的频率高于普工和一般管理人员，但从影响趋势看，服务工主观评价在与当地人交往过程中存在语言困难，自我评价的语言能力较普通工人要低。而当语言能力较高时，会被认为其他能力也高，特别是学习能力。

（三）动机内驱力与外来工语言能力的获得

动机理论认为，动机是由需要引起的，需要是由某种刺激引起的。动机越强，目标指向性的内驱力就越强。语言是群体认同的标志，想要融入城市社会，就需要习得当地的语言。因此，融入动机越强，越有利于语言学习。

获得一种新语言的动机通常分为两类："融合动机"和"工具动机"（Lukmani，1972）。究竟哪一类动机在语言习得中更占优势，不同的研究者结论不一（Lukmani，1972；Lambert & Gardner，1959）。是否想入当地户籍就是一种融入动机的体现。国外的研究表明，移民希望回到他们原来的国家，在目标地期望待的时间较短者，对语言学习投入较少，语言能力较低（Chiswick & Miller，1995）。语言与移民过去的经历相关联，也与他们未来是谁或将成为谁有潜在的关联。总之，不管怎么说，存在希望，移民就会希望将语言转换成移入国语言，以实现文化融合（Walker，2004）。想入当地户籍表达了外来工想成为当地人以及想融入城市生活的意愿，因而影响着他们的语言能力的发展。不管如何测量，越是倾向于居住，语言能力的投入就越大（Chiswick & Miller，2001、2007a、2007b）。这些主观意愿反映了外来工对语言能力预期收益重要性的认识。访谈中的 FU_Q 和 Liu_N 对融入当地人的反应不同，她们当地话的语言能力也差得很远，想融入者语言能力高，而不想融入者语言能力低。

本章研究结果显示，由于城乡二元体制和户籍制度的限制，外来工只能作为城市生活的"他者"生存。外来工希望在当地入户，实现和回老家不一样的生活际遇。但即使有这样的想法，也因我国户籍制度的限制而希望渺茫。2013 年 12 月 15 日中国新闻网报道称，北、上、广进一步收紧了外来人口的入户条件（李金磊，2013）。因此，对外来工来讲，入户这种预期收益的激励作用有限，因而动机的趋力作用不强。难以入户，也就失去了融入当地文化的动力，失去了语言学习的投入。

（四）本章小结

根据长三角与珠三角外来工的调查数据，本章构建了外来工语言能力影响因素模型，结果支持了个体的认知加工与语言接触对外来工语言能力具有显著影响的假设。结合访谈资料的分析结果进一步支持了外来工语言能力的获得与外来工的内在动机、语言接触环境和语言距离有关。长三角与珠三角方言语音和结构的复杂性加大了外来工语言学习的难度。流出地与流入地方言的口音相似性可以降低学习的难度。受教育程度越高，语言能力越高，而对于流出地与流入地方言差异大者，受教育程度不起作用。外来工的语言接触环境有利于他们语言能力的提高，如流动前的语言接触主要体现在流出地与流入地语言的相似性，口音差异小者流动前目的地语言接触的程度较高，有利于流入地语言能力的获得。外出打工年限长，朋友有当地人以及和陌生人居住都有助于语言能力的提高等。外来工即使有较强的融入动机，在现行体制下，实现户籍融入的可能性较小，也使得他们在主观上的语言习得、实现文化融入的可能性没有显著差异。

外来工的语言能力是根据"与当地人交往中是否存在语言困难"这一带有主观评价的指标来界定的。但语言能力模型中打工动机和语言接触环境的影响作用是客观存在的，而且是正向的作用，这一结果表明了外来工对语言能力的评价具有一定客观性。Remennick（2004）指出，由自身母语方言到当地方言的转变被看作移民文化适应和社会融入的关键标志。研究者在关于加拿大的移民研究中指出，移民的英语能力与教育水平、经济收入、职业和年龄一样，成为地位获得的最有力的"看门人"（Wodak，2012）。人们如果持有不同语言即不会相互融入，同时还会体验到来自主流社会的敌意和排斥（Rendall, Tsang, Rubin, Rabinovich & Janta, 2010）。这种敌意与排斥反映到外来工的心理层面即产生了社会排斥感，同时语言能力的缺乏还体现在劳动力市场的排斥以及与当地人社会交往机会缺乏。那么语言是如何影响我国城市外来工的社会排斥的？接下来，本书分别通过第七章"语言与外来工劳动力市场排斥"、第八章"语言与外来工社会关系排斥"、第九章"语言与外来工心理排斥"共三部分来分析语言影响城市外来工社会排斥的机制；第十章，总讨论与对策建议，对结果进行讨论与分析，并提出减少外来工社会排斥的对策与建议。

第七章
语言与外来工
劳动力市场排斥

在社会排斥研究中，经济贫困与劳动力市场中的职业收入密切相关。社会排斥研究产生之初，学界通常将排斥作为收入贫困的同义词，特指那些没有获得劳动报酬（被有偿劳动力市场排斥）或者是指那些低工资收入的人（Peac，2001；NPI，2006）。收入较低就无法维持日常的消费，因此被排斥出市场的产品与服务的供应范畴之外（Atkinson，1998）。外来工从农村流入城市，大多数人最根本的目的是获得一份工作，从而改善家庭的经济状况和生活水平。

一　问题提出与研究假设

（一）问题提出

工资是劳动力市场最直接的体现，工资收入经典的人力资本模型是近乎唯一的决定模型。解释工资收入模型的主要理论有四种：马克思主义经典资本理论、制度理论、社会资本理论和人力资本理论。不同的理论背景下工资模型具有不同的解释。资本理论强调工资是由生产资料决定的劳动力价值的价格体现；制度理论强调劳动力市场的结构性因素。社会资本理论强调社会关系网作为一种资源可以提高人的经济地位。外来工作为社会的特殊群体，在资本积累方面没有足够的生产资料，在制度体系方面服从于劳动力市场的制度，在社会资本构成中原有的社会关系断裂等都影响他们的工资收入（张春泥、谢宇，2013；刘林平、万向东、张永宏，2006；Korenman & Turner，1996）。国内外关于移民工资收入的研究主要集中在人力资本模型的建构。在市场经济体系下，工资收入是人对其自身进行的时间、精力和金钱付出的一种预期收益。人力资本对工资收入的影响具有决定性的作用，是近乎唯一的变量（刘林平、张春泥，2007；Kim，2011）。人力资本理论的工资模型是市场经济体制下，人们追求利益最大化的行动结果。语言是重要的人力资本，它符合人力资本的重要条件，它的预期收益通常也用工资来衡量（Carliner，1981；Chiswick，1991、1998、2008；Chiswick & Miller，2003；Chiswick & Miller，2005；Dustmann，

1994；Grenier，1987；McManus，Gould & Welch，1983；Tainer，1988）。

Spericher 和 Mcmahon（1992）在研究中指出，语言的选用与语言本体的内在价值没有关系，而与使用它的人的权力和声望有关系。政治、经济、文化的发展是语言地位形成的重要影响因素。因此，没有一个社会的不同方言同等重要，在一个特定的历史阶段，总会有一种或多种语言编码成为优势语言变体，占据主导地位。外来工流入城市，作为外来者被边缘化。生活在城里，身上却带有农村落后的政治、经济和文化发展的烙印，而且不能与城市居民一样，享受平等的机会、福利与权利。因此，外来工在城市被视作"二等公民"，处于底层社会的外来群体。语言的社会地位与使用它的人的权力和声望有关系，上海话、广东话是一种强势语言，而且当地人更喜欢使用地方语言以显示与外来流动人口的身份差异。普通话被贬值，通常被认为是平等的象征，当地人甚至不愿意使用普通话（张振江，2001）。因此，外来工自身所具有的语言与其身份一样被边缘化，其人力资本和身份表征的作用在劳动力市场中一样处于较低的社会位置。外来工自身的语言不再适应劳动力市场的要求，获得流入地语言能力才有助于外来工劳动力市场适应。

国外的众多研究结果表明，流入地语言能力直接影响移民的工资收入，同时还调节其他变量对移民工资的影响（Chiswick & Miller，2002；Casale & Posel，2011；McManus，Gould & Welch，1983），语言能力越高，工资收入越高。语言也是重要的身份表征变量，语言口音差异是身份识别的试金石，不同移民身份对工资的影响作用不同（Kossoudji，1988；Kim，2011）。与国外移民复杂性相比，我国城市外来工来源比较单一，大多是农民工，基本处于劳动力市场分割的次级地位；流动的准入要求相对较低，对语言没有规定。这样的一种流动背景下，语言对工资模型的作用如何体现？因此，本章旨在回答下述几个问题：外来工工资收入的基本现状如何；语言在外来工工资基本模型中有何作用；作用于工资模型的其他变量在高语言能力和低语言能力外来工工资模型中的作用有无不同；语言能力对工资模型中的哪些变量具有显著的调节作用。

（二）研究假设

有研究表明，大学生汉语语言能力和英语能力对毕业后工资的影响作用显著，且在毕业后三年内具有持续效果（潘昆峰、崔盛，2016）。根据上述文献中语言的人力资本劳动力市场回报的结果，假设外来工语言能力越高，工资收入越高。作为流入城市的边缘群体，自身原有的语言能力不再适应劳动力市场的需求。因此，为了获得适应新的市场需求的语言能力，外来工需要调整自身的语言习得与使用。语言能力越高，所付出的投入越高，劳动力市场回报的工资收入就越高。但在我国由于劳动力市场分割，外来工处于次级劳动力市场地位，工资水平普遍较低，经济获得方面，在整体上处于较低水平。外来工语言能力这一人力资本对工资的作用也可能不会存在显著差异。在研究中笔者倾向于经典的人力资本理论，假设语言能力高有助于工资收入的提高，如果假设得不到验证，则说明我国劳动力市场的特殊性限制了语言能力作为人力资本对工资的作用机制。因此形成假设7.1。

假设7.1：控制了人口学变量、劳动力市场变量等，语言能力高者工资收入高。

语言同时表征着外来工的身份信息。外来工来源地与目的地语言的差异越小，语言距离越小，人们之间的认同感越高，越有利于劳动力市场中的工资收入提高。有研究表明，外来工出生地与工作地方言距离对工资收入具有显著的正向效应。控制其他条件不变时，方言距离每增大1个单位，工资收入提高7%左右（李宇星，2018）。但外来工处于劳动力市场的次级地位，整体层面收入水平较低，口音差异小对工资的优势作用不会显著。在研究中笔者倾向于社会认同理论，假设语言口音差异小有助于工资收入的提高。因此，形成假设7.2。

假设7.2：控制了人口学变量、劳动力市场变量等，语言口音差异小者工资收入高。

语言能力是经后天学习累积的技能，如果在主效应模型中，语言能力对工资的影响作用不显著，外来工则不必提高流入地语言能力了。外来工的城市融入，自身的方言在劳动力市场中同样可以发挥无差异的作用。但无论是国外的文献研究，还是日常生活常识，语言能力都有助于适应能力的提高，有助于劳动力市场的适应，即使在低端劳动力市场中也不例外。因此，我们需要进一步探讨语言能力高者和语言能力低者工资模型的影响因素有何不同，其他工资模型的影响因素在高低语言能力者中的影响作用是否存在差异。因此，形成假设7.3和假设7.4。

假设7.3：较高的语言能力有利于模型中的某些因素对工资的积极作

用。同理，较低的语言能力不利于模型中的某些因素对工资的积极作用。

假设 7.4：语言能力与工资模型中其他影响因素的交互作用显著，即该因素对工资模型的影响作用存在语言能力的显著差异。

二　资料来源与变量设定

（一）资料来源

本章资料来源于教育部哲学社会科学研究重大课题攻关项目"农民工权益保护理论与实践研究"课题组 2010 年对长三角和珠三角外来务工人员的调查数据①。本次调查以两地城市外来人口的比例作为样本分配依据，共发放问卷 4254 份，有效问卷 4152 份，有效回收率 97.6%。

（二）变量设定

1. 因变量

因变量为工资收入。一个人的工资收入是其人力资本投入的预期收益，也是其参与劳动力市场结果的最直接体现。问卷调查主要集中在 2010 年 8 月份，因此，通过提问"2010 年 1 月份以来，您的月平均工资为＿＿元"，得到外来工的月工资水平。

2. 解释变量

（1）语言口音差异。根据外来工来源地与目的地语言是否同属于某一语言划分区②，分为两种水平：差异小和差异大。差异小，赋值为 0；差异大，赋值为 1。

（2）语言能力。语言能力根据国外的研究文献（Chiswick & Miller，1990、1995、2005；Dustmann & Van Soest，2001）和调查数据中语言变量的测量，通过询问"在与当地人交往中是否存在语言问题"进行测量，如

---

① 长三角包括上海、南京、苏州、无锡、常州、南通、杭州、宁波、嘉兴和绍兴，珠三角包括广州、深圳、佛山、肇庆、东莞、惠州、中山和江门。

② 现代我国语言学者们较常用的区分不同汉语方言的方式是基于各地方言都是汉语历史发展的产物的前提，联系古音在现代汉语各地方言发展演变的情况，通过古今语音比较的方式来区分不同的方言……从早年赵元任先生对汉语方言的分区开始，历来语言学家大多运用这种结合汉语音韵的历史演变，以汉语方言声、韵、调的现代表现为主要依据来对方言进行分区的。因此，方言语音的差异是不同方言区语言的主要差异。反之，我们可以用语言的地区差异来表明方言之间语音的差异（詹伯慧、邵敬敏，2005）。

果存在语言问题，即为语言能力较低者，如果不存在语言问题，即为语言能力较高者。同时，对语言能力低者赋值为0，对语言能力高者赋值为1。

3. 控制变量

（1）人口学变量。包括性别、年龄、受教育年限、婚姻状况、户口性质。具体如下。性别：①女；②男。选择"女"赋值为0；选择"男"赋值为1。年龄：①年龄通过出生年月公式换算。②或者，将1980年1月1日及之后出生的人界定为"80后"，赋值为0；1980年1月1日之前出生的人界定为"非80后"，赋值为1。受教育年限：问卷中受教育程度通过问题"您的受教育程度：①小学及以下；②初中；③高中；④中专；⑤技校，读几年_____；⑥大专；⑦自考本科"来获得。研究中通过将不同受教育程度进行教育年限的转换，分别赋值为：①5年；②9年；③12年；④14年；⑤9+_____年；⑥15年；⑦16年。婚姻状况：通过询问"您的婚姻状况：①未婚；②丧偶；③离异；④已婚"来获得。将"已婚"赋值为0，"未婚"赋值为1，"离异"和"丧偶"合并，赋值为2，分别以二分哑变量表示。户口性质：通过询问"您的户口性质是：①城镇户口；②农村户口"来获得。将"农村户口"赋值为0，"城镇户口"赋值为1。

（2）劳动力市场变量。包括外出打工年限、工作环境语言同质性密度、企业性质、企业规模和工种。具体如下。外出打工年限：本章所获得的调查数据是根据问题"打工时，第一份工作的开始时间"以及"出生年月和问卷调查时的时间"这三个信息计算获得。公式为：外出打工年限 = 问卷调查时的年龄 - 第一份工作开始时的年龄，具体年龄换算公式 = ［（止年 - 始年 - 1）×365 +（12 - 始月 + 止月）×30］/365，如1992年3月出生的小孩，2010年1月时的年龄 = ［（2010 - 1992 - 1）×365 +（12 - 3 + 1）×30］/365。工作环境语言同质性密度：在我国，语言的差异性通常以所在地区的地理位置来划分。工作环境语言同质性密度是指工作环境中来自同一地区说同一种语言的人群的比例。因此，语言同质性密度用生产线中来自同一个县的人的比例来衡量，共有6个选项①，将这6个选项分为三个水平：同乡密度"无"，为参照组；同乡密度"低"、同乡密度

---

① 分别为：①很多（≥50%）；②较多（30%~50%）；③不多（20%~30%）；④较少（<10%）；⑤无；⑥不清楚。

"高"以二分哑变量表示。企业性质：在问卷中企业性质分为 12 类[1]，将这 12 个类别分成 5 组：国有集体企业，股份制企业，港、澳、台资企业，外资企业，私营、个体企业等。以国有集体企业为参照组，其他类别分别以二分哑变量表示。工种：问卷中的工种有 16 类[2]，分为普工类、服务工类和一般管理者，以普工类为参照组，其他两组以二分哑变量表示。企业规模：在问卷中，企业规模为 7 个水平[3]，将这 7 个水平分为 3 组，将 100 人以下合并为一组，1000 人以下为一组，1000 人及以上合并为一组。其中，以 100 人以下组为参照组；其他两组以二分哑变量表示。

三 外来工工资现状与分析

(一) 外来工工资收入的基本现状

首先对本章研究中选择的自变量进行简要说明，并分析比较各自变量不同水平之间工资的差异。描述统计结果见表 7-1 和表 7-2。

表 7-1 变量赋值及外来工月平均工资基本现状描述统计

单位：人，元

自变量分类	变量水平及赋值	频数	均值	标准差
语言口音差异	小 = 0	986	1928.025	977.137
	大 = 1	3000	2038.968	1354.210
语言能力	低 = 0	1631	2005.361	1259.940
	高 = 1	2512	2038.153	1270.849
性别	女 = 0	1896	1684.140	640.393
	男 = 1	2247	2276.073	1555.330

---

[1] 分别为：国有及国有控股企业、集体企业、股份合作企业或股份有限公司、私营企业、港 (澳) 商投资或合资、台商投资或合资、日商投资或合资、韩商投资或合资、欧美投资或合资、其他外资或合资、个体户、其他。

[2] 分别为：流水线生产工；其他生产工；工厂后勤服务人员；技工；班组长；质检员；文员；领班；中低层管理人员；服务员；保安；清洁工；司机；销售业务员；建筑工人；其他。

[3] 分别为：9 人及以下；10～29 人；30～99 人；100～299 人；300～999 人；1000～2999 人；3000 人及以上。

续表

自变量分类	变量水平及赋值	频数	均值	标准差
婚姻状况	已婚 = 0	2398	2086.157	1435.284
	未婚 = 1	1695	1887.465	859.307
	离异或丧偶 = 2	58	2209.439	2488.026
户口性质	农村 = 0	3471	1929.771	1149.047
	城镇 = 1	649	2005.749	1263.137
工作环境同乡密度	无 = 0	1631	1979.586	1070.904
	低 = 1	1862	2023.837	1462.686
	高 = 2	452	2071.280	1146.658
企业性质	国有集体企业 = 0	398	2035.827	1656.289
	股份制企业 = 1	347	2132.658	1027.164
	港、澳、台资企业 = 2	433	2002.019	908.894
	外资企业 = 3	295	2110.137	975.974
	私营、个体企业等 = 4	2551	1974.962	1296.585
工种	普工 = 0	2794	1943.896	916.194
	服务工 = 1	602	1841.549	1557.619
	一般管理者 = 2	746	2360.560	1886.002
企业规模	100 人以下 = 0	1321	1956.954	1560.007
	100～999 人 = 1	1789	1979.343	957.275
	1000 人及以上 = 2	996	2120.228	1305.260

　　如表 7-1 所示，语言口音差异大者月工资高于语言口音差异小者，这与以往国外的研究结果——身份认同越高工资越高越不一致（Kossoudji，1988）。语言能力对月工资收入的影响，描述统计的结果显示只有 30 多元的较小差异。女性月工资平均数明显少于男性月工资平均数近 600 元。不同婚姻状况下，结过婚者（包括已婚和离异、丧偶）和未婚者相比，月工资较高，平均高 200 多元。农村户口外来工的工资水平普遍低于城镇户口外来工，且差距较大。企业性质表现为国有或大公司的工资水平高于私营、个体。对于不同的工种，一般管理者的工资最高，然后是普工。工资最低的是服务工，这类人员的技术含量较低，进一步说明资本投入和收益是成正比的。企业规模越大，工资越高。

表 7 - 2　连续型自变量的描述统计及与外来工月工资的相关系数

自变量	频数（人）	平均数	标准差	与月工资的相关系数
年龄（岁）	4152	30.4869	9.50712	- 0.0079
受教育年限（年）	4152	10.0162	3.11960	0.2306 ***
外出打工年限（年）	4144	7.7547	6.47477	0.1661 ***

注：*** $p < 0.01$。

如表 7 - 2 所示：外来工的平均年龄约为 30 岁，较为年轻；平均受教育年限约为 10 年，基本为初中毕业，平均学历较低；外出打工年限均值为 7 年多，说明大多数人外出打工后，短期内回老家的可能性较小。年龄与月工资的相关系数为负相关，但不显著；受教育年限与外来工月工资呈显著的正相关，表现为受教育年限越高，工资越高；外出打工年限与外来工月工资呈显著的正相关，外出打工年限越长，月工资越高。

从表 7 - 1、表 7 - 2 的描述统计的结果难以做出各变量对外来工工资收入影响作用的准确判断，为此需要进一步对外来工月工资的影响因素进行回归模型分析。

（二）外来工工资收入影响因素统计分析

首先，建立语言变量工资模型的基本模型，考察语言变量在工资模型中的主效应作用。其次，考察语言能力对工资模型的调节作用。根据国外关于移民语言能力与经济获得的研究范式，语言能力对工资模型的调节作用通过两类模型进行分析：采用国外关于英语语言能力调节受教育程度、职业、民族聚居区、种族在工资模型中的影响作用的研究范式（Kossoudji，1998；Chiswick & Miller，2002），分析其他因素在高语言能力外来工和低语言能力外来工工资模型中的影响作用的一致性；采用工资模型中语言能力与其他因素的交互作用模型，分析其他因素对外来工工资模型的影响作用是否因语言能力不同而存在显著差异，即影响程度是否差异显著。以外来工月工资的自然对数作为因变量，建构的线性回归模型分别如下。

1. 基本模型

人力资本变量是工资模型近乎唯一的决定变量。在已有研究的基础上，本章控制了人口学变量、劳动力市场变量，来探讨外来工语言变量对工资模型的影响机制。

模型 1 为工资收入的语言变量的主效应模型，检验语言变量对外来工工资的影响作用是否显著。方程为：

$$Y1 = \beta_0 + \beta_1 X_1 + \beta_2 X_2 + \beta_3 X_3 + \varepsilon \qquad (7-1)$$

式（7-1）为外来工工资收入的基本模型。其中，β_0 指整个模型的截距，β_1、β_2、β_3 分别为人口学变量、劳动力市场变量和语言变量在模型中的系数值，ε 指残差。

2. 比较模型

模型 2 和模型 3 是采用 Kossoudji（1998）、Chiswick 和 Miller（2002）的研究范式，将高语言能力外来工与低语言能力外来工样本分开进行工资模型的回归分析，并比较其结果，分析各自变量对高语言能力外来工和低语言能力外来工工资模型的影响作用是否一致。方程为：

$$Y2 = \beta_0 + \beta_1 X_1 + \beta_2 X_2 + \varphi LVD + \varepsilon \qquad (7-2)$$

$$Y3 = \beta_0 + \beta_1 X_1 + \beta_2 X_2 + \varphi LVD + \varepsilon \qquad (7-3)$$

式（7-2）为高语言能力外来工工资模型；式（7-3）为低语言能力外来工工资模型。其中，β_0 指整个模型的截距，β_1、β_2、φ 分别为人口学变量、劳动力市场变量和语言口音差异在模型中的系数值，LVD 为语言口音差异，ε 指残差。

3. 交互作用模型

根据比较模型分析的结果，不仅存在部分因素在高语言能力者和低语言能力者工资模型中的影响作用不一致，而且模型中的因素对高语言能力者和低语言能力者工资模型影响作用基本存在不同程度的差异。那么这种差异是否显著，需要通过交互作用进行检验。国外的众多研究结果表明，语言能力除直接影响移民的工资收入外，同时还调节其他变量对移民工资的影响。第一，语言能力对移民工资的教育回报率的影响（Casale & Posel，2011）。Chiswick 和 Miller（2002）发现，英语能力高者的教育回报率显著高于英语语言能力低的移民（6.6% Vs 1.0%）。控制了教育获得变量，语言能力对收入的直接影响作用减小（Bleakley & Chin，2004）。第二，语言能力对不同职业的移民的影响。Kossoudji（1998）在研究中发现，语言能力在较好的职业阶层如教授、经理中的作用不显著，因为专家级的移民可能拥有所需要的独特的技术，雇主可以不关注其语言能力，而只注重其技术资本。对于不同的工作而言，语言能力高者在不同的工作中的工资相同，而语言能力低者在需要语言能力较强的工作中的收入会较低。第三，语言能力对不同聚居地移民的影响。这些结果表明，同一来源地语言密度高对语言能力高被试的收入具有较大负向作用，对语言能力低者的负向影响小于语言能力高者。也就是说，那些语言能力高者如果移居到语言密度低的区域工资提高的可能性更大。对于语言能力低者居住在语言密度高的地区语言的经济惩罚性弱；英语语言能力不好的群体，生活在聚居区可以获得较高的收入（Chiswick & Miller，2002）。第四，语言能力对不同民族移民工资的影响。Dustman 和 Fabbri（2003）使用英国 1994 年、1995 年的两个调查研究，发现英语语言获得、工作获得以及收入获得在非白人移民中存在很大不同，依种族而不同。种族对工作获得具有显著的正向预测作用，且英语语言能力缺乏会导致收入减少。Kossoudji（1988）对美国的西班牙移民和亚裔移民的研究发现，语言是移民获得本地人认同的标志，英语水平高能力就强。如果语言能力低，那么西班牙移民遭受的市场损失的代价要高于亚裔移民，如收入低、换工作机会少等，同时在任何职业中，语言能力缺乏对西班牙人的影响都大于亚洲人。语言能力越高，工资越高；语言能力对墨西哥人的影响大于中国人（Kim，2011）。第五，语言能力对不同居住时间移民工资的影响。英语语言能力高的移民居住时间长的优势表现为，每增加一年，收入增加 2%；而对于英语语言能力低的被试，这种效果更明显。

因此在上述文献的基础上，笔者在工资模型（基本模型）中分别引入语言能力与性别、语言能力与受教育年限、语言能力与工种、语言能力与企业规模、语言能力与工作环境同乡密度、语言能力与外出打工年限、语言能力与语言口音差异的交互作用。

模型 Y_X 为交互作用显著的工资模型测量值，即在基本工资模型中分别引入语言能力与性别、受教育年限、工种、企业规模、工作环境同乡密度、外出打工年限、口音差异等变量的交互作用，以探讨语言能力对工资模型的调节作用。具体的方程为：

$$Y_X = \beta_0 + \beta_1 X_1 + \beta_2 X_2 + \beta_3 X_3 + \gamma LA \times X + \varepsilon \qquad (7-4)$$

式（7-4）为语言能力与受教育年限等任一因素交互作用的工资模型。其中，β_0 指整个模型的截距，β_1、β_2、β_3 分别为人口学变量、劳动力市场变量和语言变量在模型中的系数值，LA 为语言能力，X 为任一变量，γ 为某一变量与语言能力的交互系数，ε 为残差。

如果在工资模型中某一变量与语言能力的交互作用不显著，则表明该变量对工资模型的影响作用不存在语言能力之间的显著差异。笔者在工资模型中引入交互作用的目的是探讨外来工语言能力对某一因素在工资模型中影响作用的调节功能。如果交互模型不显著，则表明语言能力对该因素在模型中的影响作用不具有显著的调节能力，所以笔者在模型的结果分析表中没有将交互作用不显著的模型列出。

所有的模型结果如表 7-3 所示，模型 1 为基本工资模型，模型 2 和模型 3 分别为高语言能力和低语言能力外来工工资模型，模型 4 和模型 5 分别为语言能力与其他变量的工资交互模型。

表 7-3　外来工工资收入的 OLS 模型①

	因变量：月工资自然对数（ln）				
	模型 1	模型 2	模型 3	模型 4	模型 5
人口学变量					
性别（女 =0）	0.242 *** (0.0136)	0.255 *** (0.0192)	0.228 *** (0.0178)	0.242 *** (0.0136)	0.243 *** (0.0136)
年龄	0.0294 *** (0.00589)	0.0397 *** (0.00837)	0.0126 (0.00770)	0.0289 *** (0.00589)	0.0294 *** (0.00589)
年龄平方	-0.000497 *** (0.00007)	-0.000632 *** (0.0001)	-0.000279 ** (0.0001)	-0.000491 *** (0.00007)	-0.000497 *** (0.00007)
受教育年限	0.0221 *** (0.00250)	0.0240 *** (0.00353)	0.0190 *** (0.00329)	0.0169 *** (0.00359)	0.0222 *** (0.00250)
劳动力市场变量					
外出打工年限	0.0223 *** (0.00323)	0.0222 *** (0.00449)	0.0229 *** (0.00449)	0.0224 *** (0.00323)	0.0224 *** (0.00323)
打工年限平方	-0.000564 *** (0.00011) (0.0219)	-0.000558 *** (0.00015) (0.0304)	-0.000592 *** (0.00017) (0.0296)	-0.000563 *** (0.00011) (0.0219)	-0.000568 *** (0.00011) (0.0219)

① 工资模型中引入的全部变量有：人口学变量，包括性别、年龄、年龄平方、婚姻状况、受教育年限、户口性质；劳动力市场变量，包括外出打工年限及其平方、工作环境同质性密度、企业性质、企业规模和工种；语言变量，包括语言口音差异和语言能力。鉴于模型中需要控制的变量较多，受篇幅限制，部分变量的结果未呈现在回归表中，但需要时会在分析与讨论中予以说明。如感兴趣，可向作者申请查阅。

续表

	因变量：月工资自然对数（ln）				
	模型 1	模型 2	模型 3	模型 4	模型 5
企业规模（100 人以下 = 0）					
100 ~ 999 人	0.0115 (0.0153)	0.0263 (0.0219)	− 0.00949 (0.0198)	0.0115 (0.0153)	− 0.0117 (0.0238)
1000 人及以上	0.0609 ** (0.0191)	0.0947 *** (0.0270)	0.0104 (0.0252)	0.0614 ** (0.0191)	0.00269 (0.0291)
工种（普工 = 0）					
服务工	− 0.0796 *** (0.0192)	− 0.0545 * (0.0272)	− 0.117 *** (0.0251)	− 0.0797 *** (0.0192)	− 0.0791 *** (0.0192)
一般管理者	0.137 *** (0.0180)	0.134 *** (0.0250)	0.141 *** (0.0244)	0.136 *** (0.0180)	0.138 *** (0.0180)
语言变量					
语言口音差异 （小 = 0）	0.0513 ** (0.0160)	0.0592 ** (0.0196)	0.0262 (0.0315)	0.0533 *** (0.0161)	0.0515 *** (0.0160)
语言能力 （低 = 0）	0.0207 (0.0139)			− 0.0634 (0.0444)	− 0.0181 (0.0234)
交互项					
语言能力 × 受教育年限				0.00854 * (0.00428)	
语言能力 × 企业规模1					0.0383 (0.0305)
语言能力 × 企业规模2					0.0948 *** (0.0358)
常数项	6.545 *** (0.107)	6.302 *** (0.150)	6.977 *** (0.142)	6.601 *** (0.111)	6.567 *** (0.108)
N	3671	2215	1456	3671	3671
R^2	0.222	0.215	0.261	0.223	0.224

注：括号内为标准误；$^* p < 0.1$，$^{**} p < 0.05$，$^{***} p < 0.01$。

如表 7 – 3 所示：模型 1 中控制人口学变量、劳动力市场变量的影响作用后，语言口音差异的主效应显著。具体表现为口音差异大者与口音差异小者相比，差异大者的工资显著高于语言差异小者。如第五章访谈研究所示：语言口音差异小者转化为流入地语言能力的人力资本时具有一定的优势，但这一优势在工资模型中未直接体现出来；语言口音差异小者更易获得当地人的身份认同，这种优势也未直接体现出来，造成这一现象的原因可能是外来工大多处于低端劳动力市场，身份认同在市场机制中的作用不显著。

模型1中控制其他变量后，语言能力高者工资回报率较高，但不显著，即语言能力的工资模型主效应不显著。这与国外研究（Grin & Sfreddo，1998；Grin & Vaillancourt，1997；Lindemann，2002）结果，即语言作为一种人力资本对工资具有积极作用不一致。移民移入国语言的人力资本作用已不适应我国城市劳动力市场的需要，新的语言能力越高，市场回报就越高。这一方面，由于我国城市外来工流入地语言能力与国外移民的流入地语言能力存在差异，国外移民的语言能力是双语能力，国内城市外来工的语言能力是双言能力。普通话的共同使用在某种程度上削弱了语言能力对劳动力市场的作用。另一方面，因为外来工作为一个整体被市场排斥，影响了语言能力的人力资本作用。

由表7-3得知，在基本模型（模型1）中，语言能力对外来工工资的影响虽然不显著，但具有正向作用。进一步分析比较外来工工资基本模型中的各自变量在高语言能力外来工和低语言能力外来工工资模型中的影响作用。模型2为高语言能力外来工的工资模型；模型3为低语言能力外来工工资模型。结果如下。

（1）在高语言能力者和低语言能力者工资模型中均显著的变量有：性别、受教育年限、外出打工年限、户口性质、工作环境同乡密度、工种。具体表现为：男性的工资水平均显著高于女性；受教育年限越高，外来工工资水平越高；外出打工年限越高，外来工工资水平越高，且呈倒"U"形曲线；户口性质为城镇的外来工工资显著高于户口性质为农村的外来工；工作环境同乡密度越高，外来工的工资收入越高，当高到一定程度时（30%以上，见变量设定章节），工资收入存在明显差异；工种在高语言能力者和低语言能力者工资模型中的作用均表现为服务工工资显著低于普工，而一般管理者工资均显著高于普工，语言能力对于服务工显得尤为重要。以上结果表明，性别、受教育年限、外出打工年限、户口性质、工作环境同乡密度、工种都是工资模型的强有力的变量，不管语言能力差异如何，这些变量的影响作用均是显著的。

（2）在高语言能力者工资模型中显著而在低语言能力者工资模型中不显著的变量有：年龄、企业规模、语言口音差异。具体表现为：在高语言能力者工资模型中年龄的影响作用符合 Mincer 方程（Mincer，1974），对应的峰值年龄为 33.1 岁（峰值 = $B_{年龄}/2 * B_{年龄^2}$），比外来工总体的工资模型的峰值年龄（30 岁）高；而低语言能力者工资模型中年龄的影响作用不再符合工资随年龄变化的规律。低语言能力外来工在劳动力市场中的适应能力较低，即使有年龄优势，也会因为语言的不适应只能从事对能力要求不高的低工资行业。高语言能力者相比于外来工总体而言，他们由于语言能力较强，人力资本的价值较高，当同年龄的外来工工资的最高水平开始下降时，他们的工资因语言能力较高仍处于上升阶段。外来工语言能力高者在大规模企业中工资收入较 100 人以下规模企业中外来工工资高，差异显著；而在语言能力低的外来工群体中，不同企业规模水平的工资收入没有显著差异，语言能力高者适宜在规模大的企业工作。高语言能力者，语言口音差异大的外来工的工资收入显著高于语言口音差异小者；而低语言能力者，语言口音差异大者与语言口音差异小者工资收入的差异不显著。这一结果说明，在市场条件下，劳动力市场中语言能力的人力资本作用超越了语言口音的符号认同作用，在高语言能力工资收入模型中体现出了语言能力的溢出效应。

（3）在低语言能力者工资模型中显著，而在高语言能力者工资模型中不显著的变量有：婚姻。语言能力高者工资模型中婚姻的影响作用不显著；而低语言能力者中未婚者的工资显著低于已婚者。配偶是重要的社会网络构成，这一结果说明，低语言能力者的工资模型相比于高语言能力者更依赖于重要的社会支持。因为他们的语言能力低，市场适应力低，配偶这一强关系有助于他们增加市场适应性。

（4）在低语言能力者和高语言能力者工资模型中均不显著的变量仅有企业性质。这一结果表明，城市外来工作为一个群体被排斥在劳动力市场之外，即使进入国有企业工作，他们通常也是合同工，无法享有企业的工资福利。

通过对高语言能力者和低语言能力者工资模型比较发现：大多数变量对这两个模型的影响作用是否显著存在一致性，但对于低语言能力者而言，工资与年龄的倒"U"形曲线作用不显著；大企业的工资优势效应不能体现；口音认同的优势效应在劳动力市场中也未能体现。同时还发现，低语言能力外来工更依赖于强关系网络的社会支持。通过模型 2 和模型 3 的比较还发现，各自变量对高、低语言能力外来工工资模型影响作用存在一定的差异，为进一步验证这些差异是否显著，进行各自变量与语言能力之间的交互作用模型分析[①]，结果如表 7 - 3 所示。

由模型 4 得知，受教育年限与语言能力的交互作用显著，表明受教育年限对外来工工资模型的影响作用在高、低语言能力者之间存在显著差异，对高语言能力者的影响作用显著大于对低语言能力者的影响作用。这一结果表明，受教育年限对工资收益的作用在高语言能力者中更大，即语言能力可以调节受教育年限的工资回报率，这与国外的研究结果一致（Casale & Posel，2011）。

由模型 5 得知，企业规模与语言能力的交互作用显著。将企业规模为 100～999 人与 100 人以下组相比较，企业规模在高语言能力者中的作用和低语言能力者中作用差异不显著；当将 1000 人及以上与 100 人以下组相比较时，高语言能力者工资高出 0.0974 个单位，低语言能力者工资高出 0.00269 个单位。企业规模对高语言能力者工资收入的影响作用更大，即语言能力调节企业规模对工资模型的作用，表现为语言能力越高，企业规模的作用越大。

工资收入是社会排斥体现的风向标。如何提高外来工的市场收益、减少贫困是外来工社会排斥研究的主要领域。人力资本的工资模型是经济学的基本模型（Mincer，1989），人力资本是工资收入的第一决定因素；对于移民来说，人力资本的积累与转化是社会融入的直接体现。因此，本章在传统工资模型的基础上引入语言变量，探讨语言对外来工社会排斥的影响作用，从而可以更好地了解外来工工资在劳动力市场作用机制下的决定因素，以减少贫困和社会排斥。

（三）语言口音差异影响外来工工资收入

根据社会认同理论，语言是群体身份的标志，持有同一种语言，更容易获得认同。国外的研究表明，容易获得当地人认同的移民，工资收入较高。在长三角和珠三角，外来工的方言是其身份的指示器，流出地语言与

———————————

[①] 表 7 - 3 中，对工资收入影响作用不显著的交互作用变量模型未列出。

流入地语言的差异越大，获得当地人语言符号认同的可能性越小。因此研究中原初的假设认为语言差异小，有利于工资收入。然而，研究的结果却显现出相反的效应，即语言口音差异小者的工资收入显著低于差异大者。分析其原因可能存在以下几方面：（1）语言差异小的外来工，大多来自同一城市或周边城市的底层社会。虽具有当地方言能力的优势，但同为打工一族，同样被边缘化，被歧视和排斥——有时甚至是多方面的，既来自当地人利益集团又来自那些获得成功的外来者。（2）语言口音差异小的外来工，语言的人力资本转化相对容易。但对于大多数语言口音相同的外来工而言，他们并没有进行语言转换的投入。在他们的意识中，自己所说的话就是当地方言，主观上也不去习得通用语言。因此，这种具有一定口音的当地方言，很容易被当地人识别而被标志为底层群体从而受歧视；如果在一些外地人当老板的企业就业，语言能力也会受限，工资回报低。（3）语言口音差异大的外来工一般离乡背井，流动的相对距离要远于语言口音差异小者，市场退出机制的成本高。总体上他们比语言口音差异小者更愿意干重活、累活，加班干活；而语言口音相异小者，既想区别于一般外来工身份，不愿干重活累活，也不愿加班干活，所以他们一般选择收入不高但相对轻松的工作。在市场中，语言符号的身份认同难起作用，表明外来工作为一个群体被分割在劳动力市场的次级地位，作为一个群体遭遇同样的社会排斥；同时也说明了外来工处于低端劳动力市场，主要靠出卖自己的劳动力为生，只有比别人出卖更多的劳动力才能获得更高的收入。

（四）语言能力影响外来工工资收入

根据人力资本理论，语言能力是重要的人力资本变量，国外研究表明，语言能力影响着移民的职业获得和工资收入（Grin & Sfreddo, 1998; Grin & Vaillancourt, 1997; Lindemann, 2002）。对于城市外来工来讲，自身的方言人力资本作用在城市生活中已不再适用，因而想要融入城市，不被城市社会排斥，外来工需要进行语言的调适，以适应新的劳动力市场的需要。新的语言能力越高，适应市场的人力资本越高，市场的回报就会越高。但本章研究结果表明，语言能力对工资的影响作用不显著，与传统人力资本工资模型以及国外关于移民的语言能力是移民劳动力市场的决定因素的研究结果不一致。存在这一现象的原因可能是：（1）国外移民的语言能力是双语能力，国内城市外来工的语言能力是双言能力。普通话的共同使用在某种程度上削弱了当地语言听说能力对劳动力市场的作用。（2）外来工群体同质性较高，受教育程度普遍较低，被边缘化，处于低端劳动力市场，这与国外移民总体上存在复杂性、多样性相区别，用工单位对外来工语言能力的要求通常处于最低限度，能够听懂不影响工作就行。（3）外来工群体是作为整体被排斥在高端劳动力市场之外的，即使具有较高语言能力资本，也不能获得相应的市场收益。

（五）劳动力市场变量与外来工工资收入的关系

根据劳动力市场分割理论，外来工的劳动力市场主要体现在以下方面。首先是企业性质，外来工大多数集中在私企、外企或私营个体等企业部门，很难进入国有部门，即使进入国有企业工作，他们通常也是合同工无法享有企业福利（范芝芬，2013）。随着市场经济的快速发展，国有、股份制、私有企业和其他合资企业都在追求利润最大化，谁能够为企业创造更多的价值，谁就会被雇用，所以不同所有制形式的企业都会招收外来工。模型分析的结果也表明，股份制企业、合资企业、外资企业和私营个体企业与国有集体企业的工资收入都不存在显著差异。当企业规模达到1000人及以上时，外来工的工资要显著高于在其他规模企业工作的外来工。其次是工种，外来工的职业通常集中在服务业和制造业等低端产业，普遍对职业技术要求不高，特别是服务业，职业技能要求较低，所以在市场经济体制下，市场回报也低。最后是同乡聚集，外来工大多数仍依赖于熟人网络，因此同乡关系是劳动力市场中重要的资本变量，它可以转化为经济收益。外来工流入陌生的城市，仍离不开因亲而信的"熟人"关系网络。这种传统的社会关系网络能够为他们提供重要的市场信息来源，甚至有助于技能的获得与转换。有研究者对美国的墨西哥移民的研究发现，社会资本直接或间接地影响着移民的工资。间接影响是指社会资本可以促进移民获得工作以及是否能在正规部门工作；直接影响是指具有移民经历的同乡或亲戚可以提高他们找到好工作的效率和成功率（Aguilera & Massey，2003）。同乡聚集是外来工的重要生活方式，他们通常聚集在城市一隅，相互支持，相互团结，也有助于外来工工资收入的提高（张春泥、谢宇，2013）。这种传统的强关系产生信任和互惠（Coleman，1990；Bian，1997；林南，2005），本章研究中得到的结果进一步验证了强关系在劳动力市场中的积极作用。

简而言之，在劳动力市场分割机制下，外来工处于低端劳动力市场，总体上不管在哪种企业工作，收入低是外来工群体的典型特征；同时，外来工所能依靠的力量大多仍来自熟人网络，这也有助于减少劳动力市场的社会排斥，获得较高的工资收入；再者，即使在低端劳动力市场，技术也是影响工资收益的主要因素，技术越高，工资越高。

（六）人口学变量与外来工工资收入的关系

1. 性别

回归模型的结果表明，外来工工资模型中，性别差异显著，且男性高于女性。在我国，外来工群体大多数处于低端劳动力市场，所从事的职业大多靠出卖自身的劳动力为主。马克思认为，工人的劳动力是唯一的生产资料，如果用劳动力作为资本投入，男性显然要比女性占优势，比如男性可以延长工作时间，女性则需要一定的家庭时间等；另外，传统文化中，男性通常是家庭经济的主体，家庭的经济支出水平通常依赖于男性的收入，女性的工资一般只作为家庭经济的一种补偿。因而男性的工资收入显著高于女性的工资收入，然而这只是一种社会文化现象，并不能说明两性之间的能力差异。

2. 年龄

年龄对工资收入的影响是呈现倒"U"形曲线，这与以往的研究是一致的。在劳动力转化过程中，总存在一个最大化阶段，这一最大化值在外来工群体中对应的年龄为30岁，正好就是外来工总体年龄的平均值，表明在过了平均年龄后，企业等其他雇工单位在招工时会有一个预期的劳动力与工资支出的等价关系。

3. 受教育年限

受教育年限是人力资本投入的最重要的指标，用人单位通常根据一个人的受教育程度划定工资标准，受教育年限越高，工资收入越高。在外来工群体中，虽然大多数人从事的是低端劳动力市场所提供的工作，整体受教育年限较低，但大多数用人单位还是比较注重教育在一个人身上的价值体现，通常通过工资反映出来。

4. 外出打工年限

外来工由于教育水平受限，职业所需要的通用人力资本投入相对较低，职业经历中的特定行业人力资本的积累显得尤为关键。这一积累，需要时间的保证，因此外出打工年限越长，资本积累越大，市场回报率越高。特定职业工作年限越长，工资收入越高，经验积累有助于人力资本的积累（Gary，1962；Parsons，1972；Dale，1978）。通过模型 2 和模型 3 的比较发现，低语言能力的外来工打工年限的回报率略高于高语言能力者，表明低语言能力者更依赖于特定经验能力的积累，从而获得较高的工资收入。

5. 户口性质

在我国城乡二元化的户籍体制下，外来工实现户口身份的转变主要有两种：一种是主动地"选择性"农转非，另一种是"政策补偿性"农转非。城市户口对于城镇出生的居民而言是一种先赋性身份，而对于那些出身农村的人来说，需要通过各种途径获得，如教育和政治身份（郑冰岛、吴晓刚，2013）。因此，城市外来工实现户口身份的转变主要是选择性农转非。本调查数据中，非农户口的 590 人中，外来工农转非的比例为52%，教育和政治资本的投入带来了经济资本回报，回归模型的结果表明，非农户口性质的外来工的工资高于农业户口外来工工资 10.5%。在现行的体制下，一些发达地区如上海、广州和北京更是实行一种区域户口，一般的"农转非"的机制已无法实现身份的转变，需要更为突出的资格才能实现身份的转变。因而，不管是哪种身份的转变，都有利于其被当地社会认可，从而获得更高的市场收益，工资水平较高，这一点在以往的研究中也得以证明（郑冰岛、吴晓刚，2013）。

简而言之，受教育年限等是影响工资收入的强有力因素，特别应引起注意的是，户口性质仍是影响收入的重要变量，说明我国户籍制度的歧视仍然存在。另外，人力资本的积累与外出打工时间有关，通过模型 1 可以看出，外出打工时间与工资关系也是呈现倒"U"形走势，峰值为 19 年，即一般外出打工者工资随打工年限的增长而增长。

四 高、低语言能力外来工工资收入影响因素的差异

国外许多研究不仅证实了语言能力影响工资收入，同时还表明，移入国语言能力影响其他人力资本的转换。这一结论，在本章研究中也得到了支持，体现在以下几方面。

（一）语言能力高者工资收入峰值年龄延长

外来工主要靠出卖自身的劳动力为生，年龄对其工资收入具有显著的

影响，且为倒"U"形。通过模型 2 和模型 3 的比较发现，语言能力高的外来工倒"U"形曲线的峰值年龄比总体延长了 3 年，语言能力高有助于推迟被市场贬值的开始年龄。

（二）语言能力高者工资收入的教育优势体现

通过模型 2 和模型 3 的比较分析发现语言能力高的外来工工资收入的教育回报率较高，且语言能力与教育的交互模型显著（见模型 4），表明语言能力调节着教育的工资收益。在同等的受教育水平下，语言能力高者比语言能力低者在劳动力市场中具有一定的优势，更容易获得用人单位青睐。语言能力高，可以帮助外来工实现市场准入，在获得工作的前提下，受教育程度越高，收入水平越高。而对于语言能力低的外来工，即使受教育水平相对较高，但由于语言能力低下，难以满足用人单位对语言能力的要求，只能处于"木桶效应"①的短板水平。如果连工作都难以获得，教育的优势效应就难以实现。

（三）工种不同、语言能力高低对工资收入的影响作用不同

语言能力在劳动力市场中常被雇主看作能力的体现，特别是在语言能力要求较高的工种中。通过模型 2 和模型 3 的比较分析发现，工种对外来工工资模型的作用因语言能力不同而不同，虽然都表现为服务工工资最低，一般管理者工资最高，且差异显著。但语言能力低的服务工工资收入的排斥性最高，这是因为服务工的语言接触程度最高，对语言的要求高。低语言能力不利于工作适应，市场提供的也只能是最低的工资水平；对于外来工自身来说，没有技术，也不具有语言适应，对自己的工资预期也低，所以必然是市场中最受排斥的群体。一个有趣的现象是，低语言能力管理者的工资最高，可能是因为，外来工群体中有一部分外来工通过奋斗，自己当了老板成了管理者。语言的优势地位不是绝对的，它总与一定的政治与经济地位相联系。外来工自己当了老板，所具有的自身方言就是一种优势，因此，即使其城市共同语语言能力低，但不影响其经济获得。甚至，为其工作的城市当地人，都会为适应市场需要而学习所属老板的地方方言。由此可见，语言能力所产生的社会排斥一般对处于低技术、低能

---

① 木桶效应是指一只木桶能装多少水，取决于它最短的那块板。

力的低端劳动力市场的外来工更易发生。

（四）低语言能力、口音差异较大者工资收入低

在市场经济作用机制下，控制语言能力的条件，口音差异较小外来工的工资优势效应并未体现，反而出现了口音差异较大者的工资较高的现象。语言符号认同在劳动力市场中不起作用，作为外来工群体口音差异较小者同样被排斥，甚至是双重排斥。另一个原因可能是口音差异较大者出卖的劳动力总量高于口音差异小者，所以工资较高。进一步通过模型 2 和模型 3 的比较发现：高语言能力口音差异较大者仍显示出了语言能力的溢出效应，工资较高；低语言能力口音差异小者的工资差异不显著。这说明，语言能力高者，相比于口音差异小的外来工而言，语言口音差异较大的外来工总体上综合能力较高，不论是学习能力还是教育资本的积累，因此，市场的回报率较高。而语言能力较低者，语言口音差异之间的工资水平不存在显著的差异，可能是因为语言能力低且语言口音差异较大的外来工受市场排斥程度更高。语言口音差异小者大多来自当地城市或周边城市，虽然工资不算高，但他们不愿意加班加点，找工作时也倾向于轻闲型，可以做就做，不可以做回家也能有吃有喝；而语言差异大的低语言能力外来工因语言能力的限制，无法找到体面、工资又高的工作，他们只能做别人最不愿做的工作，工资很低，所以只能靠多出卖劳动力以多挣得收入。这样表面上看，低语言能力外来工口音对工资的作用不显著，实际上与高语言能力外来工相比其工资是存在差距的，只是这种差距因为外来工多出卖劳动力而得到补偿。所以，低语言能力口音差异较大者的工资排斥程度最高。

（五）工作环境同乡密度高对低语言能力者的工资回报率高

国外有研究表明，语言能力低者在语言同质性密度较高区域工作，工资收入较高。本章研究的结果显示，工作环境同乡密度或语言同质性密度对高语言能力外来工和低语言能力外来工均具有积极的正向作用，且语言同质性密度高对语言能力低者的工资回报率略高一些，但差异不显著。产生这一现象的原因可以概括为以下几点：首先是我国传统的文化背景不同于国外，我国传统的熟人关系仍是外来工流动的重要网络资源，有助于工资收入的提高；其次，语言能力低者因自身的能力受限不能适应外部环境

的生存，更大程度上依赖于同乡聚集，也有助于工资收入的提高。

（六）语言能力高者在较大规模企业中工资优势显著

语言能力高者在较大规模企业中优势显著，工资较高，而在较小规模企业中优势不显著。这说明企业规模对外来工工资模型的作用因语言能力不同而不同，且语言能力与企业规模的交互作用显著（见模型5），表明企业规模对外来工工资模型的作用受语言能力的影响显著，语言能力高，企业规模大工资高的效应才能显示出来。换句话说，语言能力高者，适合在大企业工作。

简而言之，语言是外来工工资收入的重要影响因素。在市场经济体制下，语言能力对工资收益总体上作用不显著，但相对于语言能力高者，语言能力低的外来工教育的工资回报率较低。语言能力低对语言能力要求较高工种外来工的工资的不利影响更大；语言能力低更倾向于依赖熟人网络的社会支持，对工作环境同乡密度的依赖；语言能力低者口音差异大者工资排斥程度高；语言能力低者被市场淘汰的年龄提前；等等。因此，语言能力低的外来工更易在劳动力市场中被排斥。

五 语言能力影响外来工工资收入的解释

工资收入是社会排斥的风向标。如何提高外来工的市场收益，减少贫困是外来工社会排斥研究的主要领域。人力资本的工资模型是经济学的基本模型（Mincer，1974），人力资本是工资收入的第一决定因素；对于移民来说，人力资本的积累与转化是社会融入的直接体现。因此，本章研究在传统工资模型的基础上引入语言变量，探讨语言对外来工社会排斥的影响作用，从而可以更好地理解外来工工资在劳动力市场作用机制下的决定因素。根据研究结果，从以下两方面分析语言对工资模型的作用机制。

（一）语言能力作用于工资收入模型的市场导向机制

语言能力作为人力资本被引入外来工工资模型中进行分析，结果表明，语言能力的主效应作用不显著。这一结果可能是由我国外来工劳动力市场的特殊性决定的。国外研究表明，流入地语言能力有助于劳动力市场的机会和收入的获得，但是国外的移民情况复杂多元，移民群体内部之间的差异也较大,所以他们的劳动力市场涉及的情况也相对复杂。而国内城市外来工相比于国外移民背景而言,相对简单,同质性较高。我国劳动力市场的二元分割,使得大多数外来工群体处于劳动力市场的底层,工资水平普遍较低。因此,语言能力在工资模型中的主效应不显著,即总体而言,工资模型中语言能力的人力资本作用不显著。在访谈中,访谈者也表明会不会讲上海话对工资的影响不大,因为市场需求更多的是低端劳动力者。

通过模型2和模型3的比较,研究还发现,年龄、企业规模对工资模型的积极作用只体现在高语言能力者模型中,语言能力高者可以延长被市场淘汰的年龄。语言能力低对工资模型的作用不再符合工资曲线规律,表明语言能力低者即使是在劳动力市场生命周期的高峰期,也可能因为语言能力较低不能胜任工作,因此,工资收入较低。企业规模越大,工资越高,但是由于语言能力较低,外来工在规模较大企业和较小企业中的工资差异不显著。而高语言能力者,更适合在较大企业中工作,工资回报率较高。进一步的交互作用还表明,语言能力对企业规模在工资模型中的影响具有调节作用,即企业规模对外来工工资的影响依赖于语言能力,对高语言能力外来工工资的影响作用显著大于对低语言能力外来工工资的影响作用。通过模型2和模型3的比较发现,低语言能力外来工群体中的服务工工资收入显著低于普工($p<0.01$),而高语言能力外来工群体中的服务工工资收入与普工收入差异在0.05水平上显著,表明和高语言能力服务工相比,低语言能力服务工不适应劳动力市场对语言这一人力资本的要求,工资较低,受劳动力市场剥夺的程度更大。

语言能力作用于工资模型的市场导向机制还体现在语言的口音差异对工资模型的作用。模型1中控制了人口学变量、劳动力市场变量以及语言能力变量的影响作用后,与口音差异小者相比,口音差异大者的工资更高。出现这一结果用市场导向的机制解释,可能源于两方面。第一,语言口音差异小者也是作为外来工群体服务于次级劳动力市场。因此,语言的符号认同作用在劳动力市场中较弱,甚至出现双重排斥,即在老板是外来工的企业中,他们又会成为老板所认为的外来者而受排斥。第二,语言口音差异小者大多来自当地郊县或周边城市,虽然同为务工人员,但他们倾向于自我向上趋同的认同,即把自己更倾向于认同为当地人。因此他们不愿意加班加点,找工作时也倾向于轻闲型,可以做就做,即使不做,流动的成本损耗也较小。进一步比较模型 2 和模型 3 发现，这种效应只发生在高语言能力者模型中。高语言能力者与低语言能力者相比，市场适应能力强，即使来源地语言与当地语言口音差异明显，也表现出了劳动力市场对语言能力这一人力资本的认可，出现了语言能力工资回报的溢出效应。因此，市场导向机制中的工资收益首先与次级劳动力市场有关，其次与劳动力付出呈正相关。

（二）语言能力作用于工资收入模型的认知归因机制

Kossoudji（1988）在研究中指出，人们通常会通过移民流入地语言能力来评估移民的其他能力。在研究中通常通过语言能力对教育的劳动力市场回报的影响作用来体现。语言能力高者，教育的工资回报率高（Chiswick & Miller，2002）。语言能力高，通常作为接受高等教育的标志，所以语言能力不好，教育的优势无法体现（Casale & Posel，2011），工资回报率就低。本章研究的结果也支持了这一结论，外来工的语言能力影响了受教育程度对工资模型的作用机制。低语言能力外来工，受教育年限的回报率低于高语言能力外来工，且差异显著。也就是说，受教育年限的工资收益作用因语言能力不同而不同，即语言能力可以调节受教育年限的工资回报率。

外来工语言能力主要来自两个方面，一是教育过程的积累，二是新语言的习得。语言能力高，通常被认为教育资本的积累就高，只有提高语言能力，教育的优势才会显现；同时语言能力高，也表明一个人的学习能力强。外来工的方言不适应城市生活，所以不得不学习新的语言，不管哪种语言的获得都需要具有一定的学习能力。这是一个学习型社会，技术手段不断更新，信息发展日新月异。用人单位认为被雇佣者具有较高的学习能力，才能更胜任信息化、市场化需求。因此，高语言能力在人的认知加工中被看成是一个人能力强的外在标志，能力越强，语言能力越高。语言能力低，其他能力很难得到认可，在市场中更容易受排斥。

（三）本章小结

语言影响外来工工资收入的结果有以下几点。其一，语言能力的主效应作用。外来工工资收入基本模型中，语言能力对外来工工资影响表现为积极的作用，但不显著。其二，语言口音差异的主效应作用。外来工工资收入基本模型中，语言口音差异对工资的影响作用显著，语言口音差异大者工资收入高。其三，在高语言能力者和低语言能力者工资模型比较中，年龄、企业规模、语言口音差异，均表现为在高语言能力者中发挥显著作用，而婚姻对低语言能力者的作用更显著。其四，交互作用模型显示，语言能力在受教育程度和企业性质上对工资模型的影响具有显著的调节作用，受教育程度和企业性质对语言能力高者的工资模型的影响作用较大。语言能力对外来工工资的调节作用表现在，语言能力影响了具有累积效应的变量等对外来工工资模型的作用。

工资收入是外来工参与劳动力市场的直接结果，作为流动人口，外来工在市场竞争机制中处于不利地位。从经济较为落后的区域流入经济发展程度较高的城市，出现了流动前后语言、社会生活和劳动技能的断裂。如果要适应新的城市发展的需要，外来工必须习得新的技能或实现原有技能向新技能的转化，实现经济融合。这一过程的实现受外来工自身诸多因素的影响，最终会体现到劳动力市场中来，影响他们的工资收入。

总之，语言不仅是一种用于日常交流的工具，这种交流还具有大量的经济价值，外来工流入存在语言差异的城市生活，会使得其最初所具有的语言价值打折扣，对劳动力市场中的工作机会、职业选择和工资获得都会产生不利的影响。因此，外来工要适应新的市场竞争需要，提高适应市场需要的语言能力尤为重要。

第八章

语言与外来工社会
关系排斥

社会交往是社会关系排斥的主要测量维度之一。在社会心理学中，社会排斥通常也被定义为社会或人际互动中的排斥与拒绝等（杜建政、夏冰丽，2008）。语言是社会交往的工具，也是群体认同的符号表征。交往中的认同主要体现在语言能力和语言口音方面，不具有主流社会的语言能力，交往过程的理解难以实现，不具有主流社会的口音，交往过程中外来者的身份暴露无遗。然而马克思所言"交往的任何扩大都会消灭地域性共产主义"（马克思、恩格斯，1995）。这一论断充分表明了交往可以突破封闭，从而建立新的共同体。移民可以通过语言建构新的群体认同，建立新的亲密关系。

一　问题提出与研究假设

（一）问题提出

外来工流入城市从某种意义上讲只是实现了空间的流动，并未真正实现农民向市民身份的转变。王春光（2001）在研究中指出，农村流动人口在劳动力市场中的技能和工资收入，以及生活方式和生活习惯都不能马上适应和融合于城市生活。外来工劳动技能和收入的不适应体现在劳动力市场中，生活方式和生活习惯的不适应体现在与当地人的社会交往中。当原有的生活环境、社会网络断裂，容易出现生活方式和人际交往中的不适应，新的社会认同难以形成。而市民对外来工的印象多以消极负面形象为主，如不讲卫生、喜欢滋事、违法犯罪等。在一项研究中（刘林平，2008），被调查者中只有32.4%经常与外来工交往，而仍然有5.3%的人从不与外来工交往，其他很少或偶尔与外来工有交往。从这一比例中可以看出在外来人口普遍分布的大街小道，这部分人从来不与外来工交往或偶尔与外来工交往可能是一种故意保持距离、刻意的疏远行为。这种刻意而为的疏远就体现为一种排斥与歧视。

语言是人类行为的基础，有了语言，人们之间的社会交往得以实现。在交往行动中，行动者通过语言实现相互理解，从而有效合作，实现一定的社会目的。哈贝马斯指出，语言是行动主体内部心理活动的外部表现，只有通过普遍接受的语言进行交流，人们之间的交往才能顺利进行。当一种语言活动使人们接受什么事物，我们就理解了这种语言活动（哈贝马斯，1994；Lazear，1995）。国外的研究表明，主流社会的语言影响移民的社会交往体现在两个方面。一方面是语言能力（Carley，1991；Rubenfeld，Clement，Lussier，Lebrum & Auger，2006；White & Li，1991），一个人流入地语言能力越强，在社会交往过程中越能够顺利地与当地社会形成共同的理解，从而减少交往中的困难与排斥。另一方面是语言的身份表征，国外的研究表明，口音是识别外群体强有力的线索，标志着他们的来源地、群体身份等。说话者经常因为他们的口音而被否定对待（Gluszek & Dovidio，2010；Derwing & Munro，2009），甚至被歧视（Biernat & Dovidio，2000），口音是社会排斥的试金石（Lippi-Green，1997），一个人说话的方式包括口音，具有重要的社会性，构成了说话者社会认同的重要方面以及传达着大量的社会信息（Edwards，1999；Cargile，Giles，Ryan & Bradac，1994；Ryan，1983；Ryan & Carranza，1975；Giles & Johnson，1981）。在Derwing（2003）的一项研究中：1/3 的被试报告了因为口音而受到歧视；超过50%的被试报告发音在他们的交流中存在问题，但说不出明确的问题所在；而被试中的大多数认为如果英语发音更地道，就会受到尊重。当地人对具有口音的移民通常具有一定的刻板印象和偏见，认为听上去让人感觉不愉快，以及认为具有口音者能力低、表达差、社会地位低下等（Bresnahan，Ohashi，Nebashi，Liu & Shearman，2002；Lindemann，2003；Mulac，Hanley & Prigge，1974）。这些都说明了移民掌握流入国语言的重要性以及外来者因身份的弱势地位在语言交流中被识别，使当地人产生消极的态度认同。

根据韩礼德（Halliday，1978）语言理论中方言和语域的社会功能，社会交往过程中语言的使用选择通常基于两方面：习惯怎么说和在跟谁说。习惯怎么说一般是指说话者自身方言的使用，而在跟谁说一般是指交往的语言环境。语言是一种社会现象、一种社会事实，反映社会存在。外来工从农村流入城市，由于自身的方言体系与不发达的经济、政治和文化发展水平相联系，从而在社会交往中处于次级地位。"习惯怎么说"，已不能完成社会交往过程中的信息通达和情感理解。因而，为了社会交往的顺利进行，外来工需要根据"在跟谁说"来调整他们的语言。我国方言体系复杂，不是每种语言都具有同等的地位，当外来工一直以来所继承的乡土方言处于社会交往的次级地位时，他们不得不根据社会事实赋予的信息来选择有利于社会交往得以进行的语言。因此，本章旨在通过研究外来工语言与社会交往的关系，回答两个问题：外来工社会交往的基本现状；语言在外来工社会交往中的作用。

（二）研究假设

社会交往可以理解为两个部分：社会交际（social communication）和社会互动（social interaction）。社会交际是指能够被别人理解且理解别人所交流的，同时用一种别人能够理解的方法表达自己的思想和情感，主要是指人与人之间的信息与思想的共享以及对社会的作用，比交流更具有政治性和社会性（Wikipedia，2013）。研究者（Olswang，2013）提出社会交际能力的模型，该模型包括行为、认知、语言能力和执行功能，四者之间的关系最终决定了社会交际的效果，语言能力是社会交际能力的重要组成部分。

社会互动是社会学关注的重要课题，是指日常生活中人与人之间的行为活动。米德在行为主义基础上提出了符号互动论。加芬克尔、戈夫曼等互动论社会学家都强调日常生活世界中的互动脚本。互动的本质是符号表征，语言符号是社会互动的重要基础。在社会交际过程中，语言更多地作为一种交流工具，作为社会交往的媒介传递信息；而社会互动中语言更多地作为一种情感表达，引起互动双方对互动脚本的理解与情感反应。

城市外来工社会交往影响因素的研究更多集中在外来工社会网络、社会支持对社会交往的影响（王毅杰、童星，2004；曹子玮，2003；李培林，1996；李树苗、任义科、费尔德曼、杨绪松，2006；田北海、耿宇瀚2013；叶鹏飞，2012），这些研究结果表明，外来工社会网络的特点呈现以内卷化为主，逐渐开始向网络的外延性拓展，呈现一种非情感性社会支持的工具性交往。有研究从外来工的个体特征，如性别、年龄、受教育年限、交往态度和信任水平等方面研究外来工的社会交往（胡荣、胡康，2007；张云武，2009；王桂新、武俊奎，2011；刘林平，2008）。然而，任何社会交往都离不开语言这一重要的交往媒介。外来工城市生活中的语言交往不利是否会影响他们与城市居民社会交往关系的建立，从而在交往中遭遇困难？据此，笔者在模型中控制了已有研究中关于外来工社会交往的影响因素，来探讨语言变量对外来工社会交往关系的影响机制。

人与人之间的交往过程是一种社会互动，建立在互通信息无障碍的基础之上。在交往过程中，如果存在语言问题，不容易实现信息通达，相互理解困难，就会不利于整个交往过程的顺利进行。语言能力低不利于外来工在社会接触过程中的信息交流与情感表达，不能够顺利地在交往过程中形成共同的理解，从而不利于人际互动。因此，形成假设 8.1。

假设 8.1：与语言能力高者相比，语言能力低的外来工与当地人社会交往存在困难的可能性大。

外来工作为弱势群体流入城市社会，这一身份被"污名化"。语言除了作为交流的工具，也是群体身份的表征，外来工的语言口音是他群身份的指示器。持有口音者被城市居民排斥在"我群"身份之外，在交往过程中会产生偏见甚至排斥等，这些负性情感表达不利于外来工的社会交往。"现时的广东人，尤其是珠江三角洲粤方言区人民，对其方言流露出异于以前的超常的语言忠诚感。一般而言，母语忠诚是正常现象，但在今日相当多人士身上，这种忠诚被不适当地放大，导致对粤方言的过度忠诚，以语言示差显示身份差异，以身份差异来加强语言示差。"（张振江，2001）因此，形成假设 8.2。

假设 8.2：控制语言能力和其他因素后，语言口音差异大者与当地人社会交往存在困难的可能性较大。

二 资料来源与变量设定

（一）资料来源

本章数据来源与第六、第七章相同。数据来源于教育部哲学社会科学研究重大课题攻关项目"农民工权益保护理论与实践研究"课题组 2010年对长三角和珠三角外来务工人员的调查数据[①]。本次调查以两地城市外来人口的比例作为样本分配依据，共发放问卷 4254 份，有效问卷 4152 份，有效回收率 97.6%。

---

① 长三角包括上海、南京、苏州、无锡、常州、南通、杭州、宁波、嘉兴和绍兴，珠三角包括广州、深圳、珠海、佛山、肇庆、东莞、惠州、中山和江门。

（二）变量设定

1. 因变量

研究中通过询问"在与本地人交往过程中是否存在困难？"来了解外来工社会交往的情况。选择"否"，赋值为0；选择"是"，赋值为1。

2. 解释变量

（1）语言口音差异。根据外来工来源地与流入地语言是否同属于某一语言划分区①，分为两种水平：差异小和差异大。差异小，赋值为0；差异大，赋值为1。

（2）语言能力。语言能力是根据国外的研究文献（Chiswick & Miller，1990、1995、2005；Dustmann 和 Van Soest，2001）和调查数据测量语言变量的，设置"在与当地人交往中是否存在语言问题"，如果存在语言问题，即为语言能力较低者，如果不存在语言问题，即为语言能力较高者。同时，对语言能力低者赋值为0，语言能力高者赋值为1。

3. 控制变量

（1）人口学变量。包括性别、是否"80后"、婚姻状况、老家行政区域、打工城市经济水平。具体如下。性别：①女；②男。选择"女"赋值为0；"男"赋值为1。是否"80后"：将1980年1月1日及之后出生的人界定为"80后"，赋值为0；1980年1月1日之前出生的人界定为"非80后"，赋值为1。婚姻状况：询问"您的婚姻状况：①未婚；②丧偶；③离异；④已婚。"将"已婚"赋值为0，"未婚"赋值为1，"离异"和"丧偶"合并，赋值为2，分别以二分哑变量表示。老家行政区域：询问"您老家（居住地）在什么行政区域：①市区（地级以上）；②郊区；③县城；④镇；⑤农村"，研究中，将"市区"和"县城"合并，归为"市县"，赋值为1，将"郊区"、"镇"和"村"合并，归为"村镇"，赋值为0。打工城市经济水平：根据所调查的长三角、珠三角的19个城市，依照

---

① 现代我国语言学者区分不同汉语方言的较常用的方式是，基于各地方言都是汉语历史发展的产物的前提，联系古音在现代汉语各地方言发展演变中的情况，通过古今语音比较的方式来区分不同的方言……从早年赵元任先生对汉语方言的分区开始，历来语言学家大多结合汉语音韵的历史演变，以汉语方言声、韵、调的现代表现为主要依据来对方言进行分区。因此，方言语音的差异是不同方言区语言的主要差异。反之，我们可以用语言的地区差异来表明方言之间语音的差异（詹伯慧、邵敬敏，2005）。

《长三角城市可持续发展状况的实证分析》[①] 以及《"长三角"与"珠三角"21 市经济发展水平比较分析》[②]，将调查中的 19 个城市分为经济发展水平高的城市和经济发展水平低的城市，经济发展水平低的城市赋值为 0，包括珠三角的佛山、肇庆、惠州、江门，长三角的常州、南通、嘉兴和绍兴；经济发展水平高的城市，赋值为 1，包括珠三角的广州、深圳、珠海、东莞和中山，长三角的上海、南京、苏州、无锡、杭州和宁波。

（2）社会网络变量。包括与当地人有无交往机会、朋友是否有当地人、朋友是否有老乡、和谁居住。具体如下。与当地人有无交往机会：外来工作为流入城市的陌生群体，与当地人有交往机会，更容易建构与当地人的社会网络，新的社会网络的建立可以有助于相互了解，从而减少社会排斥。因此，问卷中通过设置问题"与当地人是否有交往机会？①无；②有"，来测定"与当地人有无交往机会"。选择"无"，赋值为 0；选择"有"，赋值为 1。朋友是否有老乡和朋友是否有当地人：在调查问卷中设置"请您列出三位最好朋友的情况以及与您的关系"，关系可以多选。关系类型有：同学、老乡、工友、主管、企业负责人、政府人员、企业家、当地人、其他。对这一问题进行分类：在所列举的三个好朋友中，一次都没有选择"老乡"的，则赋值为 0；只要有一次选择有"老乡"，那么研究中就将其设定为"朋友中有老乡"，赋值为 1。一次都没选"当地人"的，赋值为 0；只要有一次选择有"当地人"，那么研究中就将其设定为"朋友有当地人"，赋值为 1。和谁居住：在调查问卷中通过设置"您现在和谁居住在一起（可多选）：①配偶；②父母；③子女；④恋人；⑤亲戚；⑥老乡；⑦朋友；⑧工友；⑨不相识的人；⑩其他"，将被调查的居住对象根据关系的亲密程度分为：选择"①②③④⑤⑥⑦"即为和熟人居住以及选择"⑧⑨⑩"即为和陌生人居住。将"与陌生人居住"赋值为 0，"和熟人居住"赋值为 1。

[①] 从人均 GDP 来看，长三角 16 个城市的经济发展水平，上海、苏州、杭州、南京、无锡和宁波排在前六位，这些城市也是中国现代化水平最高的地区（张广毅，2006）。

[②] 根据 2004 年、2005 年《长江和珠江三角洲及港澳特别行政区统计年鉴》，以及长江和珠江三角洲 21 市（比本调查多了扬州市和泰州市）2004 年、2005 年统计年鉴的数据，通过 AHP 方法计算了包括人均 GDP、第二产业增加值及第三产业产值占 GDP 的比重的总体的经济发展指标值，结果发现深圳和上海为第一类地区（指标值大于等于 1），广州、东莞、苏州三市为第二类地区（指标值大于 0.7），珠海、无锡、杭州、中山、宁波、南京为第三类地区（指标值大于 0.6），其他为第四类区域（指标值小于 0.6）（郑畅，2008）。

三　外来工社会交往现状与分析

（一）外来工社会交往基本现状

本部分主要对各自变量的水平及其结果进行简要说明，并分析比较无交往困难与有交往困难人群的组间差异。

表 8-1　变量赋值及外来工社会交往基本现状描述统计

单位：人，%

分类变量	变量水平及赋值	频数	无交往困难者	有交往困难者
人口学变量				
性别	女 = 0	1896	35.18	64.82
	男 = 1	2247	35.69	64.31
是否"80后"	是 = 0	2379	33.42	66.58
	否 = 1	1764	38.21	61.79
婚姻状况	已婚 = 0	2394	36.68	63.32
	未婚 = 1	1692	34.10	65.90
	离异或丧偶 = 2	56	25.00	75.00
老家行政区域	村镇 = 0	3748	34.90	65.10
	市县 = 1	395	40.76	59.24
打工城市经济水平	低 = 0	858	43.47	56.53
	高 = 1	3185	32.43	67.57
社会网络变量				
与当地人有无交往机会	无 = 0	468	0.85	99.15
	有 = 1	3675	39.86	60.14
朋友是否有当地人	无 = 0	2577	35.70	64.30
	有 = 1	266	50.75	49.25
朋友是否有老乡	无 = 0	1363	39.91	60.09
	有 = 1	1824	32.40	67.60
和谁居住	0 = 陌生人	1500	37.07	62.93
	1 = 熟人	2643	34.54	65.46
语言变量				
语言口音差异	小 = 0	986	54.06	45.94
	大 = 1	3000	29.17	70.83
语言能力	低 = 0	1631	0.67	99.33
	高 = 1	2512	58.04	41.96
总　体		4143	35.46	64.54

　　从表8-1中可以看出，不管是男性还是女性，有交往困难者所占百分比均大于无交往困难者，也就是说，60%以上的外来工存在社会交往困难，但两性之间交往困难者的比例几乎无差异。"80后"外来工与"80前"外来工相比，存在社会交往困难者所占的百分比较大。已婚者中存在社会交往困难者比其他两类婚姻状态所占的百分比要小，离异或丧偶者中存在社会交往困难的比例最高。老家行政区域为村镇者存在交往困难的比例高于老家行政区域为市县者。在经济发展程度较高的城市中存在交往困难者的百分比高出经济发展程度较低的城市约11个百分点。

　　社会网络变量，如与当地人有无交往机会、朋友是否有当地人、朋友是否有老乡、和谁居住等存在交往困难者所占百分比差异较大。具体表现为无交往机会者普遍认为存在交往困难，占比达99.15%，远高于平均水平64.54%。这说明没有交往机会是存在交往困难的重要影响因素。朋友有当地人，可以打破群体区隔，促进与当地人的社会交往，因而朋友有当地人社会交往困难者的百分比低于总体水平超过15个百分点，而朋友无当地人的交往困难者的比例与总体比例几乎无差异。朋友有老乡者，相对于那些朋友无老乡的社会交往的内卷化更为明显，交往困难者所占的百分比更高，高于总体平均值超过3个百分点，而朋友无老乡的社会交往困难者的百分比低于总体水平超过4个百分点。和熟人居住者，其社会交往对象内卷化影响其与当地人的社会交往活动，因而存在交往困难者的百分比高于总体平均值近1个百分点，与陌生人居住可以促进其与当地人的社会交往，因而存在交往困难者的百分比低于总体水平约2个百分点。语言口音差异小者存在社会交往困难者的百分比为45.94%，而口音差异大者社会交往困难者的百分比达70%以上，说明语言口音影响外来工的社会交往。语言能力越高越有利于在与当地人交往过程中的相互理解，所以语言能力低者在交往过程中基本存在交往困难，高达99.33%，而语言能力高者存在交往困难占的百分比只有41.96%，低于平均水平超过20个百分点。

表8-2　不同交往困难外来工群体连续型自变量描述统计

自变量	总体 M（SD）	无交往困难 M（SD）	有交往困难 M（SD）
受教育年限（年）	10.016（3.119）	10.212（3.134）	9.909（3.105）
月工资（元）	2006.361（1259.94）	2129.092（1496.033）	1939.002（1103.738）
外出打工年限（年）	7.7610（6.483）	8.5246（6.970）	7.3416（6.160）

注：M 为均值，SD 为标准差。

表8-2显示，外来工平均受教育年限为10.016年，无交往困难者受教育年限略高于平均水平约0.2年，而有交往困难者受教育年限比平均水平低约0.1年。有交往困难者的月工资较无交往困难者的月工资低近200元；有交往困难者外出打工年限低于无交往困难者1年多。这些都说明，受教育年限、月工资和外出打工年限对外来工的社会交往可能存在积极的影响。但表8-1、表8-2中的这些变量对外来工的社会交往是否存在显著影响难以通过描述统计做出准确判断，为此需要进一步对社会交往的影响因素进行推断统计分析，建构回归模型。

（二）外来工社会交往影响因素统计分析

以外来工社会交往是否存在困难（存在困难者，赋值为1；不存在困难者，赋值为0）作为因变量。这是一个二分类别变量，采用logit模型。因此建立嵌套模型来考察语言变量对外来工社会交往的影响机制，方程依次如下。

方程1：$\text{logit}(Y) = \alpha_0 + \beta Z + \varepsilon$　　　　　　　　（8-1）

其中Y为交往困难，α_0为方程的截距，β为模型中控制变量的回归系数，ε为残差。

方程2：$\text{logit}(Y) = \alpha_0 + \beta Z + \alpha_1 x_1 + \varepsilon$　　　　　　（8-2）

其中Y为交往困难，α_1为语言口音差异的回归系数，β为模型中控制变量的回归系数，ε为残差。

方程3：$\text{logit}(Y) = \alpha_0 + \beta Z + \alpha_1 x_1 + \alpha_2 x_2 + \varepsilon$　　　（8-3）

其中Y为交往困难，α_1为语言口音差异的回归系数，α_2为语言能力大小的回归系数，β为模型中控制变量的回归系数，ε为残差。

具体结果见表8-3：模型1为基本模型，模型2为在模型1基础上引入语言口音差异的模型，模型3为在模型2基础上引入语言能力的模型。

在模型1中，其他变量不变时，人口学变量中，性别在0.1水平上存在显著差异。具体表现为男性存在交往困难的可能性比女性高18.0个百分点；"80后"外来工存在交往困难的可能性显著高于"80前"的外来工，高约34个百分点，这一作用在所有模型中均显著。有研究表明，新生代（"80后"）农民工身处农村人、外来人、年轻人三重弱势境地，成为中国目前最脆弱的群体之一。外来工月工资越高，存在社会交往困难的可能性越小，且差异显著。外来工在经济发展水平较高的城市打工与经济发展水平

表 8 - 3　外来工社会交往的 logit 模型①

	因变量：交往困难（0 = 无）		
	模型 1	模型 2	模型 3
人口学变量			
性别（女 = 0）	0. 166 * (0. 0920)	0. 120 (0. 0949)	0. 0926 (0. 118)
是否"80 后"（否 = 0）	0. 298 ** (0. 126)	0. 329 ** (0. 129)	0. 559 *** (0. 169)
月工资	- 0. 000096 ** (0. 0000386)	- 0. 00011 *** (0. 0000408)	- 0. 00011 *** (0. 0000406)
打工城市经济水平（低 = 0）	0. 249 ** (0. 101)	0. 211 ** (0. 105)	0. 155 (0. 132)
外出打工年限	- 0. 0251 *** (0. 00886)	- 0. 0134 (0. 00919)	0. 000302 (0. 0121)
社会网络变量			
与当地人有无交往机会（否 = 0）	- 4. 418 *** (0. 712)	- 4. 452 *** (0. 713)	- 5. 031 *** (0. 715)
朋友是否有老乡（否 = 0）	0. 231 *** (0. 0864)	0. 160 * (0. 0891)	0. 200 * (0. 113)
朋友是否有当地人（否 = 0）	- 0. 347 ** (0. 150)	- 0. 318 ** (0. 155)	- 0. 258 (0. 199)
和谁居住（陌生人 = 0）	0. 268 *** (0. 0977)	0. 216 ** (0. 101)	0. 235 * (0. 127)
语言变量			
语言口音差异（小 = 0）		1. 114 *** (0. 0992)	0. 288 ** (0. 119)
语言能力（低 = 0）			- 5. 354 *** (0. 366)
常数项	4. 725 *** (0. 744)	3. 908 *** (0. 750)	9. 210 *** (0. 859)
N	2605	2605	2605
Pseudo R^2	0. 0862	0. 1243	0. 4407

注：括号内为标准误，* $p < 0.1$，** $p < 0.05$，*** $p < 0.01$。

---

①　模型中人口学控制变量——受教育年限、婚姻状况、老家行政区域对外来工社会交往的影响非主要讨论变量，且在所有模型中影响不显著，因此受篇幅限制，未将这三个变量的结果呈现在回归表中，但会对结果进行分析和讨论。如感兴趣，可向作者申请查阅。

较低城市相比，存在社会交往困难的可能性大约高出 28 个百分点。外来工打工年限越长，社会交往困难的可能性越小，表现为打工年限每增加一年，交往困难的可能性就降低 3 个百分点（$1 - e^{-0.0251}$）。有交往机会者交往困难的可能性比无交往机会者低 98 个百分点（$1 - e^{-4.418}$）。朋友有老乡，存在交往困难的可能性比朋友无老乡高约 26 个百分点（$e^{0.231} - 1$）。朋友有当地人，存在交往困难的可能性比朋友无当地人低 30 个百分点（$1 - e^{-0.347}$）。

模型 2 在控制变量模型中引入语言口音差异变量后，模型 2 的 R^2 增加 3.81%，表明语言口音差异变量的引入使方程的解释率增加了近 4 个百分点。语言口音差异大者存在社会交往困难的可能性是语言口音差异小者的近 3 倍（$e^{1.114}$），$p < 0.01$。语言口音差异越大，在社会交往中越容易遭受排斥。

模型 3 是在模型 2 的基础上引入语言能力变量，R^2 增加了 31.64%，即引入语言能力变量后，方程的解释率增加了近 32 个百分点，由此可见，语言能力对外来工社会交往的影响作用大于语言口音差异。具体结果为，语言能力低者更容易出现交往困难，$\beta = 5.354$，$p < 0.01$，换句话说，语言能力低者更容易被排斥在与当地人的社会交往活动之外。

由模型 2 和模型 3 可知，控制语言口音差异变量后，性别对外来工社会交往的影响不再显著，这一结果表明，性别对社会交往产生的影响可能是由语言引起的。进一步控制语言能力变量后，打工城市经济水平和朋友是否有当地人对外来工社会交往的影响作用不再显著，这一结果表明，语言能力变量稀释了打工城市经济水平和朋友是否有当地人对外来工社会交往的影响。

（二）语言口音差异影响外来工社会交往

根据社会认同理论，语言是群体认同的标志，标志着一个人的来源地和群体身份，特别是在社会交往中，说话者常常因为不同的口音而被否定对待、歧视和排斥等（Gluszek & Dovidio，2010；Derwing & Munro，2009；Biernat & Dovidio，2000；Lippi-Green，1997）。外来工自身方言与流入地城市方言之间的差别，即来源地的身份信息，可以通过语言的口音被识别。当控制语言能力及其他变量之后，语言口音所表现出的社会交往困难，就是身份的歧视。在本章研究中语言口音差异作用显著，与以往的国外移民的研究结果一致，当地人更愿意接受与自己语言口音差异较小的外来工进行社会交往。具有相同的语言符号更容易打破群体区隔，这部分群体虽是外来工，但具有较小的口音差异，更容易被识别为群体内成员。语言口音相异较大者，在当地人的意识里认同度低。

（四）语言能力影响外来工社会交往

较高的语言能力有助于外来工在与当地人的社会交往中，实现信息通达，相互沟通与理解。外来工社会交往的模型分析表明，外来工语言能力的影响作用异常显著，在模型 3 全模型中，低语言能力者在与当地人的社会交往过程中发生困难的可能性远远高于高语言能力者（$\beta = 5.354$，$p < 0.01$）。语言能力对于外来工来讲是一种在交往过程中促进有效交流的工具。不能仅仅停留在对普通话能力的要求，因为在日常交往过程中当地人更多地希望能用所在城市的方言进行交流，所以才表现出同为具有高语言能力者，语言口音差异大者社会交往困难的可能性较口音差异小者高。不能使用当地语言符号者更容易发生交往困难；有效交流无障碍的语言能力才是社会交往的决定性因素，两者同时起作用。

（五）社会网络对外来工社会交往的影响

1. 熟人社会网络

根据社会资本理论，熟人社会网络对外来工具有较强的社会支持作用。老乡关系在外来工社会交往中具有两个典型特点：其一，语言同质；其二，社会支持。朋友是社会互动中较为亲密的群体，具有共同的语言、价值观等。朋友有老乡者，大多来自同一个地方，使得他们在城市生活中得到情感与社会支持，强化了外来工的"我群"认同。这种强烈的我群认同，使得共同的乡土语言、习惯都不容易改变，"我群"的边界不容易被打破，与城市中的"他群"的区隔就越明显。城市居民对外来工的主要反应就是无法接受他们的生活习惯，因而当外来工的生活习惯随群体认同的强化而强化时，当地人对他们的刻板印象就会越深，越会产生排斥的心理。即使在控制语言变量后，笔者仍然发现语言能力只能增加交往过程中顺利交流的程度，并不能改变外来工在城市居民中的社会刻板印象（口音作用显著），所以这种排斥是根深蒂固的，影响对交往过程中的外来工接纳，从而导致了外来工的交往困难。

老板是老乡，这是一个同质性社会网络资本，应不利于与当地人的社会交往。然而，在没有引入语言变量时，老板的作用有利于外来工与当地人的社会交往，且在 0.01 水平上显著。即使控制语言变量后的全模型中，老板是老乡的外来工与当地人交往困难的可能性虽然不再显著，但仍表现出一种下降趋势（$\beta = -0.215$）。这说明老板代表着一种权威，这种权威有利于增加外来工的社会资本，使得他们在与当地人交往过程中具有一定的优势。当控制语言变量后，不管是语言口音变量还是语言能力变量，这种优势虽不再显著，但仍然存在。出现这一结果的原因可能是，老板代表着一种权威与制度，老板所使用的语言就是通用语，外来工因为与老板同乡具有共同的语言，所以当控制语言口音差异和语言能力变量之后，老板对外来工与当地人的社会交往的影响不再显著。这进一步表明，老板使用的方言是经济和权力结构的代言。在实际访谈中，就有当地人说"我们的老板是建湖人，所以那里大多数是来自建湖的外来工，他们正常都用地方话进行交流，使得我们这些当地人也不得不学着外来工的方言来与他们进行交往"[①]。

根据社会资本理论，朋友有当地人是熟人社会网络的扩展。朋友有当地人是语言异质性社会网络。外来工在城市中进一步的发展过程中，结交了当地人朋友。这种交往的异质性有利于打破"我群"边界，有利于与当地人交往。朋友有当地人可以在日常交往过程中通过交流理解，解决因语言、习惯而引起的障碍。外来工甚至在交往的过程中慢慢被同化，学会了当地的方言，以及在日常行为中纠正了许多带有乡土气息的习惯，慢慢融于城市生活。引入语言口音变量后，当地人朋友影响交往的作用仍十分明显。模型 3 中进一步引入语言能力变量，结果显示这种作用被弱化，有利趋势不再显著。这一结果表明，语言能力在外来工与当地人社会交往过程中的重要作用。朋友有当地人对外来工社会交往的作用主要是由语言能力引起的，即朋友有当地人有利于外来工语言能力的提高，从而有利于社会交往。

2. 陌生人社会网络

根据社会行动理论，外来工流入城市出现了社会关系的断裂，社会接触有利于人们相互影响与了解，从而建构新的社会网络。打工年限表明了外来工脱离传统的乡土生活、与陌生环境接触的时间越长，越有利于与城

---

① 2013 年 11 月 17 日访谈，Gu_XC。

市居民的社会交往。回归模型的结果显示：当没有引入语言变量时，外来工的打工年限长有利于与当地居民的社会交往；当引入语言变量后，打工年限的作用不再显著。这一结果表明，打工年限对交往的作用是由语言变量引起的，年限越长接触新的语言环境的时间就越长。哈贝马斯（1994）以语言为本的交往行动理论认为，交往就是主体间的语言活动（马克思、恩格斯，1995）。

3. 交往机会

Blau（1977）指出"社会交往取决于社会接触的机会"。交往机会影响外来工的社会交往，有交往机会者与当地人的交往困难可能性小。正如马克思所说的，任何交往都可以消灭地域性的差别（马克思、恩格斯，1995）。在交往中，人们在相互沟通中达到理解，从而打破群体区隔，实现相互渗透。由于区域经济发展不平衡，城市居民一开始就具有优越感，他们不愿或偶尔与外来工进行交往，即使不得已交往也流露出不乐意和排斥。调查显示，只有32.4%的城市居民经常与外地人交往（刘林平，2008），这种一开始的交往机会的拒绝与排斥，是外来工融入城市、适应城市生活的最大障碍。另外，工作中的社会排斥使得外来工缺少与当地人的交往机会。一般来说，外来工通常在空间上被区隔，他们工作在工厂车间，居住在工厂宿舍或是租住在外来工聚集区，工作时间长。他们工作、生活的环境封闭，而当地人一般不愿从事这样的工作，更不愿居住在那样的环境，所以外来工上班下班两点一线的生活使其根本难以接触到当地人，更不用说进一步的交往了。

4. 和谁一起居住

亲属关系对于社会经济阶层较低的人而言更重要，而社会经济阶层较高的人却涉及更多的非亲属关系（Adams，1970）。外来工来到陌生的城市，处于社会的底层，即使在城市就业也很难融入城市社会，无法建立起与城里人交往的生活圈子。他们仍倾向于与具有熟悉关系的人居住在一起，在城市生活中形成所谓的"××村"，同质性高。这种居住形式的空间区隔不利于外来工与当地人的社会交往。换句话说，当地人更不愿意与同乡聚集的外来工进行交往。外来者同乡密度较高时更容易与当地人发生冲突，所以他们也不愿意与这些外来工进行交往。本章的研究结果显示，和熟悉的人居住在一起与当地人交往困难的发生率比与陌生人居住在一起高28.9个百分点。

5. 工种

虽然不同工种因工作所需与当地人的交往频率不同，但与普工相比，服务工和一般管理者均无显著差异。这进一步证明，在劳动力市场分割中，外来工总是处于低端劳动力市场，作为一个总体被排斥。

（六）政治经济身份对社会交往的影响

根据理性行动理论，制度权威有助于产生相互信任，从而有利于社会交往（李松玉，2005）。截至 2010 年底，我国农民工有 2.4 亿人，其中流动党员 300 多万人[①]。党员身份的获得具有一定的准入机制，同时需要经过一定阶段的考察，具有一定的组织性与制度要求。因此，外来工中的党员是外来工群体的骨干力量（杨东广，2012），是外来工中的精英群体。当地人在与外来工交往过程中，通过理性的选择后，更能在交往过程中形成对制度权威的信任，从而信任经过制度选择的外来工党员。本章研究结果显示，在控制社会网络等变量的模型中，党员身份有助于外来工与当地人的社会交往。而当引入语言口音变量后，这种影响作用仍然存在，但在模型 3 中，当进一步引入语言能力变量后，党员身份在社会交往中的有利影响被稀释，且不再显著。因此，可以推断人力资本比政治资本更能影响外来工与当地人的社会交往。

1. 工资收入

社会交往主要是指人与人之间的互动，人们在互动的过程中通常会存在经济往来。工资收入影响人们的社会交往（张雪筠，2007；胡荣，2005、2003；Campbell，Peter & Jeanne，1986）。在实际调查中发现，许多外来工不愿意与当地居民正常交往，因为他们觉得自己的工资有限，必须节省才能够养家糊口，而与当地人的交往会增加消费，所以工资收入影响他们与当地人交往。工资越低，外来工在与当地人交往的过程中越不适应，从而出现交往困难，而被排斥在与当地人的社会交往中。同时，工资收入也会影响外来工的社会地位，从而影响他们在城市生活中的交往。许多外来工在调查中表示，只要经济收入提高了，在与当地人交往过程中自然会受到尊重，所以出来打工，挣钱是第一位的。因此，本章的研究结果表明，外来工与当地人的社会交往中随着工资增加，交往困难的发生率降

[①] http://gzdaily.dayoo.com/html/2011-06/25/content_1396175.htm.

低。李培林（1996）在研究中指出，流动农民工在社会位置的变动中对血缘地缘关系的依赖是一种结构安排下的节约成本的理性选择。

2. 打工城市经济水平

有研究指出，城市居民的经济能力越高越不愿意与外来工交往（王桂新、武俊奎，2009）。Jackson（1977）在研究中指出，经济收入会决定一个人的社会网络中的角色构成，不同工作的工人会在工作空间中形成区隔，不同阶层的人在居住地空间形成区隔，在休闲活动中形成社会隔离以及在行为理解方面存在差异。城市居民的经济能力越高，整体的收入和消费水平就越高，与外来工形成的收入差距就会越大，外来工越会被边缘化，从而在交往中被排斥。经济基础决定上层建筑，经济收入差距越大，人们的意识形态和观念的差别就会越大，在交往中对事物的理解会产生差异；经济收入越高的城市，人们的心理优势地位越明显，越倾向于与外来工保持"我群"和"他群"之分。在模型3中引入语言能力变量后，打工城市经济水平对外来工与当地人社会交往的影响作用不再显著，这一结果表明，在经济市场化的大环境中，人们在交往的过程中首先排斥那些连最基本的交往能力——共同的语言表达都不具有的外来工。

四 语言影响外来工社会交往的解释

社会排斥通常与社会或人际互动中的排斥和拒绝同义，所以研究外来工社会交往的影响因素有利于研究外来工的社会排斥。本章通过调查"与当地人交往中是否存在困难"，并将其作为社会交往的因变量，分析外来工在城市生活中被排斥以及在与当地人社会交往过程中的影响因素。调查中60%的被调查者在与当地人交往过程中存在困难。根据本章的研究结果，从以下两方面分析语言影响外来工社会交往的作用机制。

（一）语言作用于外来工社会交往模型的信息通达机制

社会不平等除了物质财富分配的不平等之外，还体现在社会知识系统分配的不平等上，特别是社会交际手段。语言是历史的产物，是社会交际系统中最主要、最重要的形式。社会交际能力模型也表征了语言能力是交际行为的基础，只有具备在交际过程中实现信息通达的语言能力才能实现社会交际行为的产生。人们需要在社会交往过程中建立社会关系，Carley

（1991）提出人们社会关系建立的交流假设，他认为个体在互动过程中需要彼此交换信息，这一过程通常需要进行言语交流。因此，在社会交往过程中，信息的传递离不开语言，语言是人们实现社会交际的载体。只有持有共同的语言，人们需要传递的内容信息才能顺利通达。语言是人们了解具体信息的关键，有利于社会关系的建立。外来工的语言在社会不平等选择的过程中处于次级地位，因此，流入地语言能力是与城市居民实现社会交往的基础。本章研究的结果表明，语言能力低者社会交往困难的可能性远高于语言能力高者（$\beta = 5.354$，$p < 0.01$），假设 8.1 得到验证。

（二）语言作用于外来工社会交往模型的群体记忆机制

语言作为交流的工具不仅传递着内容信息，同时，语言作为一种符号表征，在信息传递过程中还传递着说话者的社会属性。这种社会属性通常与说话者的社会分类有关，即分类作为一种社会现象，诱发了社会比较的过程、建构群体认同以及形成刻板印象等。

群体认同的建立在很大程度上通过语言来实现，特别是与具有不同行为方式的群体相互接触时，语言更是群体认同的象征和标志。Giles 和 Johnson（1981）在研究民族认同理论时，假设个体将内群体和外群体进行比较的目的是凸显自身的优势和积极方面，语言是其显著标志。在我国，城乡二元分化，自古有之。农民工的流动一度被称为盲流，流动人员甚至要被遣送。改革开放几十年来，城市外来工的流动潮虽不断涌现，但是一个改变不了的事实就是，城乡二元制度结构仍是阻挡外来工身份转变的一道不可逾越的屏障。外来工不能与当地居民享受同等的教育、医疗、社会保障等福利政策。因此，拥有城市居民的身份就拥有许多绝对的优势。城市居民为了坚持传承下来的集体记忆，在社会比较中占有优势地位，刻意与外来工保持距离，不愿意与其交往。语言是身份识别的指示器，语言口音差异大者在与当地人交往过程中存在困难的可能性要大。

语言所传递的社会属性不仅有身份认同，还存在文化认同。当持有不同语言者被判断为他者群体时，人们对该群体的认识便倾向于有利于本群体优势凸显的期望性概括。因此，他们会对另一群体贴上很多期望性标签，这种标签化的行为，有利于优势群体形成积极的认同。对于某一特定群体来说，这种期望性标签很多时候是在未真正接触之前就形成的，是一种群体记忆行为（Lehtonen，2005）。在我国，城市主体与外来工的接触相对隔离，人们对外来工的了解多是通过群体记忆建构。建构的内容取决于中介者和培养者对历史事实所做的取舍，他们有意或无意地扭曲诠释，并强加给接受者（阿尔弗雷德·格罗塞，2010）。因此，外来工成了落后文化的代表。城市主体为了显示在社会比较过程中的优势地位，倾向于将外来工贬低性标签化，认为他们的受教育程度低、文化素质差、不讲卫生、不讲文明、不守规矩、寻衅滋事、违法犯罪等。这些负面形象与城市主体所建构的自身优势格格不入。因此，为了与外来工保持距离，维持内群体的优势地位，城市主体会对外来工产生抵触和排斥心理。本章研究的结果表明：语言口音差异大者，与当地人社会交往困难的可能性高；口音差异小者比口音差异大者更容易得到当地人的认同。这进一步支持了语言是认同的标志的说法。研究的结果还表明，语言能力高者社会交往困难的可能性小，一部分原因来自语言能力高有利于交流信息的通达，另一部分原因也可能来自语言作为符号表征的整饰作用。语言能力高，有助于外来工获得当地人的认同，从而降低对外来工的交往排斥。

（三）本章小结

语言与外来工社会关系排斥的研究发现：其一，在控制其他变量后，语言能力显著影响外来工与当地人的社会交往，表现为语言能力低者更容易被排斥在与当地人的社会交往之外；其二，在控制其他变量后，语言口音的作用表现为，语言口音差异大者更容易被排斥在与当地人的交往之外；其三，语言能力对外来工社会交往模型的影响作用大于语言口音的作用；其四，性别、打工城市经济水平和朋友是否有当地人等因素对外来工社会交往的影响受语言变量的作用而作用。因此，当引入语言变量后，这些因素的影响作用被削弱，不再显著。

外来工从农村流入城市，离开了自己熟悉的乡土环境，也带着乡土气息涌入城市。他们在劳动力市场从事着当地人不愿做的工作，获得维持生计的工资收入。在日常生活中，城里人因为外来工的污名化不愿与他们进行交往，因而外来工交往的对象与空间呈现内卷化的倾向。社会排斥的研究中，社会交往缺乏、在交往中被拒绝等都是被排斥的社会现象。本章重点分析了日常互动中的语言对社会交往的作用，结果发现语言作为日常交流的载体和工具，显著影响着外来工与当地人的社会交往，语言能力越高，在与当地人交往中出现困难的可能性就越小。模型通过控制语言能力变量发现，当外来工方言口音与当地方言口音差异较大时，存在交往困难的可能性大。正如 Lindemann（2002）指出，当一个人不能熟练使用主流社会的语言时，不管他的能力如何都会被当作外来者，这种隐性的语言歧视逐渐渗透于日常生活实践的个人交往、日常事务和社会管理中。因此，语言是内源性社会融入的外部表现（Lazear，1995）。语言又是身份的表征，当地人在社会交往中所体现出的语言歧视反映的是外来工身份的一种制度的歧视与排斥。语言能力是一种人力资本，不仅在劳动力市场中有利于工资和劳动机会的获得，在日常交往中也有利于打破群体边界，实现相互交往。因此，对于外来工来说，习得能有效交流的语言显得尤为重要。同时，国家和政府也需要为外来工的社会融合做出制度结构的安排与调整以减少身份差异导致的语言交往困难。

第九章
语言与外来工
心理排斥

排斥和被排斥是一个互动过程。心理排斥和社会排斥一样是一个复杂多维的现象（Room，1995；Bhalla & Lapeyre，1997），心理排斥既来自排斥者心理上对被排斥者的厌恶、歧视和边缘化，也来自被排斥者体验到的歧视、剥夺与不公平感等。社会排斥感是对排斥的一个主观知觉过程，针对同一个排斥事实，被排斥者会产生不同的、相对的、不愉快的心理体验。国外移民社会排斥的研究主要集中在种族歧视，表现为对少数民族从肤色、语言、教育到生活各个方面都存在偏见与歧视（Behrman，Gaviria & Szekely，2003；Alarcón & Novak，2010；Farley，2000）。对于移民而言，语言适应是重要的社会适应指标。如果语言不能适应，会遭遇到流入地原住民的敌意与排斥（Rendall，Tsang，Rubin，Rabinovich & Janta，2010）。移民为了减少被排斥感受，需要调节自身以适应新的环境，尽量创造条件融入当地社会。他们努力工作，即使是低报酬的；他们实现人力资本的积累与转化，如学习新的语言；他们寻求新的社会支持，如构建新的社会网络等。本章中的心理排斥是指被排斥者在排斥过程中产生的对排斥的心理体验，即社会排斥感。

一　问题提出与研究假设

（一）问题提出

国内关于外来工社会排斥感的研究正在起步，大多数研究是关于外来工社会排斥心理维度的探讨，认为外来工心理排斥是指他们的归属感受阻碍的现象和过程，也有关于外来工某种具体的心理体验的研究，如农民工社会歧视研究等。袁亚愚（1997）的研究认为，城里人对农民工的歧视主要表现在就业岗位、劳动报酬和社会福利、生活待遇上的歧视以及执法歧视，日常生活与社会交往中的歧视等。但这种歧视有时比较外显，有时比较微妙，所以农民工对歧视的体验不强烈，甚至认为这种歧视本该如此。朱力（2001）则认为歧视既根植于制度也来自农民工自身的局限，如社会交往、文化适应和过客心态等。俞彦芳（2009）在讨论农民工心理问题时指出，农民工容易产生剥夺感和歧视感。陈黎（2010）运用2006年珠三角外来工的调查数据研究，表明外来工存在两方面的社会排斥感，即经济排斥感和心理排斥感，同时发现外来工的网络规模和网络构成对经济排斥感均有影响，个人在网络中的位置对外来工心理排斥感具有影响。用访谈者自己的话说"我们在广州，很少与当地人接触，听不懂他们的语言。他们看不起我们"（引自范芝芬，2013）。

城市外来工大多来自农村，当城市生活中所需要的语言这一符号资本、人力资本不足时，他们会在劳动力市场遭遇排斥，在社会交往中遭遇不认同，从而产生不愉快的心理反应。外来工通常处于低端劳动力市场，工资较低，在劳动力市场中很难得到升职。较低的工资通常并不能反映他们的劳动力价值，因而体验到不平等，产生剥夺感等。由于区域经济发展的不平衡，城市居民具有天生的优越感，看不起外来工，认为外来工身份低下，不愿意与其交往。外来工作为社会的弱势群体，被"污名化"，使得城市群体所形成的关于外来工的群体记忆的刻板印象被放大。他们在流入地生活中遭受到来自主流社会的不公正对待，体验到被歧视和否定。用Allport（1954）的话说，歧视就是否定个体或群体所希望获得的公平对待。国内关于外来工社会排斥感的研究文献较少，只从理论分析的层面论述了外来工社会歧视感、社会剥夺感的存在。仅有的直接针对社会排斥感的经验研究（陈黎，2010），也只是从社会网络的视角探讨了外来工社会排斥感受的经济排斥感和心理排斥感维度。这一研究某种程度上验证了社会排斥感受个人特征、社会网络调节作用，但研究具有局限性。因此，本章首先根据排斥感不同维度所反映的不同本质特征，测量外来工多维的社会排斥感，再分析语言对不同维度社会排斥感的影响作用，既从各个维度分别讨论，又从整体进行分析。希望回答下述几个问题：外来工社会排斥感的基本现状如何；语言如何影响外来工的社会排斥感——通过具体分析语言影响外来工排斥感模型的主效应作用（直接作用）和语言能力对排斥感模型的调节作用来探讨语言对外来工排斥感的影响作用；语言为什么能够影响外来工的社会排斥感。

（二）研究假设

语言是一种人力资本，具有流入地语言能力有助于实现劳动力市场中机会的获得以及工资收入的提高（Kossoudji，1988；Bleakley & Chin，

2004；Chiswick & Miller，1995；McManus，Gould & Welch，1983；McManus，1985）。相对于语言能力高者，语言能力低者则不利于在劳动力市场中获得认可，机会少、工资收入低。因此，在遭遇工资和机会排斥的同时，他们会产生不愉快的心理感知与体验。另外，语言是交流的工具，高语言能力有助于良好的人际沟通，在沟通中相互了解，能够获得情感认同，在交往中可能遭受的排斥就比较低。外来工具有较高的流动性，当地人对他们的了解充满着不确定性，他们会在交往过程中产生焦虑，当语言无法沟通时，外来工更可能不受欢迎，因而产生歧视感、边缘化等心理感受。因此形成假设9.1。

假设9.1：语言能力低者的社会排斥感高于语言能力高者。

假设9.1a：低语言能力外来工的剥夺感高于高语言能力外来工；

假设9.1b：低语言能力外来工的歧视感高于高语言能力外来工；

假设9.1c：低语言能力外来工的无归属感高于高语言能力外来工；

假设9.1d：低语言能力外来工的总排斥感高于高语言能力外来工。

语言是不同群体身份的标志。语言口音的识别，同时启动了身份的识别。它是社会排斥的试金石，是比衣着更具有识别性的身份表征符号。Fore（2006）、Lippi-Green（1997）、Alarcón 和 Novak（2010）的研究表明，可见性的身份表征会增加移民的歧视感。语言口音差异越大，社会排斥感越强。语言同样还是社会文化的反映，有人形象地称其为文化的镜子（引自 Jiang，2000），即人们可以通过语言来了解其文化。外来工流入城市，城乡文化差异通过来自不同区域的语言反映出来。在城里人的认同中，外来工的流动同时带来了落后地区的落后文化。因此，在城里人的群体记忆中这些落后的文化与他们自身的文化会形成冲突，如不同的语言表达以及语言所表征的文化身份等，增加了城市居民对外来工的社会排斥。外来工与当地人具有相同的语言口音，有助于他们形成共同的文化认同，体验到的认同感高。语言口音既是身份识别的指示器，也是文化表征的符号，不同语言口音差异的外来工对社会排斥的心理体验是不一样的。因此，形成假设9.2。

假设9.2：语言口音差异大者社会排斥感高于语言口音差异小者。

假设9.2a：语言口音差异大的外来工的剥夺感高于语言口音差异小的外来工；

假设9.2b：语言口音差异大的外来工的歧视感高于语言口音差异小的

外来工；

假设 9.2c：语言口音差异大的外来工的无归属感高于语言口音差异小的外来工；

假设 9.2d：语言口音差异大的外来工的总排斥感高于语言口音差异小的外来工。

国外的研究表明，社会排斥感受个体和群体特征的影响，所以要探讨语言变量对社会排斥感的作用，需要控制在文献中已经证明可以影响社会排斥感的变量，研究语言对社会排斥感的影响才有意义。Allardt（1993）认为社会网络是人们获得情感需要与社会支持的重要因素，有助于减少社会排斥，促进融入。外来工流入城市需要扩展新的网络，建构新的网络资源。新的社会关系的建立有助于他们更好地适应和发展（曹子玮，2003），从而减少排斥感。同时进一步研究，社会网络对不同语言能力外来工社会排斥感的影响有何不同。

假设 9.3：社会网络影响外来工的社会排斥感。

假设 9.3a：社会网络中的各变量显著影响外来工的剥夺感；

假设 9.3b：社会网络中的各变量显著影响外来工的歧视感；

假设 9.3c：社会网络中的各变量显著影响外来工的无归属感；

假设 9.3d：社会网络中的各变量显著影响外来工的总体社会排斥感；

假设 9.3e：社会网络对外来工社会排斥感的影响，因语言能力的不同而不同。

在迁移劳动体制下生产效率最大化可通过压低工资和福利、长时间的工作……严格的规章制度等方式来实现（范芝芬，2013）。因此，与外来工劳动力市场相关的变量影响着外来工的社会排斥感。

假设 9.4：劳动力市场的各变量显著影响外来工的社会排斥感。

假设 9.4a：劳动力市场的各变量显著影响外来工的剥夺感；

假设 9.4b：劳动力市场的各变量显著影响外来工的歧视感；

假设 9.4c：劳动力市场的各变量显著影响外来工的无归属感；

假设 9.4d：劳动力市场的各变量显著影响外来工的总体社会排斥感；

假设 9.4e：劳动力市场对外来工社会排斥感的影响，因语言能力的不同而不同。

二 资料来源及变量设定

(一) 资料来源

本章数据来源与第六、第七、第八章相同。数据来源于教育部哲学社会科学研究重大课题攻关项目"农民工权益保护理论与实践研究"课题组2010年对珠三角和长三角外来务工人员的调查数据①。本次调查以两地城市外来人口的比例作为样本分配依据,共发放问卷4254份,有效问卷4152份,有效回收率97.6%。

(二) 变量设定

1. 因变量

社会排斥感是个体或群体对他人或他群施加的社会排斥的心理反应。国外关于社会排斥心理体验的测量维度主要表现在:价值感缺乏,无用感,自卑和边缘化、剥夺感(Böhnke,2001),缺少归属感(Williams,Cheung & Choi,2000),偏见、污名和歧视,边缘化(Yasmeen,2008)等。国内将社会排斥感分为经济排斥感和心理排斥感,这两个指标是对经济排斥和心理排斥的一种感知水平,而不是感知到某种排斥的心理反应(陈黎,2010)。排斥感本身就是一种心理体验,不管是经济排斥感还是心理排斥感,均是在心理上体验到的某种排斥,更应是一种具体的心理反应指标。陈黎(2010)将"和本地人相比,我的收入很低"和"我的生活很困难"这两个因子命名为经济排斥感,显得稍有不妥,因为这两个项目只是外来工经济现状的一种反映,并不能反映出他们对经济排斥的心理反应。所以关于外来工社会排斥感的研究应集中于外来工在社会排斥过程中对社会排斥的心理体验的研究。外来工社会排斥受经济、制度、关系等多方面因素的影响,所以外来工的社会排斥感也会是这多种因素影响下的综合产物,探讨外来工的社会排斥感应在尽量控制已证实影响社会排斥感更多的变量的前提下进行。本章研究中,有6个问题来测量外来工的社会排斥感。这6个问题分别为"我不属于这里""我受到了老板的剥削""这个

---

① 长三角包括上海、南京、苏州、无锡、常州、南通、杭州、宁波、嘉兴和绍兴,珠三角包括广州、深圳、佛山、肇庆、东莞、惠州、中山和江门。

社会很不公平""我的收入并没有体现出我的劳动价值""城市人（本地人）很排斥我们外来打工者""我在城市里低人一等"。具体测量维度的分析如下。

（1）外来工社会排斥感的因子分析。外来工社会排斥感因子分析的结果如表 9 - 1 所示。KMO 值为 0.809；巴特莱特球形检验（Bartlet's Test of Sphericity），$p < 0.05$；经过主成分分析得到 3 个因子的累计方差贡献率为 71.05%，说明这些项目适合做因子分析。同时，效度检验 α 系数为 0.85，具有一定的效度。

表 9 - 1   外来工社会排斥感的因子分析

项目	剥夺感（F1）	歧视感（F2）	无归属感（F3）	共同度
我受到了老板的剥削	0.827	—	—	0.689
我的收入并没有体现出我的价值	0.737	0.207	0.154	0.610
这个社会很不公平	0.653	0.362	0.148	0.579
我在城市里低人一等	0.143	0.827	0.113	0.718
城市人（本地人）很排斥我们外来打工者	0.193	0.785	0.128	0.670
我不属于这里	0.186	0.184	0.964	0.997
特征值	1.747	1.509	1.007	—
方差贡献率（%）	29.116	25.149	16.786	—
累积方差贡献率（%）	29.116	54.264	71.050	—

（2）社会排斥感各因子得分及总分计算。通过主成分分析，得到了社会排斥感各因子的贡献率，进一步对各因子的贡献率进行加权计算来获得外来工社会排斥感的综合得分，计算公式为：

$$Zi = \frac{29.116}{71.050}F1i + \frac{25.149}{71.050}F2i + \frac{16.768}{71.050}F3i = 0.410F1i + 0.354F2i + 0.236F3i \quad (9-1)$$

其中：Zi 为外来工的社会排斥感综合得分；$F1$、$F2$、$F3$ 分别为社会剥夺感因子、社会歧视感因子和无归属感因子的得分，它们的计算公式分别为：

$$F1 = 0.827 \times "我受到了老板的剥削" + 0.737 \times "我的收入并没有体现出我的价值"$$
$$+ 0.653 \times "这个社会很不公平" \quad (9-2)$$
$$F2 = 0.827 \times "我在城市里低人一等" + 0.785$$
$$\times "城市人（本地人）很排斥我们外来打工者" \quad (9-3)$$
$$F3 = 0.964 \times "我不属于这里" \quad (9-4)$$

Fi 的系数分别表明这三个因子对总分的贡献率。系数计算公式为：

$$系数值 = \frac{因子的方差贡献率}{三个因子累积贡献率} \qquad (9-5)$$

根据研究需要，笔者将各因子得分和社会排斥感总分进行 1~100 分的转换（边燕杰、李煜，2000）。转换后社会排斥感得分的具体情况如表 9-2 所示。

表9-2　转换后外来工社会排斥感得分的描述统计

统计指标	剥夺感	歧视感	无归属感	总排斥感
均值	27.026	21.351	29.571	25.362
标准差	23.175	23.717	31.447	19.516

社会排斥感 1~100 分转换后描述统计的结果显示，得分越高排斥感越强。总体上平均分较低，但是标准差较大，说明个体之间的差异较大，这些差异可能受某些因素的影响。

2. 解释变量

（1）语言口音差异。语言口音差异的设定同前述各章节。根据外来工来源地与流入地语言是否同属于某一语言划分区①，语言口音差异分为两种水平：差异小和差异大。差异小，赋值为 0；差异大，赋值为 1。

（2）语言能力。语言能力的设定同前述各章节。本研究结合听、说能力，将语言能力操作为"与当地人交往中是否存在语言困难"。存在语言困难者定义为低语言能力，赋值为 0；不存在语言困难者定义为高语言能力，赋值为 1。语言能力根据国外的研究文献（Chiswick & Miller，1990、1995、2005；Dustmann & Van Soest，2001）和调查数据测量的语言变量，询问"在与当地人交往中是否存在语言问题"。如果存在语言问题，即为语言能力较低者；如果不存在语言问题，即为语言能力较高者。同时，对语言能力低者赋值为 0，语言能力高者赋值为 1。

---

① 我国现代语言学者较常用的区分不同汉语方言的方式是基于各地方言都是汉语历史发展的产物的前提，联系古音在现代汉语各地方言发展演变的情况，通过古今语音比较的方式来区分不同的方言……从早年赵元任先生对汉语方言的分区开始，历来语言学家大多运用这种结合汉语音韵的历史演变，以汉语方言声、韵、调的现代表现为主要依据来对方言进行分区的。因此，方言语音的差异是不同方言区语言的主要差异。反之，我们可以用语言的地区差异来表明方言之间语音的差异（詹伯慧、邵敬敏，2005）。

3. 控制变量

（1）社会网络变量。社会网络变量一共有4项：老板是否老乡、朋友数量、朋友是否有老乡、与当地人有无交往机会。具体测量如下。老板是否老乡：设置问题"您目前的老板（雇主）是您的老乡吗？①老乡；②不是老乡；③不清楚"，根据同乡聚集的效应，回答"不清楚"的一般可以认为老板不是老乡，因此将"不清楚"和"不是老乡"赋值为0，确定为"老板是老乡"赋值为1。朋友数量：朋友的数量通过直接询问"在现在打工的地方，您有几位好朋友：____位"获得。朋友是否有老乡：在调查问卷中设置"请您列出三位最好朋友的情况以及与您的关系"，关系可以多选。关系类型有：同学，老乡、工友、主管、企业负责人、政府人员、企业家、当地人，其他。对这一问题进行分类，在所列举的三个好朋友中，一次没有选择"老乡"的，则赋值为0；只要有一次选择"老乡"，那么研究中就将其设定为"朋友中有老乡"赋值为1。与当地人有无交往机会：外来工作为流入城市的陌生群体，与当地人有交往机会，更容易建构与当地人的社会网络，新的社会网络的建立有助于相互了解，从而减少社会排斥。因此，问卷中通过设置问题"与当地人是否有交往机会？①无；②有"，测定"与当地人有无交往机会"，选择"无"赋值为0；选择"有"赋值为1。

（2）劳动力市场变量。该变量包括外出打工年限、换工次数、打工城市经济水平、工种、有无福利待遇、有无权益侵害、有无强迫经历。具体测量如下。外出打工年限：本章所获得的调查数据是根据问题"打工时，第一份工作的开始时间"以及"出生年月和问卷调查时的时间"这三个信息计算获得。公式为：外出打工年限 = 问卷调查时的年龄 − 第一份工作开始时的年龄，具体年龄换算公式 = ［（止年 − 始年 − 1）×365 + （12 − 始月 + 止月）×30］/365。比如1992年3月出生的小孩，2010年1月时的年龄 = ［（2010 − 1992 − 1）×365 + （12 − 3 + 1）×30］/365。换工次数：换工作次数通过询问"请问您外出打工以来，有没有换过工（指换单位或企业）：①没有；②换过，____次"获得，将选择"没有"的以0计次，换工的直接计次。打工城市经济水平：根据所调查的长三角、珠三角的19个城市，依照《长三角城市可持续发展状况的实证分析》[1] 以及《"长三

---

① 从人均GDP来看，长三角16个城市的经济发展水平，上海、苏州、杭州、南京、无锡和宁波排在前六位，这些城市也是中国现代化水平最高的地区（张广毅，2006）。

角"与"珠三角"21 市经济发展水平比较分析》①，将调查中的 19 个城市分为经济发展水平低的城市，赋值为 0，包括珠三角的佛山、肇庆、惠州、江门，长三角的常州、南通、嘉兴和绍兴；经济发展水平高的城市，赋值为 1，包括珠三角的广州、深圳、珠海、东莞和中山，长三角的上海、南京、苏州、无锡、杭州和宁波。工种：根据不同工作类型中语言使用的情况，将问卷中 16 类②工种进行如下分类。①服务工，包括服务员、保安和销售业务员；②一般管理者，包括班组长、质检、文员、领班和中低层管理人员；③普工，包括流水线生产工、其他生产工、工厂后勤服务人员、技工、清洁工、司机、建筑工人和其他。以"普工"为参照组，赋值为 0，"服务工"赋值为 1，"一般管理者"赋值为 2，分别以二分哑变量表示。企业性质：分为 5 类，包括国有集体企业，股份制企业，港、澳、台资企业，外资企业，私营、个体企业等。有无福利待遇：设置问题"您现在的企业是否提供下列待遇：病假工资、带薪休假、产假工资、养老保险、医疗保险、工伤保险、失业保险和生育保险"，选择项一共 8 项，任一项回答"有"即赋值为 1，其他情况赋值为 0。有无权益侵害：设置问题"2009 年 8 月 1 日以来您是否有过权益（如工资待遇、劳动保护等）受到侵害的经历：①没有；②有"。选择"没有"，赋值为 0；选择"有"，赋值为 1。有无强迫经历：设置问题"2009 年 8 月 1 日以来，您在本企业打工期间是否经历过下列情况：强迫劳动、冒险作业（未提供保护措施）、罚跪罚站、被搜身搜包、被管理人员殴打、被管理人员拘禁和工作环境对身体有危害（接触有毒物等）"，选择项一共 7 项，任一项回答"有"即赋值为 1，其他情况赋值为 0。

（3）人口学变量。该项变量包括性别、年龄、受教育年限、婚姻状况、老家行政区域、有无宗教信仰。具体如下。性别：①女；②男。选择

---

① 根据 2004 年、2005 年《长江和珠江三角洲及港澳特别行政区统计年鉴》，以及长江和珠江三角洲 21 市（比本调查多了扬州市和泰州市）2004 年、2005 年统计年鉴的数据，通过 AHP 方法计算了包括人均 GDP、第二产业增加值及第三产业产值占 GDP 的比重的总体的经济发展指标值，结果发现深圳和上海为一类地区（指标值大于等于 1），广州、东莞、苏州三市为第二类（指标值大于 0.7），珠海、无锡、杭州、中山、宁波、南京为第三类（指标值大于 0.6），其他为第四类区域（指标值小于 0.6）（郑畅，2008）。

② 分别为：流水线生产工；其他生产工；工厂后勤服务人员；技工；班组长；质检员；文员；领班；中低层管理人员；服务员；保安；清洁工；司机；销售业务员；建筑工人；其他。

"女"赋值为0，"男"赋值为1。年龄：①年龄通过上述出生年月公式换算。受教育年限：教育年限通过问题"您的受教育程度：①小学及以下；②初中；③高中；④中专；⑤技校，读几年＿＿＿；⑥大专；⑦自考本科"来获得。研究中通过将不同受教育程度进行受教育年限的转换，分别赋值为：①5年；②9年；③12年；④14年；⑤9＋＿＿＿年；⑥15年；⑦16年。婚姻状况：通过询问"您的婚姻状况：①未婚；②丧偶；③离婚；④已婚"。将"已婚"赋值为0，"未婚"赋值为1，"离异"和"丧偶"合并，赋值为2，分别以二分哑变量表示。老家行政区域：通过询问"您老家（居住地）在什么位置：①市区（地级以上）；②郊区；③县城；④镇；⑤农村"获得，研究中，将"市区"和"县城"合并，归为"市县"，赋值为1，将"郊区"、"镇"和"村"合并，归为"村镇"，赋值为0。宗教信仰：通过设置问题"您的宗教信仰是：①佛教；②道教；③天主教；④基督教；⑤回教（伊斯兰教）；⑥其他宗教；⑦拜神；⑧无宗教信仰；⑨不清楚"。将"无宗教信仰"和"不清楚"合并为"无宗教信仰"一类，赋值为0；将其他选择均赋值为1，归为"有宗教信仰"。

三 外来工社会排斥感的现状与分析

(一)外来工社会排斥感的基本现状

首先对本章研究中选择的自变量进行简要说明，并分析比较各自变量不同水平之间社会排斥感的差异。描述统计结果见表9-3。

表9-3 变量赋值及外来工社会排斥感基本现状描述统计

自变量	变量水平及赋值	样本数（个）	剥夺感	歧视感	无归属感	总社会排斥感
			均值（标准差）			
语言变量						
语言口音差异	小＝0	986	27.834 (23.532)	18.453 (22.677)	25.144 (29.256)	24.216 (18.935)
	大＝1	3000	26.652 (23.058)	22.352 (24.009)	30.961 (31.960)	25.687 (19.668)

自变量	变量水平及赋值	样本数（个）	剥夺感	歧视感	无归属感	总社会排斥感
			均值（标准差）			
语言能力	低 = 0	1631	28.627 (22.999)	24.465 (24.913)	31.733 (31.086)	27.527 (19.683)
	高 = 1	2512	25.991 (23.246)	19.343 (22.714)	28.191 (31.628)	23.967 (19.290)
人口学变量						
性别	女 = 0	1896	24.827 (21.740)	20.973 (23.164)	27.681 (30.147)	23.793 (18.272)
	男 = 1	2247	28.878 (24.168)	21.669 (24.174)	31.164 (32.424)	26.684 (20.416)
婚姻状况	已婚 = 0	2394	26.579 (23.034)	22.402 (24.565)	31.655 (33.312)	25.748 (19.900)
	未婚 = 1	1692	27.363 (23.148)	19.558 (22.092)	26.242 (28.127)	24.505 (18.685)
	离异或丧偶 = 2	56	35.150 (27.967)	29.529 (28.987)	39.882 (34.371)	33.831 (24.150)
老家行政区域	村镇 = 0	3756	27.181 (23.188)	21.802 (23.951)	30.057 (31.579)	25.657 (19.568)
	市县 = 1	396	25.555 (23.027)	17.055 (20.912)	24.941 (29.806)	22.554 (18.802)
有无宗教信仰	无 = 0	1467	26.592 (22.957)	20.831 (23.374)	29.431 (31.507)	24.931 (19.280)
	有 = 1	2670	29.200 (24.176)	23.878 (25.259)	30.150 (31.122)	27.473 (20.575)
社会网络变量						
与当地人有无交往机会	无 = 0	468	30.401 (23.952)	27.487 (25.568)	39.656 (34.414)	30.501 (20.292)
	有 = 1	3675	26.600 (23.050)	20.581 (23.379)	28.302 (30.832)	24.717 (19.327)

续表

自变量	变量水平及赋值	样本数（个）	剥夺感	歧视感	无归属感	总社会排斥感
			均值（标准差）			
朋友是否有老乡	无 = 0	1363	25.252 (22.923)	18.475 (22.180)	27.014 (30.263)	23.119 (18.960)
	有 = 1	1824	27.747 (23.161)	23.135 (24.644)	30.662 (31.817)	26.509 (19.869)
朋友是否有当地人	无 = 0	2577	26.348 (23.034)	20.380 (23.423)	28.537 (30.882)	24.547 (19.441)
	有 = 1	266	25.984 (23.113)	18.932 (22.146)	25.447 (31.482)	23.478 (19.373)
和谁居住	陌生人 = 0	1500	27.400 (23.352)	22.177 (23.983)	31.019 (32.061)	26.030 (19.407)
	熟人 = 1	2643	27.049 (22.925)	21.271 (23.854)	29.603 (31.184)	25.363 (19.808)
老板是否老乡	否 = 0	3621	27.724 (23.372)	21.748 (23.922)	29.941 (31.503)	25.911 (19.660)
	是 = 1	489	21.914 (21.204)	18.128 (21.614)	26.931 (31.188)	21.246 (17.864)
劳动力市场变量						
打工城市经济水平	低 = 0	858	25.979 (22.142)	19.383 (22.340)	27.405 (30.942)	23.852 (18.698)
	高 = 1	3185	27.463 (23.479)	22.250 (24.128)	30.425 (31.687)	26.009 (19.721)
工种	普工 = 0	2789	27.426 (23.140)	22.087 (24.156)	30.757 (32.166)	25.979 (19.555)
	服务工 = 1	598	27.776 (23.682)	21.700 (23.775)	27.461 (29.658)	25.571 (19.684)
	一般管理者 = 2	746	25.041 (22.889)	18.160 (21.447)	26.682 (29.877)	22.872 (19.072)

续表

自变量	变量水平 及赋值	样本数 （个）	剥夺感	歧视感	无归属感	总社会排斥感
			均值（标准差）			
企业性质	国有集体 企业=0	398	26.485 (22.197)	22.154 (24.298)	30.974 (32.198)	25.564 (19.332)
	股份制 企业=1	347	24.600 (22.781)	21.170 (24.746)	27.244 (31.356)	23.733 (20.385)
	港、澳、台资 企业=2	433	29.938 (23.443)	21.149 (23.030)	31.483 (30.220)	27.125 (19.596)
	外资企业=3	295	25.861 (22.357)	20.626 (24.022)	31.768 (32.166)	24.763 (17.973)
	私营、个体 企业等=4	2551	27.137 (23.402)	21.384 (23.561)	29.106 (31.447)	25.360 (19.584)
有无福利待遇	否=0	1074	29.216 (23.987)	25.468 (25.486)	32.637 (32.066)	28.271 (20.452)
	有=1	3056	26.262 (22.863)	19.828 (22.873)	28.497 (31.177)	24.319 (19.09)
有无权益侵害	否=0	3902	25.759 (22.240)	20.787 (23.297)	29.020 (31.172)	24.423 (18.929)
	有=1	250	46.760 (28.052)	30.133 (28.125)	38.177 (34.406)	39.971 (22.513)
有无强迫经历	否=0	3160	24.143 (21.583)	19.803 (23.064)	27.533 (30.440)	23.025 (18.644)
	有=1	987	36.342 (25.553)	26.344 (25.103)	36.247 (33.657)	32.910 (20.337)
总　体	—	4152	27.026 (23.175)	21.351 (23.717)	29.571 (31.447)	25.362 (19.516)

如表9-3所示，就剥夺感因子而言：语言变量中，语言口音差异小者剥夺感得分高于差异大者1分多；语言能力低者剥夺感得分高于语言能力高者近3分。剥夺感主要反映的是外来工感觉到在劳动力市场受到了老板的剥削，体验到不公平感。语言口音差异小者剥夺感得分高，表明语言口

音差异小者更感觉到了不公平；语言能力高者所体验到的剥夺感较低，表明语言能力高者体验到的不公平感较小。

就歧视感因子而言：语言变量中，语言口音差异大者歧视感得分高于差异小者近 4 分；语言能力低者歧视感得分高于语言能力高者 5 分多。歧视感主要反映的是外来工感觉到被人瞧不起，在城里人面前低人一等。语言可以表征一个人的身份信息，所以语言口音差异大者所感受到的歧视感较高；语言能力既是一种能力的表征，又可以整饰身份信息，所以能力低者所体验到的歧视感高于语言能力高者。

就无归属感因子而言：语言口音差异大者无归属感得分高于差异小者近 6 分；语言能力低者无归属感得分高于语言能力高者近 4 分。无归属感因子反映的是外来工是否属于所在城市的主观体验。语言是群体身份认同的标志，口音差异小者更容易产生身份的向上趋同。与口音差异大者相比，他们的认同感较高，归属感较高。语言能力有助于增加外来工的市场适应能力，有助于外来工在社会交往中的信息通达能力提高，也有助于整饰身份信息。语言能力低者会产生这些方面的不利，遭受排斥的可能性更大，归属感较低。

就外来工总社会排斥感而言：语言变量中，语言口音差异大者社会排斥感总分高于差异小者 1 分多；语言能力低者社会排斥感总分高于语言能力高者近 4 分。这说明外来工总排斥感与外来工语言的口音差异和能力差异都有关系。

人口学变量中，排斥感各因子得分及总分均表现为：男性高于女性；与其他婚姻状态相比，离异或丧偶者得分最高；老家行政区域为村镇者高于市县者；有宗教信仰者高于无宗教信仰者。社会网络变量中，排斥感各因子得分及总分均表现为：与当地人无交往机会者高于有交往机会者；朋友有老乡者高于朋友无老乡者；老板是老乡者低于老板不是老乡者；朋友有当地人者低于朋友无当地人者；和熟人居住者略低于和陌生人居住者。劳动力市场变量中，排斥感各因子得分及总分均表现为：打工城市经济水平高者得分高于打工城市经济水平低者；不同工种之间一般管理者得分最低；不同企业性质中外来工排斥感得分相对复杂；权益得不到保障者得分高，如无福利待遇者得分高于有福利待遇者、有强迫经历者高于无强迫经历者、权益受到侵害者高于权益未受侵害者。

如表 9 - 4 所示，连续型变量中：年龄与社会排斥感呈现显著正相关，年龄越大，排斥感越高（剥夺感例外）；受教育年限与外来工社会排斥感（剥夺感例外）呈显著负相关，受教育年限越高，排斥感越低；总体而言，朋友数量越多，排斥感越低（歧视感例外）；外出打工年限仅与无归属感呈显著正相关，打工年限越长，无归属感越高；换工次数越多，排斥感越高；月工资越高，排斥感越低。

表 9 - 4   连续型自变量与外来工社会排斥感各维度的相关系数

自变量	剥夺感	歧视感	无归属感	总社会排斥感
年龄	0.0153	0.0866 *	0.1070 *	0.0673 *
受教育年限	− 0.0005	− 0.1192 *	− 0.0667 *	− 0.0620 *
外出打工年限	0.0030	0.0298	0.0427 *	0.0229
朋友数量	− 0.0315 *	− 0.0223	− 0.0306 *	− 0.0350 *
换工次数	0.1224 *	0.0925 *	0.0641 *	0.1289 *
月工资	− 0.0507 *	− 0.0732 *	− 0.0400 *	− 0.0695 *

注：* $p < 0.05$。

（二）外来工社会排斥感影响因素统计分析

首先，建立语言变量排斥感模型的基本模型，考察语言变量在排斥感模型中的主效应作用；其次，考察语言能力对排斥感模型的调节作用，笔者采用与探讨语言能力对工资模型的调节作用相同的两个研究范式，来考察语言能力对排斥感的调节作用。一是分析其他因素对高语言能力外来工和低语言能力外来工社会排斥感模型影响作用的一致性；二是采用语言能力在排斥感模型中交互作用分析，分析同一因素对高语言能力外来工和低语言能力外来工排斥感的影响作用是否存在显著差异，即因语言能力高低的不同，影响作用不同。研究中将社会排斥感分为剥夺感、歧视感和无归属感三个因子。下文分别对各个因子及总排斥感建立回归模型，进行分析。

其一，基本模型。模型 1 为排斥感的语言变量的主效应模型，社会排斥感来自在排斥中的互动过程，影响社会排斥的变量相对复杂，因而影响社会排斥感的变量也相应复杂。考察语言对外来工社会排斥感的影响机制需要控制已有的对社会排斥具有影响作用的变量，如人口学变量、社会网络变量、劳动力市场变量等，并在此基础上检验语言变量对外来工排斥感各因子及总排斥感的影响作用是否显著。回归方程为：

$$Y1 = \beta_0 + \beta_1 X_1 + \beta_2 X_2 + \beta_3 X_3 + \beta_4 X_4 + \varepsilon \qquad (9-1)$$

式（9-1）为外来工排斥感基本模型。其中：β_0 指整个模型的截距；β_1、β_2、β_3、β_4 分别为人口学变量、社会网络变量、劳动力市场变量和语言变量在模型中的回归系数；ε 为残差。

其二，比较模型。模型 2 和模型 3 是同样采用 Kossoudji（1998）、Chiswick 和 Miller（2002）的研究范式，将高语言能力外来工与低语言能力外来工样本分开进行总排斥感模型的回归分析，并比较其结果。分析各自变量对高语言能力外来工和低语言能力外来工社会排斥感模型的影响作用是否一致。方程分别为：

$$Y2 = \beta_0 + \beta_1 X_1 + \beta_2 X_2 + \beta_3 X_3 + \varphi LVD + \varepsilon \qquad (9-2)$$
$$Y3 = \beta_0 + \beta_1 X_1 + \beta_2 X_2 + \beta_3 X_3 + \varphi LVD + \varepsilon \qquad (9-3)$$

式（9-2）为高语言能力外来工排斥感模型；式（9-3）为低语言能力外来工排斥感模型。其中：β_0 指整个模型的截距；β_1、β_2、β_3、β_4、φ 分别为人口学变量、社会网络变量、劳动力市场变量和语言口音差异变量在模型中的回归系数；LVD 为语言口音差异；ε 为残差。

其三，交互作用模型。根据比较模型分析的结果，不仅存在部分因素在高语言能力者和低语言能力者排斥感模型中影响作用的不一致，而且模型中几乎所有因素对高语言能力者和低语言能力者排斥感模型影响作用存在不同程度的差异。那么这种差异是否显著，需要通过交互作用进行检验。国外的研究表明，语言能力不仅直接影响着移民的劳动力市场，同时还调节着其他变量对移民工资的影响（Chiswick & Miller，2002；Casale & Posel，2011）。相对于社会排斥，社会排斥感是社会排斥过程中施动者与受动者互动的产物，是一种主观感知，更具有一定的相对性，这种相对性因外来工个人能力调节而增益或消减。根据社会排斥感产生的理论基础——理性行动和相对剥夺，在排斥感模型中分别引入语言能力与其他变量的交互作用。根据理性行动理论，外来工作为边缘群体受歧视与排斥，如果外来工具有一定的适应能力，这种主观的排斥就会减少；对于那些适应能力低的外来工来说，来自外界的排斥就会增加，相应的内在感知会增加。因此，在交互模型中会表现为，某一因素引起的社会排斥感对低语言能力者的影响作用大于高语言能力者。而根据相对剥夺理论，语言能力高的外来工群体因为自身的适应能力较强，他们希望实现向上流动，获得比低语言能力者较高的市场回报和社会认同，以实现外来工群体内部的分层。但外来工通常会作为一个群体被排斥在高端劳动力市场和社会交往之外。当愿望与现实之间的差距增加，高语言能力者所体验到的排斥感会增加。因此，笔者希望通过交互作用模型来检验外来工语言能力对其他变量在外来工社会排斥感模型中的调节作用。

国外文献中关于语言对工资模型的调节作用，主要表现为对受教育程度、职业、不同聚居地、民族、居住时间等因素在工资模型中的作用具有调节性（Dustman & Fabbri，2003；Kossoudji，1998；Chiswick & Miller，2002；Kim，2011；Casale & Posel，2011）。国内的文献表明，对外来工的歧视主要体现在报酬、福利、生活待遇、社会交往，社会网络以及外来工自身方面（袁亚愚，1997；朱力，2001；俞彦芳，2009；陈黎，2010）。因此，笔者在排斥感模型中分别引入语言能力与性别、年龄、受教育年限、老家行政区域、老板是否老乡、朋友是否有老乡、朋友数量、与当地人有无交往机会、换工次数、外出打工年限、有无福利待遇、有无强迫经历、有无权益侵害、语言能力等因素的交互作用，以探讨语言能力对排斥感的调节作用。具体的方程为：

$$Y_x = \beta_0 + \beta_1 X_1 + \beta_2 X_2 + \beta_3 X_3 + \beta_4 X_4 + \gamma LA \times X + \varepsilon \qquad (9-4)$$

式（9-4）为语言能力与性别等任一因素的交互作用模型。其中：β_0 指整个模型的截距；β_1、β_2、β_3、β_4 分别为人口学变量、社会网络变量、劳动力市场变量和语言变量在模型中的回归系数；LA 为语言能力，X 为任一变量，γ 为某一变量与语言能力的交互系数；ε 为残差。

在基本模型中分别引入语言能力与其他变量的交互作用，如果在排斥感模型中某一变量与语言能力的交互作用不显著，则表明该变量对模型的影响作用不存在语言能力之间的差异，交互作用不显著的模型结果未列出。

1. 剥夺感模型

语言影响外来工剥夺感模型如表9-5所示，模型1为基本模型，模型2和模型3分别为高语言能力和低语言能力外来工剥夺感模型，模型4和模型5分别为语言能力与其他变量的剥夺感交互模型。

表 9 - 5　外来工剥夺感的 OLS 模型①

变量	因变量：剥夺感				
	模型 1	模型 2	模型 3	模型 4	模型 5
人口学变量					
性别（女 =0）	2.914 *** (0.967)	1.857 (1.237)	4.115 *** (1.578)	2.843 *** (0.966)	2.902 *** (0.966)
年龄	0.268 *** (0.077)	0.344 *** (0.103)	0.152 (0.121)	0.264 *** (0.077)	0.267 *** (0.077)
受教育年限	0.560 *** (0.167)	0.567 *** (0.214)	0.472 * (0.274)	0.555 *** (0.167)	0.564 *** (0.167)
老家行政区域（村镇 =0）	-0.784 (1.530)	-2.131 (1.934)	1.062 (2.542)	-0.905 (1.530)	-0.780 (1.530)
社会网络变量					
老板是否老乡（否 =0）	-6.527 *** (1.400)	-5.001 *** (1.710)	-9.913 *** (2.486)	-6.544 *** (1.398)	-6.499 *** (1.399)
朋友数量	-0.025 (0.028)	-0.053 * (0.031)	0.111 * (0.067)	0.121 * (0.066)	-0.025 (0.028)
朋友是否有老乡（否 =0）	1.113 (0.897)	1.228 (1.158)	0.786 (1.438)	1.078 (0.896)	1.116 (0.897)
与当地人有无交往机会 （无 =0）	-2.620 * (1.486)	-1.702 (1.865)	-4.254 * (2.497)	-2.661 * (1.485)	-2.656 * (1.486)
劳动力市场变量					
外出打工年限	-0.241 ** (0.097)	-0.314 ** (0.128)	-0.154 (0.158)	-0.245 ** (0.097)	-0.247 ** (0.097)
换工次数	0.551 *** (0.129)	0.613 *** (0.151)	0.422 * (0.254)	0.557 *** (0.129)	0.548 *** (0.129)
打工城市经济水平（低 =0）	1.931 * (1.096)	1.865 (1.367)	1.727 (1.863)	1.909 * (1.095)	1.887 * (1.096)
工种（普工 =0）					
服务工	0.701 (1.301)	-0.600 (1.685)	2.339 (2.076)	0.739 (1.300)	0.627 (1.301)
一般管理者	-0.652 (1.198)	-0.697 (1.514)	-0.803 (1.983)	-0.731 (1.197)	-0.649 (1.197)

① 受篇幅限制，部分变量的结果未呈现在回归表中，需要时会对结果进行分析和讨论。如感兴趣，可向作者申请查阅。

续表

变量	因变量：剥夺感				
	模型 1	模型 2	模型 3	模型 4	模型 5
月工资	-0.00058 * (0.00032)	-0.00038 (0.0004)	-0.00076 (0.0004)	-0.00058 * (0.0003)	-0.00058 * (0.0003)
有无福利待遇（无=0）	-4.288 *** (1.098)	-5.377 *** (1.454)	-3.162 * (1.705)	-4.314 *** (1.097)	-4.268 *** (1.097)
有无权益侵害（否=0）	14.21 *** (1.965)	16.10 *** (2.492)	10.78 *** (3.225)	14.14 *** (1.963)	14.27 *** (1.964)
有无强迫经历（否=0）	9.597 *** (1.087)	11.14 *** (1.432)	7.729 *** (1.686)	9.609 *** (1.085)	7.277 *** (1.617)
语言变量					
语言口音差异（小=0）	-3.471 *** (1.085)	-3.655 *** (1.206)	-2.861 (2.591)	-3.494 *** (1.084)	-3.475 *** (1.085)
语言能力（低=0）	-1.527 (0.956)			0.00940 (1.141)	-2.532 ** (1.087)
交互项					
语言能力×朋友数量				-0.179 ** (0.072)	
语言能力×有无强迫经历					4.032 * (2.082)
常数项	17.58 *** (4.171)	13.40 *** (5.126)	23.71 *** (7.069)	16.79 *** (4.179)	18.43 *** (4.192)
N	2508	1530	978	2508	2508
R^2	0.116	0.136	0.103	0.118	0.117

注：插号内为标准误，* $p < 0.1$，** $p < 0.05$，*** $p < 0.01$。

由回归分析得知，模型 1 是在控制人口学变量、社会网络变量和劳动力市场变量基础上，外来工剥夺感语言变量的主效应模型（基本模型）。通过模型 1 可知，语言变量中，语言口音差异变量对外来工社会剥夺感的影响显著，具体表现为：语言口音差异小者剥夺感高于语言口音差异大者，差异显著；语言能力高者剥夺感低于语言能力低者，但差异不显著。这一结果可能是因为，同作为外来工，语言口音差异小的外来工对自己的身份认同较高，但又作为外来工整体处于边缘地位，因此他们的相对剥夺感较高。

由回归分析得知，在模型 1 中，语言能力对外来工剥夺感影响虽然不显著，但具有积极作用。进一步分析基本模型中的各因素在高语言能力外来工群体和低语言能力外来工群体剥夺感模型中的影响作用是否一致。模型 2 为高语言能力外来工的剥夺感模型，模型 3 为低语言能力外来工剥夺感模型。经比较后，结果如下。

（1）在高语言能力者和低语言能力者剥夺感模型中均显著的因素有：受教育年限、老板是否老乡、朋友数量、换工次数、有无福利待遇、有无权益侵害、有无强迫经历。受教育年限：教育年限越高，外来工剥夺感越高，表明外来工受教育程度越高，对自身的期望越高，与所得到的待遇形成的落差越大，剥夺感高。老板是否老乡：老板是老乡的外来工的剥夺感低于老板不是老乡者。剥夺感主要测量的是市场中工资收入的不公平感与剥削感。对于外来工而言，社会关系会给他们带来一定的经济回报（张春泥、刘林平，2008），以及同乡聚集有助于提高外来工的工资收入（张春泥、谢宇，2013）。有研究者对美国的墨西哥移民的研究发现，社会资本直接或间接地影响着移民的工资：间接影响是指社会资本可以影响如何获得工作以及是否能在正规部门工作；直接影响是指具有移民经历的同乡或亲戚可以提高他们找到好工作的效率和成功率（Aguilera & Massey，2003）。这些研究都支持了本章研究结果，老板是老乡这一强关系减少了外来工的剥夺感。这种传统的强关系产生信任和互惠（Coleman，1990；Bian，1997；林南，2005）。虽然也有研究得出结论：在利用亲缘和地缘关系形成族群聚集的企业中，雇主更倾向于剥削同族的劳工（Bonacich，1987），这一结论不适合在中国这样一个以"关系"，特别是强关系为纽带的劳动力市场。朋友数量：高语言能力者和低语言能力者朋友数量均显著影响外来工的剥夺感，但影响作用方向相反。具体表现为：低语言能力者的剥夺感随朋友数的增加而增加，差异显著；高语言能力者的剥夺感随朋友的增加而减少，差异显著。朋友数量增加有利于减少高语言能力者的剥夺感，却增加了低语言能力者的剥夺感，这是因为：高语言能力者由于语言能力较高，可以在内群体之外结交朋友，因此朋友越多，越有利于其减少剥夺感；而低语言能力者，由于语言能力受限，朋友圈的内卷化更明显，越不容易打破群体区隔，排斥感强。换工次数：外来工由于受教育水平较低，实际的工作经验的积累有助于人力资本的积累（Gary，1962；Parsons，1972；Dale，1978），换工次数越多，会出现资本积累的断裂，不利于市场竞争，工资收益较低。但是外来工通常希望通过更换工作来获得较为满意的收入，当事与愿违时，他们会体验到更强的剥夺感。福利待遇、强迫经历和权益侵害都是外来工在劳动力市场中权益保障的体现，对于高语言能力外来工和低语言能力外来工而言，当权益得不到保障时都会产生剥夺感，这种剥夺感的产生倾向于具有结构性制度化的归因。

（2）在高语言能力者剥夺感模型中显著，而在低语言能力者剥夺感模型中不显著的变量有：年龄、宗教信仰、外出打工年限。年龄：高语言能力者剥夺感随年龄增加而增加，差异显著；低语言能力者剥夺感不存在年龄的显著差异。年龄越大，越容易被市场淘汰，高语言能力者由于适应力强，被市场淘汰时产生了较高的相对剥夺感；低语言能力者由于语言能力低下不适应劳动力市场，在入职之初就有强烈的剥夺感。宗教信仰：高语言能力者中有宗教信仰者剥夺感得分高于无宗教信仰者，差异显著；低语言能力者剥夺感在有无宗教信仰上差异不显著。宗教信仰者既有逃避现实者，也有超越现实者，不管是哪种都有可能是因为个体生存中出现了某种困境（董西彩，2004）。当高语言能力者遭遇困境时，更容易产生相对剥夺感。外出打工年限：高语言能力者的剥夺感随打工年限增加而减少，差异显著；低语言能力者外出打工年限对剥夺感模型的影响作用不显著。打工年限增加，资本积累和社会适应能力增加，会有利于剥夺感减少。但这一结果只出现在高语言能力者中，较低的语言能力，影响了其资本积累和社会适应性，因而影响了打工年限对于减少排斥感的积极作用。

（3）在低语言能力者剥夺感模型中显著，而在高语言能力者剥夺感模型中不显著的变量有：性别、与当地人有无交往机会。性别：高语言能力者剥夺感的性别差异不显著；低语言能力者男性的剥夺感显著高于女性。男性语言能力低，适应能力低，相比于女性更不受欢迎，剥夺感强。高语言能力者，与当地人有无交往机会对剥夺感模型的影响作用不显著；低语言能力者，与当地人有交往机会者剥夺感得分低于无交往机会者，差异显著。这一结果说明，低语言能力外来工剥夺感更依赖于与当地人社会关系的建立。

（4）在低语言能力者和高语言能力者剥夺感模型中均不显著的变量有：婚姻状况、老家行政区域、朋友是否有老乡、朋友是否有当地人、和谁居住、城市经济水平、工种、企业性质、月工资。

（5）语言口音差异。高语言能力者剥夺感存在口音差异的影响作用显著，表现为：口音差异小者的剥夺感高于口音差异大者；低语言能力外来工，口音差异小者的剥夺感与口音差异大者的剥夺感差异不显著。首先，这一结果表明语言的身份表征作用在劳动力市场中对减少排斥感无影响，即劳动力市场更关注外来工的人力资本等其他方面；其次，高语言能力者社会适应能力强，"语言与外来工劳动力市场排斥"这一章的研究结果表明，外来工语言口音差异大者工资收入高于语言口音差异小者。口音差异大的高语言能力外来工的工资较高时，符合了他们的心理预期，剥夺感体验较低。而口音差异较小的外来工，他们的语言适应能力也比较高，且身份认同也较高。虽然可能是由于他们的主观原因造成的工资水平较低，如不愿吃苦、工作时限不长等，但他们的主观期望同样相对较高，工资低时剥夺感也会较高。低语言能力者，不论口音差异大小，都不容易被市场接受，对自身的期望与现实之间差距均不大，所以剥夺感不存在语言口音大小的差异。

通过模型 2 和模型 3 的比较还发现，各因素对高、低语言能力外来工剥夺感模型影响作用存在一定的差异，为进一步验证这些差异是否显著，进行各因素与语言能力之间的交互作用模型分析。根据文献回顾，本章着重分析语言能力与性别、年龄、受教育年限、老家行政区域、老板是否老乡、朋友是否有老乡、朋友数量、与当地人有无交往机会、换工次数、外出打工年限、工种、月工资、有无福利待遇、有无强迫经历、口音差异等因素的交互作用，以探讨语言能力对排斥感模型的调节作用①。结果如下。

模型 4 为语言能力与朋友数量交互作用显著。表明朋友数量对外来工剥夺感的影响作用在高、低语言能力者之间存在显著差异，对低语言能力者的影响作用显著大于对高语言能力者的影响作用。具体表现为，朋友数量每增加一个，低语言能力者剥夺感得分增加 0.121 分，高语言能力者剥夺感得分减少 0.058 分。也就是说，朋友越多越有利于减少高语言能力者的剥夺感，但会增加低语言能力外来工的剥夺感。朋友数量对低语言能力外来工剥夺感的影响作用要显著高于高语言能力外来工。也就是说，低语言能力外来工在城市生活中更依赖于社会网络的作用，这种群体认同越强，越不能获得当地人的认同，从而产生的剥夺感就会越强。语言能力调节着朋友数量对外来工剥夺感的影响程度。

---

① 表 9-5 中，对剥夺感影响作用不显著的交互作用模型未列出。

模型5为语言能力与有无强迫经历的交互作用显著。表明有无强迫经历对外来工剥夺感的影响作用在高、低语言能力者之间存在显著差异，对高语言能力者的影响作用显著大于对低语言能力者的影响作用。具体表现为，低语言能力者中有强迫经历者剥夺感得分高于无强迫经历者7.277分，高语言能力者中有强迫经历者剥夺感得分高于无强迫经历者11.309分。也就是说，有无强迫经历对外来工剥夺感的影响作用因语言能力不同而不同，受语言能力调节。因为，语言能力越高所具有的市场竞争力越强，外来工所期望的回报就越高，当其他条件控制不变时，语言能力越高的外来工遭遇强迫时，他们会更容易感受到剥夺，因而剥夺感会高于那些因语言能力低而竞争力不强的外来工，且差异显著。

总之，语言影响外来工的剥夺感。首先，基本模型中，语言口音差异大者剥夺感高，语言能力的影响作用不显著。其次，通过模型比较发现，年龄、宗教信仰、外出打工年限和语言口音差异只在高语言能力外来工剥夺感模型中影响显著；而性别、与当地人有无交往机会只在低语言能力外来工剥夺感模型中影响显著；朋友数量越多，高语言能力外来工剥夺感越低，但低语言能力外来工剥夺感越高；其余变量对高语言能力外来工和低语言能力外来工剥夺感模型影响作用的显著性较为一致，尤其是与权益保障相关的变量。最后，交互模型结果表现为，语言能力对朋友数量、有无强迫经历在剥夺感模型中的影响作用的大小具有显著的调节作用，也就是说朋友数量、有无强迫经历对高语言能力者和低语言能力者剥夺感影响作用的大小存在显著差异。

2. 歧视感模型

语言影响外来工歧视感模型如表9-6所示，具体为：模型1为歧视感基本模型，模型2和模型3分别为高语言能力和低语言能力外来工歧视感模型，模型4、模型5、模型6、模型7、模型8分别为语言能力与其他变量的歧视感交互模型。

由回归分析得知，模型1是在控制其他变量（人口学变量、社会网络变量、劳动力市场变量）后，外来工歧视感语言变量的主效应模型（基本模型）。由模型1可知：语言变量中，语言口音差异变量对外来工社会歧视感的影响不显著；语言能力低者的歧视感显著高于语言能力高者。歧视感主要反映的是在与当地人社会交往过程中所体验的消极心理反应。语言能力低者相比于语言能力高者在交往中的不适应会引起他们较高的排斥体验。

表 9 - 6 外来工歧视感的 OLS 模型①

因变量：歧视感

	模型 1	模型 2	模型 3	模型 4	模型 5	模型 6	模型 7	模型 8
人口学变量								
性别（女＝0）	-0.517 (0.994)	-0.848 (1.220)	-0.701 (1.719)	-0.530 (0.994)	-0.602 (0.995)	-0.567 (0.994)	-0.496 (0.994)	-0.557 (0.994)
年龄	0.287*** (0.0800)	0.276*** (0.101)	0.332** (0.133)	0.289*** (0.0800)	0.286*** (0.0800)	0.284*** (0.0800)	0.295*** (0.0800)	0.299*** (0.0801)
受教育年限	-0.303* (0.172)	-0.289 (0.211)	-0.348 (0.299)	-0.316* (0.172)	-0.298* (0.172)	-0.307* (0.172)	-0.301* (0.172)	-0.295* (0.172)
老家行政区域（村镇＝0）	-2.738* (1.574)	-4.666** (1.909)	0.636 (2.768)	0.581 (2.511)	-2.703* (1.574)	-2.824* (1.574)	-2.757* (1.573)	-2.656* (1.574)
社会网络变量								
老板是否老乡（否＝0）	-2.367 (1.440)	-0.892 (1.688)	-5.738* (2.706)	-2.399* (1.439)	-2.378* (1.439)	-2.379* (1.439)	-2.424* (1.439)	-2.429* (1.439)
朋友数量	-0.0117 (0.0292)	-0.0308 (0.0312)	0.0843 (0.0730)	-0.0121 (0.0292)	-0.0116 (0.0292)	0.0925 (0.0679)	-0.0129 (0.0292)	-0.0105 (0.0292)
朋友是否有老乡（否＝0）	2.197** (0.923)	1.775 (1.143)	2.775* (1.565)	2.253** (0.923)	2.221** (0.923)	2.173** (0.923)	2.183** (0.923)	2.155** (0.923)

① 受篇幅限制，部分变量的结果未呈现在回归表中，但会对结果进行分析和讨论。如感兴趣，可向作者申请查阅。

续表

	模型 1	模型 2	模型 3	模型 4	模型 5	模型 6	模型 7	模型 8
				因变量：歧视感				
与当地人有无交往机会（无=0）	-5.890*** (1.532)	-3.609* (1.841)	-10.37*** (2.734)	-5.920*** (1.531)	-9.673*** (2.531)	-5.917*** (1.531)	-5.815*** (1.531)	-5.937*** (1.531)
劳动力市场变量								
外出打工年限	-0.215** (0.101)	-0.340*** (0.126)	-0.0687 (0.172)	-0.220** (0.101)	-0.214** (0.101)	-0.217** (0.101)	-0.0323 (0.138)	-0.235** (0.101)
换工次数	0.460*** (0.132)	0.352** (0.149)	0.824*** (0.277)	0.467*** (0.132)	0.463*** (0.132)	0.465*** (0.132)	0.455*** (0.132)	0.905*** (0.246)
打工城市经济水平（低=0）	2.030* (1.128)	2.000 (1.351)	1.563 (2.023)	2.023* (1.127)	2.040* (1.127)	2.014* (1.127)	2.032* (1.127)	1.923* (1.128)
工种（普工=0）								
服务工	2.646** (1.337)	1.701 (1.659)	3.981* (2.260)	2.683** (1.336)	2.619* (1.336)	2.672** (1.336)	2.724** (1.337)	2.622** (1.336)
一般管理者	0.380 (1.232)	0.586 (1.495)	0.151 (2.156)	0.425 (1.232)	0.424 (1.232)	0.325 (1.232)	0.399 (1.231)	0.427 (1.231)
月工资	-0.00057* (0.0003)	-0.00049 (0.0004)	-0.00060 (0.0005)	-0.00055 (0.0003)	-0.00057 (0.0003)	-0.00057* (0.0003)	-0.00056 (0.0003)	-0.00055 (0.0003)
有无福利待遇（无=0）	-5.290*** (1.129)	-6.276*** (1.435)	-4.092** (1.854)	-5.318*** (1.129)	-5.357*** (1.129)	-5.311*** (1.128)	-5.188*** (1.129)	-5.215*** (1.129)

续表

因变量：歧视感

	模型 1	模型 2	模型 3	模型 4	模型 5	模型 6	模型 7	模型 8
有无权益侵害（否=0）	4.969** (2.021)	4.826** (2.460)	5.615 (3.512)	4.912** (2.020)	5.018** (2.020)	4.917** (2.020)	4.926** (2.020)	4.987** (2.019)
有无强迫经历（否=0）	5.224*** (1.118)	6.997*** (1.413)	3.059* (1.835)	5.253*** (1.117)	5.189*** (1.117)	5.233*** (1.117)	5.276*** (1.117)	5.249*** (1.117)
语言变量								
语言口音差异（小=0）	1.646 (1.116)	1.687 (1.190)	1.362 (2.821)	1.615 (1.116)	1.700 (1.116)	1.630 (1.116)	1.652 (1.116)	1.602 (1.116)
语言能力（低=0）	-3.061*** (0.983)			-2.548** (1.028)	-8.375*** (2.996)	-1.967* (1.174)	-0.849 (1.510)	-1.666 (1.177)
交互项								
语言能力×老家行政区域				-5.300* (3.124)				
语言能力×与当地人有无交往机会					5.892* (3.138)			
语言能力×朋友数量						-0.127* (0.0749)		
语言能力×外出打工年限							-0.290* (0.150)	

续表

	\	因变量：歧视感							
		模型 1	模型 2	模型 3	模型 4	模型 5	模型 6	模型 7	模型 8
语言能力 × 换工次数									-0.603^{**}
									(0.281)
常数项		25.34^{***}	24.17^{***}	24.25^{***}	25.22^{***}	28.84^{***}	24.78^{***}	23.55^{***}	24.15^{***}
		(4.288)	(5.058)	(7.690)	(4.287)	(4.674)	(4.299)	(4.385)	(4.321)
N		2509	1530	979	2509	2509	2509	2509	2509
R^2		0.082	0.083	0.087	0.083	0.083	0.083	0.083	0.083

注：括号内为标准误，$^{*} p < 0.1$，$^{**} p < 0.05$，$^{***} p < 0.01$。

由回归分析得知，在模型 1 中，语言能力对外来工歧视感作用显著。进一步分析基本模型中的各因素在高语言能力外来工和低语言能力外来工歧视感模型中的影响作用的一致性。模型 2 为高语言能力者的歧视感模型，模型 3 为低语言能力者的歧视感模型。经比较后，结果如下。

（1）在高语言能力者和低语言能力者歧视感模型中均显著的变量有：年龄、宗教信仰、与当地人有无交往机会、换工次数、有无福利待遇、有无权益侵害、有无强迫经历。歧视感反映的是外来工体验到的低人一等，被当地人看不起的消极心理反应。年龄：年龄大者相比于年龄小的外来工更不受欢迎，因此体验到较高的低人一等的感觉。与当地人有无交往机会：与当地人有无交往机会对高语言能力者和低语言能力者而言，都是增加与当地人接触的关键环节。当地人对外来工的污名和偏见在很多时候只是一种群体记忆，他们通过各种媒介信息形成对外来工的刻板印象；另外，缺少接触时，外来工对当地人的了解也容易片面化、刻板化，认为当地人不好相处，歧视外地人。因此，与当地人有交往机会者歧视感显著低于无交往机会者。结果进一步表明，在接触中增进了解，可以打破群体区隔，改变刻板印象，促进相互融合。换工次数：外来工因工资低而希望通过不断更换工作来增加工资收入时，用人单位不喜欢这样的外来工，认为他们的企业忠诚度低，所以更容易歧视；外来工也因为总不能找到合适自己的工作而产生被歧视感。有无福利待遇和强迫经历：有福利待遇的外来工，无论语言能力高低，其歧视感得分显著低于无福利者；有强迫经历的外来工，无论语言能力高低，其歧视感得分显著高于无强迫经历者。外来工流入城市，能够获得工资之外的福利时，他们会极大地减少歧视感。相反，如果违背他们的意愿，强迫限制他们的行为，会显著增加他们的歧视感。外来工流入城里，当基本的权益都得不到保障时，他们的歧视感要高于那些有权益保障者，因此保障外来工相应的权益，可以减少他们的排斥感，尤其是高语言能力外来工。Chen（2013）的研究指出外来工的歧视感主要来源于制度和人际交往，本章研究也支持了这一结论，与当地人有无交往机会和与企业制度相关的变量显著影响着外来工的歧视感。

（2）在高语言能力者歧视感模型中显著，而在低语言能力者歧视感模型中不显著的变量有：老家行政区域、外出打工年限、企业性质、有无权益侵害。老家行政区域：高语言能力者，老家行政区域为村镇者的歧视感得分显著高于市县者，差异显著；低语言能力者，老家行政区域对歧视感模型的影响作用不显著。相比于老家行政区域村镇者，行政区域为市县者，其自身所处的生活环境相对较好，他们对在打工地所受到的歧视和不平等的感受相对较低。这一结果与 Pirani 和 Schifini（2010）关于欧洲各国居民社会排斥感的研究一致，家境较好者社会排斥感低。但这种相对性在语言能力低者中没有出现，由于低语言能力使其他能力受限，不管家庭条件是否较好，都难以适应流入地生活，所以体验到的歧视感没有显著差异。外出打工年限：高语言能力者，打工年限每增加一年社会歧视感显著降低；低语言能力者打工年限的作用不显著。外出打工年限增长，外来工对城市的适应性增加。歧视感是由差异性引起的，随着打工年限的增长，差异性不断缩小，歧视感也相应降低。城市居民也因为相对熟悉从而了解外来工，从其工作的不易到善良的本质，所以更能接受他们，因此，外出打工年限越长，歧视感越低。但打工年限长有利于减少排斥感只对高语言能力者起作用。低语言能力者由于适应性低，打工年限的积极作用无法显现。企业性质：语言能力低者在何种企业上班都会遭遇歧视，而语言能力高者在私营、个体企业上班歧视感低。这一结果表明，高语言能力者更适合在私有企业工作。

（3）在低语言能力者歧视感模型中显著，而在高语言能力者模型中不显著的变量有：朋友是否有老乡、老板是否老乡、工种。朋友是否有老乡：高语言能力者，朋友是否有老乡对其歧视感的影响作用不显著；低语言能力者，朋友有老乡者比朋友没有老乡者的歧视感高，差异显著。低语言能力者交往的内卷化不利于其群际交往与了解，因而歧视感较强。老板是否老乡：高语言能力者，老板是否老乡对其歧视感的影响作用不显著；低语言能力者，老板是老乡者歧视感低于老板不是老乡者，差异显著。这一结果表明，低语言能力者更依赖于老乡的支持作用。老板是老乡表现为一种权威性的强关系，且具有相同的语言，由语言不同产生的歧视感低于那些老板不是老乡者。工种：高语言能力者，服务工与普工相比歧视感无显著差异；低语言能力者服务工的歧视感得分显著高于普工，说明语言对于服务业外来工更具重要性，低语言能力外来工从事服务行业容易产生歧视感。

（4）在高、低语言能力外来工歧视感模型中均不显著的变量有：性别、婚姻状况、受教育年限、朋友是否有当地人、朋友数量、和谁居住、打工城市经济水平。

（5）语言口音差异在高语言能力者和低语言能力者歧视感模型中均不显著。

如表9-6所示：通过模型2和模型3的比较还发现，各因素对高、低语言能力外来工歧视感模型影响作用存在一定的差异，为进一步验证这些差异是否显著，进行各自变量与语言能力之间的交互作用模型分析。根据文献回顾，模型着重分析语言能力与性别、年龄、受教育年限、老家行政区域、老板是否老乡、朋友是否有老乡、朋友数量、与当地人有无交往机会、换工次数、外出打工年限、工种、月工资、有无福利待遇、有无强迫经历、语言口音差异等因素的交互作用，以探讨语言能力对歧视感模型的调节作用①。

模型4，语言能力与老家行政区交互作用显著，表明老家行政区域对外来工歧视感的影响作用在高、低语言能力者之间存在显著差异，对高语言能力者的影响作用显著大于对低语言能力者的影响作用。具体表现为：低语言能力外来工，老家行政区域为市县者歧视感得分高于老家是村镇者0.581分；高语言能力外来工老家是市县者歧视感得分低于老家是村镇者4.719分。也就是说，语言能力调节着老家行政区域对外来工歧视感的影响作用。这一结果表明：老家是市县者由于自身原有的生活环境好于老家是村镇者，与城市之间的差距较小，且高语言能力者城市生活的社会适应性又较高，所以他们的歧视感较低；而低语言能力者由于语言能力低，会产生较高的歧视感。老家行政区域对高语言能力者的正向作用大于对低语言能力者的负向作用，即老家行政区域为市县者更有利于高语言能力者减少歧视感。

模型5，语言能力和与当地人有无交往机会的交互作用显著，表明与当地人有无交往机会对外来工歧视感的影响作用在高、低语言能力者之间存在显著差异，对低语言能力者的影响作用显著大于高语言能力者。具体表现为：低语言能力者，与当地人无交往机会的外来工歧视感得分比有交往机会者高9.673分；高语言能力者，与当地人无交往机会的外来工比有交往机会的外来工的歧视感得分高3.781分。也就是说，语言能力低者与当地人接触比语言能力高者更可以减少其社会歧视感，语言能力调节着与当地人有无交往机会对外来工歧视感的影响程度。

---

① 表9-6中，对歧视感影响作用不显著的交互作用模型未列出。

模型 6，语言能力与朋友数量交互作用显著，表明朋友数量对外来工歧视感的影响作用在高语言能力和低语言能力外来工中存在显著差异，对高语言能力者的影响作用显著大于对低语言能力者的影响作用。具体表现为：低语言能力者朋友数量每增加一个，歧视感得分增加 0.0925 分；高语言能力者朋友数量每增加一个，歧视感得分减少 0.0245 分。也就是说语言能力可以调节朋友数量对外来工歧视感的影响作用。

模型 7，语言能力与外出打工年限的交互作用显著，说明外出打工年限对外来工歧视感的影响作用在高语言能力者和低语言能力者中存在显著差异，对高语言能力者的影响作用显著大于对低语言能力者的影响作用。具体表现为：低语言能力外来工外出打工年限每增加一年，歧视感得分减少 0.0323 分；高语言能力外来工外出打工年限每增加一年，歧视感得分减少 0.3223 分。也就是说，语言能力调节打工年限对外来工歧视感的影响作用。

模型 8，语言能力与换工次数的交互作用显著，说明换工次数对外来工歧视感的影响作用在高语言能力者和低语言能力者中存在显著差异，对低语言能力者的影响作用大于对高语言能力者的影响作用。具体表现为：低语言能力外来工换工次数每增加一次，歧视感得分增加 0.905 分；高语言能力外来工换工次数每增加一次，歧视感得分增加 0.302 分。也就是说，换工次数对外来工歧视感的影响作用因语言能力不同而不同，语言能力调节着换工次数对外来工歧视感的影响作用。

总之，语言影响外来工的歧视感。首先，基本模型中，语言能力低者歧视感显著高于语言能力高者；语言口音差异不同的外来工歧视感差异不显著。其次，比较模型中，老家行政区域、外出打工年限、企业性质、有无权益侵害只在高语言能力者中影响显著。而朋友是否有老乡、老板是否老乡、工种只在低语言能力者中影响显著。最后，交互模型中，通过语言能力的交互作用模型分析发现，语言能力对老家行政区域、外出打工年限、与当地人有无交往机会、朋友数量、换工次数在外来工歧视感模型中的影响作用具有显著的调节作用，也就是说，这些变量对高语言能力者和低语言能力者歧视感影响作用存在显著差异。

3. 无归属感模型

语言影响外来工无归属感模型如表 9-7 所示，具体为：模型 1 为无归属感基本模型，模型 2 和模型 3 分别为高语言能力和低语言能力外来工无归属感模型，模型 4 和模型 5 分别为语言能力与其他变量的无归属感交互模型。

表 9 - 7　外来工无归属感的 OLS 模型①

	因变量：无归属感				
	模型 1	模型 2	模型 3	模型 4	模型 5
人口学变量					
性别（女 =0）	1. 201 (1. 341)	0. 130 (1. 721)	2. 488 (2. 179)	1. 198 (1. 340)	1. 135 (1. 340)
年龄	0. 330 *** (0. 108)	0. 385 *** (0. 143)	0. 252 (0. 168)	0. 333 *** (0. 108)	0. 334 *** (0. 108)
受教育年限	0. 302 (0. 232)	0. 331 (0. 297)	0. 243 (0. 379)	0. 288 (0. 232)	0. 305 (0. 232)
老家行政区域（村镇 =0）	- 5. 553 *** (2. 124)	- 6. 175 ** (2. 693)	- 4. 617 (3. 511)	- 5. 524 *** (2. 123)	- 5. 656 *** (2. 123)
社会网络变量					
老板是否老乡（否 =0）	- 3. 340 * (1. 942)	- 1. 459 (2. 381)	- 7. 503 ** (3. 433)	- 8. 679 ** (3. 381)	- 3. 370 * (1. 941)
朋友数量	- 0. 0491 (0. 0395)	- 0. 0404 (0. 0440)	- 0. 0964 (0. 0927)	- 0. 0485 (0. 0394)	- 0. 0488 (0. 0394)
朋友是否有老乡（否 =0）	1. 015 (1. 245)	1. 332 (1. 612)	0. 477 (1. 985)	0. 962 (1. 244)	0. 923 (1. 244)
与当地人有无交往机会 （无 =0）	- 11. 52 *** (2. 062)	- 9. 472 *** (2. 597)	- 15. 18 *** (3. 449)	- 11. 57 *** (2. 061)	- 11. 40 *** (2. 062)
劳动力市场变量					
外出打工年限	- 0. 0745 (0. 136)	- 0. 0896 (0. 178)	- 0. 0129 (0. 218)	- 0. 0721 (0. 136)	- 0. 0762 (0. 136)
换工次数	0. 413 ** (0. 179)	0. 499 ** (0. 210)	0. 259 (0. 351)	0. 422 ** (0. 179)	0. 422 ** (0. 179)
打工城市经济水平 （低 =0）	2. 565 * (1. 520)	3. 044 (1. 904)	1. 247 (2. 566)	2. 506 * (1. 519)	2. 521 * (1. 519)

---

① 受篇幅限制，部分变量的结果未呈现在回归表中，但会对结果进行分析和讨论。如感兴趣，可向作者申请查阅。

	因变量：无归属感				
	模型 1	模型 2	模型 3	模型 4	模型 5
工种（普工 = 0）					
服务工	0.729 (1.803)	1.399 (2.340)	-0.567 (2.867)	0.682 (1.802)	0.686 (1.802)
一般管理者	-0.961 (1.661)	-1.174 (2.107)	-0.540 (2.735)	-1.039 (1.661)	-0.924 (1.660)
月工资	-0.00060 (0.0004)	-0.00079 (0.0006)	-0.00036 (0.0006)	-0.00059 (0.0004)	-0.00057 (0.0004)
有无福利待遇（无 = 0）	-4.656*** (1.523)	-6.866*** (2.024)	-1.584 (2.351)	-4.668*** (1.522)	-0.951 (2.276)
有无权益侵害（否 = 0）	6.469** (2.727)	5.867* (3.470)	6.796 (4.455)	6.439** (2.725)	6.469** (2.724)
有无强迫经历（否 = 0）	5.499*** (1.508)	6.221*** (1.993)	4.391* (2.328)	5.474*** (1.507)	5.513*** (1.507)
语言变量					
语言口音差异（小 = 0）	4.292*** (1.506)	3.771** (1.679)	7.159** (3.579)	4.395*** (1.506)	4.134*** (1.506)
语言能力（低 = 0）	-0.737 (1.325)			-1.554 (1.391)	4.123 (2.584)
交互项					
语言能力 × 老板是否老乡				7.843* (4.066)	
语言能力 × 有无福利待遇					-6.441** (2.941)
常数项	26.40*** (5.785)	24.99*** (7.135)	27.44*** (9.757)	27.00*** (5.790)	23.82*** (5.900)
N	2511	1531	980	2511	2511
R^2	0.062	0.063	0.078	0.063	0.064

注：括号内为标准误；* $p<0.1$，** $p<0.05$，*** $p<0.01$。

由回归分析得知，如表 9-7 所示，模型 1 是在控制其他变量（人口学变量、社会网络变量、劳动力市场变量）后，外来工无归属感语言变量的主效应模型（基本模型）。通过模型 1 可知，语言变量中，语言口音差异变量对外来工无归属感的影响作用显著，口音差异大者无归属感大于口音差异小者，说明持相同或相近语言口音的外来工，尽管剥夺感高于语言口音差异大者，但他们的语言与当地人相似，所以他们比语言口音差异大者更倾向于有身份归属感。语言能力对外来工无归属感影响不显著。这一结果表明，语言能力高并不能增加外来工的归属感，但是流出地与流入地语言的相似性可以增加外来工的归属感。

如表9-7所示：在模型1中，语言能力对外来工无归属感影响不显著，但语言能力高者，无归属感较低。进一步分析基本模型中的各自变量在高语言能力者和低语言能力者无归属感模型中的影响作用的一致性。模型2为高语言能力者的无归属感模型，模型3为低语言能力者的无归属感模型。经比较后，结果如下。

（1）在高语言能力者和低语言能力者无归属感模型中均显著的变量有：与当地人有无交往机会、有无强迫经历。与当地人有无交往机会对高语言能力者和低语言能力者影响作用一致，均表现为有交往机会者无归属感比无交往机会者低，差异显著。有交往机会是外来工与当地人进行互动的前提，互动可以促进相互沟通与了解。群与群之间的接触与了解有助于打破群体界限，获得认同。与当地人没有交往机会的外来工，无法实现与当地人的正常接触，空间、心理以及社会的区隔使他们更容易感觉到被边缘化，无归属感强烈。强迫经历是指外来工在不愿意的情况下从事某种活动，如强迫加班等。不管高语言能力者还是低语言能力者，在被强迫时体验到的无归属感均显著强于没有强迫经历者。

（2）在高语言能力者无归属感模型中显著，而在低语言能力者中不显著的变量有：年龄、老家行政区域、换工次数、企业性质、有无福利待遇、有无权益侵害。归属感主要指身份认同。外来工作为城市的"他者"，被边缘化。受政治、经济、制度和文化等多重限制而无法顺利成为城市中的一员。而且有研究也发现，具有定居城市意愿的外来工毕竟少数，大多数人还是愿意回到农村（蔡昉，2007）。年龄：高语言能力者，无归属感随年龄增加而显著增加，差异显著；低语言能力者，年龄对其无归属感的影响作用不显著。年龄是外来工遭受市场淘汰的主要参考因素，低语言能力者对流入地社会的不适应性使得他们在打工一开始就存在无归属感；语言能力高者其自身的社会适应性较高，但年龄增长影响了其适应能力，表现为相对的无归属感较高。老家行政区域：高语言能力者，老家行政区域为市县者比老家行政区域为村镇者无归属感低，差异显著；低语言能力者老家行政区域两水平间得分差异不显著。这可能是因为来源于市县的外来工相对于来源于村镇的外来工在城市适应方面具有相对的优势，但因为语言能力低，影响了他们的优势心理，归属感降低。换工次数：高语言能力者无归属感随换工次数的增加而增加，差异显著；低语言能力者无归属感受换工次数的影响作用不显著。如模型1所示，换工次数越多，外来工的无归属感越强。当地居民一般工作稳定性高，而外来工经常跳槽，这凸显了他们在劳动力市场上大多从事非正式、保障性低和流动性强的工作（范芝芬，2013），流动性越强越没有归属感。通过高、低语言能力者无归属感模型的比较发现，这种作用只发生在高语言能力者中，因为高语言能力者对自身的期望较高，较容易产生相对的排斥感。企业性质：语言能力低者在何种企业上班都会具有无归属感，而语言能力高者在私营、个体企业上班无归属感较低。有无福利待遇：高语言能力者，无福利待遇的外来工无归属感显著高于有福利待遇的外来工，而低语言能力者，有无福利待遇对无归属感模型的影响作用不显著。有无权益侵害：高语言能力者，受过权益侵害者的无归属感显著高于未受过权益侵害者，低语言能力者两水平之间差异不显著。有无福利待遇和有无权益侵害都反映了外来工是否享有一定的权益保障，如果不能享有，高语言能力者更容易产生相对的排斥体验，没有归属感。

（3）在低语言能力者无归属感模型中显著，而在高语言能力者中不显著的变量有：老板是否老乡。老板是否老乡对高语言能力者无归属感的影响不显著；低语言能力者老板是老乡的外来工无归属感低于老板不是老乡者，差异显著。归属感测量的是外来工感觉到自己是否属于这里。老板是老乡者由于同乡情结，外来工在主观上更愿意为其多付出；老板也因为是老乡关系，而会给予较多的社会支持等。最重要的一点是，他们说着来自同一个地方的语言，强化了群体认同，所以外来工的归属感较强，尤其是低语言能力者。结果表明低语言能力者有可能更依赖于熟人社会网络的支持。

（4）在高语言能力者和低语言能力者无归属感模型中均不显著的变量有：性别、婚姻状况、受教育年限、宗教信仰、朋友是否有老乡、朋友数量、外出打工年限、和谁居住、打工城市经济水平、工种、月工资。

（5）语言口音差异。不同语言口音差异者的无归属感在高语言能力者和低语言能力者中差异都显著。归属感主要指一个人的身份认同，是否属于这里。语言口音差异是身份认同的标志，口音相近者总是倾向于向上认同。因而，不管语言能力如何，口音差异小者向上认同的倾向性都较高，他们的无归属感均显著低于口音差异大者。

通过模型 2 和模型 3 的比较还发现，各因素对高、低语言能力外来工无归属感模型影响作用存在一定的差异，为进一步验证这些差异是否显著，进行各自变量与语言能力之间的交互作用模型分析。根据文献回顾，本章研究着重分析语言能力与性别、年龄、受教育年限、老家行政区域、老板是否老乡、朋友是否有老乡、朋友数量、与当地人有无交往机会、换工次数、外出打工年限、工种、月工资、有无福利待遇、有无强迫经历、口音差异等因素的交互作用，以探讨语言能力对排斥感模型的调节作用①。结果如模型 4 和模型 5 所示。

模型 4，语言能力与老板是否老乡的交互作用显著，说明老板是否老乡对外来工无归属感的影响作用在高语言能力外来工与低语言能力外来工中存在显著差异，对低语言能力者的影响作用显著大于对高语言能力者的影响作用。具体表现为：低语言能力外来工老板是老乡者的无归属感得分低于老板不是老乡的外来工 8.679 分；高语言能力外来工老板是老乡者的无归属感得分与老板不是老乡的外来工无归属感得分几乎无差异（0.835分）。也就是说，语言能力调节着老板是否老乡对外来工无归属感的影响程度，低语言能力者更依赖于同乡力量。老板是老乡的外来工表现为一种强关系支持，补偿了语言能力不足而引起的社会不适应，对减少低语言能力者的无归属感更为有效。

模型 5，语言能力与有无福利待遇的交互作用显著，说明有无福利对外来工无归属感的影响作用在高语言能力者和低语言能力者之间存在显著差异，对高语言能力者的影响作用显著大于对低语言能力者的影响作用。具体表现为：低语言能力者中没有福利待遇者比有福利待遇者无归属感得分高 0.095 分；高语言能力者，没有福利待遇比有福利待遇的外来工无归属感得分高 6.536 分。也就是说，语言能力调节着有无福利待遇对外来工无归属感的影响作用，语言能力高者无福利待遇时无归属感更高。

总之，语言影响外来工的无归属感。首先，基本模型中，控制其他变

---

① 表 9-7 中，对无归属感影响作用不显著的交互作用模型未列出。

量（人口学变量、社会网络变量、劳动力市场变量）的情况下，无归属感模型的语言口音差异的主效应显著，语言能力大小的主效应不显著。其次，模型比较中，年龄、老家行政区域、与当地人有无交往机会、换工次数、企业性质、有无福利待遇、有无权益侵害只对高语言能力者无归属感模型具有显著的影响作用，老板是否老乡只对低语言能力者无归属感模型具有显著的影响作用。最后，交互模型中，语言能力对老板是否老乡和有无福利待遇在外来工无归属感模型中的影响具有显著的调节作用，即老板是否老乡和有无福利待遇对高语言能力外来工和低语言能力外来工无归属感影响作用存在显著差异。

4. 总排斥感模型

语言影响外来工总排斥感模型如表9-8所示，模型1为基本总排斥感模型，模型2和模型3分别为高语言能力和低语言能力外来工总排斥感模型；模型4和模型5分别为语言能力与其他变量的总排斥感交互模型。

由回归分析得知，如表9-8所示，模型1是在控制其他变量（人口学变量、社会网络变量、劳动力市场变量）后，外来工总排斥感语言变量的主效应模型（基本模型）。通过模型1可知，语言变量中，语言口音差异变量对外来工总社会排斥感影响不显著；语言能力低者总排斥感高于语言能力高者，且差异显著。总体上，语言能力高者由于自身的适应能力较强，社会排斥感较低。

如表9-8所示，在模型1中，语言能力对外来工总排斥感作用显著。进一步分析基本模型中的各自变量在高语言能力者和低语言能力者总排斥感模型中的影响作用的一致性。模型2为高语言能力外来工的无归属感模型；模型3为低语言能力外来工无归属感模型。经比较后，结果如下。

（1）在高语言能力者和低语言能力者总排斥感模型中均显著的变量有：年龄、宗教信仰、老板是否老乡、与当地人有无交往机会、换工次数、有无福利待遇、有无权益侵害、有无强迫经历。总排斥感是外来工对剥夺感、歧视感和归属感的总体反映。年龄和宗教信仰仍是影响外来工总排斥感的重要变量。老板是老乡对外来工来说是强关系网络，且具有一定的权威性，使得内群体认同因老板的权威地位而具有了一种心理优势。因此，相比于老板不是老乡者，不管是高语言能力外来工还是低语言能力外来工，他们的总排斥感都较低。另外，与当地人的交往接触有助于实现群与群之间的交流与沟通，有利于减少总排斥感。

表 9-8 外来工总排斥感的 OLS 模型①

因变量：总排斥感

	模型 1	模型 2	模型 3	模型 4	模型 5	模型 6	模型 7	模型 8
人口学变量								
性别（女=0）	1.550* (0.812)	0.721 (1.020)	2.314* (1.360)	1.540* (0.811)	1.548* (0.811)	1.498* (0.811)	1.513* (0.811)	1.540* (0.811)
年龄	0.279*** (0.0653)	0.327*** (0.0847)	0.217** (0.105)	0.281*** (0.0653)	0.281*** (0.0653)	0.276*** (0.0653)	0.282*** (0.0653)	0.278*** (0.0653)
受教育年限	0.232* (0.140)	0.249 (0.176)	0.155 (0.236)	0.221 (0.141)	0.224 (0.140)	0.228 (0.140)	0.234* (0.140)	0.234* (0.140)
老家行政区域（村镇=0）	-2.050 (1.284)	-3.523** (1.596)	0.245 (2.188)	0.723 (2.049)	-2.032 (1.284)	-2.140* (1.284)	-2.104 (1.284)	-2.104 (1.284)
社会网络变量								
老板是否老乡（否=0）	-4.673*** (1.175)	-3.152** (1.411)	-8.089*** (2.140)	-4.700*** (1.174)	-8.039*** (2.045)	-4.686*** (1.174)	-4.688*** (1.174)	-4.651*** (1.174)
朋友数量	-0.0234 (0.0239)	-0.0439* (0.0261)	0.0772 (0.0578)	-0.0238 (0.0239)	-0.0231 (0.0238)	0.0867 (0.0554)	-0.0233 (0.0239)	-0.0235 (0.0239)
朋友是否有老乡（否=0）	1.478** (0.753)	1.425 (0.956)	1.440 (1.239)	1.525** (0.754)	1.444* (0.753)	1.452* (0.753)	1.427* (0.753)	1.470* (0.754)

① 受篇幅限制，部分变量的结果未呈现在回归表中，但会对结果进行分析和讨论。如感兴趣，可向作者申请查阅。

续表

因变量：总排斥感

	模型 1	模型 2	模型 3	模型 4	模型 5	模型 6	模型 7	模型 8
与当地人有无交往机会（无=0）	-4.837*** (1.250)	-3.382** (1.539)	-7.571*** (2.162)	-4.862*** (1.249)	-4.868*** (1.249)	-4.866*** (1.249)	-4.774*** (1.250)	-4.870*** (1.249)
劳动力市场变量								
外出打工年限	-0.210** (0.0823)	-0.293*** (0.105)	-0.109 (0.136)	-0.215*** (0.0823)	-0.209** (0.0822)	-0.212*** (0.0822)	-0.211*** (0.0822)	-0.214*** (0.0823)
换工次数	0.506*** (3.108)	0.511*** (0.124)	0.550** (0.219)	0.511*** (0.108)	0.511*** (0.108)	0.511*** (0.108)	0.510*** (0.108)	0.504*** (0.108)
打工城市经济水平（低=0）	2.062** (3.921)	2.070* (1.129)	1.647 (1.604)	2.057** (0.920)	2.025** (0.920)	2.045** (0.920)	2.038** (0.920)	2.027** (0.920)
工种（普工=0）								
服务工	1.386 (1.092)	0.442 (1.390)	2.569 (1.787)	1.418 (1.092)	1.355 (1.091)	1.415 (1.091)	1.363 (1.091)	1.325 (1.092)
一般管理者	-0.352 (1.006)	-0.332 (1.250)	-0.466 (1.707)	-0.315 (1.006)	-0.402 (1.005)	-0.411 (1.005)	-0.332 (1.005)	-0.350 (1.005)
月工资	-0.00057** (0.0002)	-0.00047 (0.0003)	-0.00064 (0.0004)	-0.00055** (0.0002)	-0.00057** (0.0002)	-0.00057** (0.0002)	-0.00055** (0.0002)	-0.00058** (0.0002)
有无福利待遇（无=0）	-4.650*** (0.922)	-5.877*** (1.200)	-3.217** (1.468)	-4.673*** (0.921)	-4.658*** (0.921)	-4.670*** (0.921)	-2.695* (1.379)	-4.633*** (0.921)

续表

	模型 1	模型 2	模型 3	模型 4	模型 5	模型 6	模型 7	模型 8
	因变量：总排斥感							
有无权益侵害（否=0）	10.08*** (1.649)	10.96*** (2.056)	8.511*** (2.776)	10.04*** (1.648)	10.06*** (1.648)	10.03*** (1.648)	10.08*** (1.648)	10.13*** (1.648)
有无强迫经历（否=0）	7.619*** (0.912)	9.092*** (1.181)	5.815*** (1.452)	7.644*** (0.912)	7.603*** (0.911)	7.629*** (0.911)	7.628*** (0.912)	5.709*** (1.357)
语言变量								
语言口音差异（小=0）	-0.719 (0.911)	-0.870 (0.995)	-0.181 (2.231)	-0.745 (0.911)	-0.654 (0.911)	-0.737 (0.910)	-0.803 (0.911)	-0.723 (0.910)
语言能力（低=0）	-1.868** (0.802)			-1.439* (0.839)	-2.385*** (0.842)	-0.711 (0.958)	0.691 (1.565)	-2.697*** (0.913)
交互项								
语言能力 × 老家行政区域				-4.428* (2.549)				
语言能力 × 与当地人有无交往机会					4.943** (2.459)			
语言能力 × 朋友数量						-0.135** (0.0611)		
语言能力 × 外出打工年限							-3.392* (1.781)	

续表

因变量：总排斥感

	模型 1	模型 2	模型 3	模型 4	模型 5	模型 6	模型 7	模型 8
语言能力 × 换工次数								3.321* (1.747)
常数项	21.27*** (3.501)	18.48*** (4.228)	24.42*** (6.085)	21.11*** (3.151)	21.71*** (3.158)	20.67*** (3.161)	19.76*** (3.245)	21.83*** (3.164)
N	2506	1529	977	2507	2507	2507	2507	2507
R^2	0.120	0.136	0.108	0.121	0.121	0.122	0.121	0.121

注：括号内为标准误，* $p<0.1$，** $p<0.05$，*** $p<0.01$。

（2）在高语言能力者排斥感模型中显著，而在低语言能力者总排斥感模型中不显著的变量有：老家行政区域、朋友数量、外出打工年限、打工城市经济水平。老家行政区域：高语言能力者，老家行政区域为市县者比老家行政区域为村镇者总排斥感低，差异显著；低语言能力者，老家行政区域为市县者与村镇者两水平间总排斥感差异不显著。这一结果同 Pirani、Schifini 和 Vermunt（2009）的研究结果一样，家境好者，社会排斥感低，而家境较好的优势作用只在高语言能力者中出现。朋友数量：高语言能力者总排斥感随朋友数量的增加而减少，差异显著；低语言能力者总排斥感受朋友数量的影响作用不显著。外出打工年限：高语言能力者总排斥感随外出打工年限的增加而减少，差异显著；低语言能力者总排斥感受他们外出打工年限的影响作用不显著。打工城市经济水平：打工城市经济水平对外来工社会排斥感的影响在基本模型中均显著，表现为打工城市经济水平高，排斥感高；但在剥夺感、歧视感和无归属感模型中对高语言能力外来工和低语言能力外来工群体的影响作用不显著。排斥的心理反应累加之后，打工城市经济水平在高语言能力者总排斥感模型中影响显著，而在低语言能力者模型中影响不显著。这一结果表明，打工城市经济水平较低的城市，语言能力高者更具适应性；打工城市经济水平较高的城市由于其经济发展程度较高，当地居民的隐性社会福利较高，如上海市民的教育、医疗、住房福利等都是外来工所无法享受的，这会在一定程度上增加外来工相对剥夺的总排斥体验。而低语言能力者由于语言能力的问题不管在经济发展水平如何的打工城市，都会体验到排斥感，排斥感强度无显著差异。

（3）在低语言能力者总排斥感模型中显著，而在高语言能力者总排斥感模型中不显著的变量有：性别。高语言能力者，男性总排斥感比女性高，差异不显著，低语言能力者男性总排斥感高于女性，且差异显著。有研究表明，在外来工找工作的过程中，性别角色和人们对性别的刻板印象很明显，打工妹是全球资本家最喜欢雇用的人（范芝芬，2013）。这一结果表明，如果男性的语言能力较高，可以弥补性别差异带来的排斥感，也就是说外来工性别差异造成的排斥感只发生在低语言能力者中。

（4）在高语言能力者和低语言能力者总排斥感模型均不显著的变量有：婚姻状况、受教育年限、朋友有否老乡、朋友是否有当地人、和谁居住、工种、企业性质、月工资。

（5）语言口音差异。语言口音差异对高语言能力者和低语言能力者总排斥感模型的影响作用均不显著。

通过对模型 2 和模型 3 的比较还发现，各因素对高、低语言能力外来工总排斥感模型影响作用存在一定差异，为进一步验证这些差异是否显著，根据文献回顾，分别进行语言能力与老家行政区域、朋友数量、与当地人有无交往机会、换工次数、外出打工年限等因素的交互作用，以探讨语言能力对总排斥感模型的调节作用①。结果如模型 4、模型 5、模型 6、模型 7 和模型 8 所示。

模型 4，语言能力与老家行政区域的交互作用显著，说明老家行政区域对外来工总排斥感的影响作用在高、低语言能力者之间存在显著差异，对高语言能力者的影响作用大于对低语言能力者的影响作用。具体表现为：低语言能力者老家行政区域为市县者总排斥感得分高于村镇者 0.723分；高语言能力外来工老家行政区域为市县者总排斥感得分低于村镇者 3.705 分。也就是说，语言能力可以调节外来工老家行政区域对总排斥感的影响作用。

模型 5，语言能力同与当地人有无交往机会的交互作用显著，说明与当地人有无交往机会对外来工总排斥感的影响作用在高、低语言能力者之间存在显著差异；有无交往机会对低语言能力者的影响作用显著大于高语言能力者。具体表现为：低语言能力者外来工与当地人无交往机会者总排斥感高于有交往机会者 4.868 分，高语言能力外来工无交往机会者总排斥感高于有交往机会者 0.075 分。也就是说，语言能力可以调节外来工与当地人有无交往机会对总排斥感的影响作用。

模型 6，语言能力与朋友数量的交互作用显著，说明朋友数量对外来工总排斥感的影响作用在高、低语言能力者之间存在显著差异；朋友数量对低语言能力外来工总排斥感的影响作用显著大于对高语言能力者的影响作用。具体表现为：低语言能力者，朋友数量每增加一个，总排斥感增加0.0867 分；高语言能力者，朋友数量每增加一个，总排斥感减少 0.0483分。也就是说朋友数量对外来工总排斥感的影响作用受语言能力的调节，因语言能力的不同而不同。

模型 7，语言能力与外出打工年限的交互作用显著，说明外出打工年限对外来工总排斥感的影响作用在高、低语言能力者之间存在显著差异，

① 表 9-8 中，对总排斥感影响作用不显著的交互作用模型未列出。

对高语言能力者总排斥感的影响作用大于对低语言能力者的影响作用。具体表现为：低语言能力者打工年限每增加一年，总排斥感减少 0.211 分；高语言能力者打工年限每增加一年，总排斥感减少 4.603 分。也就是说外出打工年限对外来工总排斥感的影响作用受语言能力的调节，因语言能力的不同而不同。

模型 8，语言能力与换工次数的交互作用显著，说明换工次数对外来工总排斥感的影响作用在高语言能力与低语言能力外来工中存在显著差异，对高语言能力者的影响作用大于对低语言能力者的影响作用。具体表现为：低语言能力者换工次数每增加一次，总排斥感增加 0.504 分；高语言能力者换工次数每增加一次，总排斥感增加 3.825 分。也就是说语言能力可以调节换工次数对总排斥感的影响程度。

总之，语言影响外来工的总排斥感。首先，基本模型中，控制其他变量（人口学变量、社会网络变量、劳动力市场变量）的情况下，低语言能力者总排斥感高，语言口音差异的影响作用不显著。其次，模型比较中，老家行政区域、朋友数量、外出打工年限、打工城市经济水平只对高语言能力者具有显著的影响作用，性别只对低语言能力者具有显著的影响作用。最后，交互模型中，语言对老家行政区域、与当地人有无交往机会、朋友数量、外出打工年限以及换工次数在总排斥感模型中的影响作用具有显著的调节作用，即这些因素对高语言能力外来工和低语言能力外来工总排斥感的影响作用存在显著差异。

（三）语言口音差异影响与外来工社会排斥感

回归模型的结果表明，其他条件控制不变时，语言口音差异对外来工的社会剥夺感存在影响，口音差异较小者体验到的剥夺感较大。这一结果与第七章语言与外来工劳动力市场中工资收入的结果具有一致性，口音差异较小的外来工在流入地工资收入较口音差异较大的外来工低。Runciman（1966）认为，社会中一个人的剥夺感来自与其相比较的情境，相对剥夺的差异程度来自个人欲望和个人满意度之间的比较。口音差异较小的外来工一般来自所在城市的周边地区或所在城市的城郊附近。人们都具有向上趋同的倾向，因为语言口音相同或差异小，他们更愿意将自己看成有别于那些口音差异较大且流动距离较远者。与当地人具有共同或相近的语言，从而心理认同度要高，融入的预期也高，但是同为外来工他们的身份遭遇不会有差别。工资收入、劳动力市场的竞争使得他们同样处于城市的边缘，这使得语言口音差异较小的外来工在个人期望和满意度之间形成的落差更大，从而产生较高的排斥感。

回归模型的结果表明，其他条件控制不变时，口音差异对外来工的总排斥感没有影响。方言的语音通常称为口音，口音是社会排斥的试金石。"在外面遇到麻烦，我们都不愿意去找当地政府、公安局，因为他们一听你是外地口音，理都不理会你，并且会维护当地人的利益……"（引自范芝芬，2013）。讲话者的口音对听者对讲话者的印象会产生重要影响，标准口音者的评价高于其他口音者。因此，只要有口音，都会受当地人排斥。但因为城市的流动性增强，外来工不再被称为"盲流"，城市社会对外来工的接受度也在提高，外来工被排斥感较低。所以通过描述统计的结果可以发现，外来工的总排斥感平均得分为 21 分，相对于总分 100 分而言是低的。

回归模型的结果表明，其他条件控制不变时，口音差异对外来工的归属感影响显著，口音差异越大，越没有归属感。语言是同一群体身份的符号标志，语言口音相同或差异较小者城市认同感高，产生了向上流动的倾向。与那些语言口音差异较大的外来工群体相比，他们喜欢将自己视为当地人，在访谈中就有被访者说"我们启东话和上海话差不多，没差异的。在这里跟在家里一样……"（Xiao_Z，女，50 岁，2013.11.17）。而对于语言口音差异较大的外来工，他们克服语言关非常困难，甚至排斥当地方言。因而，导致了其归属感受语音差异的影响显著。

回归模型的结果表明，其他条件控制不变时，口音差异对外来工的总排斥感影响不显著。国外的研究显示，欧盟移民的社会排斥感主要受人口学变量、经济状况、社会网络以及劳动力市场的影响。当控制这些变量后，语音的差异在剥夺感中差异性小、剥夺感强；在归属感中，语音差异大，无归属感高。两者的感受产生了某种程度的相互消减。因此，总社会排斥感表现为语音差异的影响不显著。

（四）语言能力影响与外来工社会排斥感

回归模型的结果表明，其他条件控制不变时，语言能力对外来工歧视感存在影响，语言能力高者歧视感低。Wang、Li 和 Stanton 等（2010）认为，人们通常在工作时更易感受到歧视，人力资本、技能差异以及制度和社会排斥导致了劳动力市场分割，外来工只能在危险、脏乱和艰苦的低端劳动力市场中工作。因而，外来工常被市民看作二等公民，素质低，增加犯罪，构成就业竞争等（White，1996）。同时，外来工处于经济和制度的弱势地位，经常在工作获得、教育、医疗和社会交往中被歧视。语言能力是人力资本，可以提高外来工劳动力市场的竞争力，调节外来工的社会认知，减少歧视感。Wang、Li、Stanton 和 Fang（2010）在研究中还发现，许多被访者报告说经常遭受顾客的歧视，因为不会说上海话。当语言能力较低时更容易在人际交往中出现困难，有研究指出，人际中的不愉快经历更能影响外来工的心理感受，产生自卑、回避等歧视感（Wong，Li & Song，2007）。

回归模型的结果表明，其他条件控制不变时，语言能力对外来工的归属感没有影响。有研究表明，与当地人积极的互动有助于提升移民的归属感，这种积极的互动是一种支持性的（Orton，2012）。在我国，城市外来工与当地人有交往机会者较多，但朋友有当地人的只有 10% 不到。大多数外来工与当地人的接触更多的是一种陌生关系的接触，即使语言能力高，也不会显著促进情感交流等。他们作为不同的群体相互隔离，不仅是空间上的，更是心理上的，这种接触不利于提升外来工的归属感意识。另外，受经济水平和制度体系的限制，外来工在教育、医疗、就业、住房、社会福利等方面被排除在打工地之外。语言能力只是一种人力资本，在制度体系面前无能为力，外来工作为一个整体被边缘化，所以，外来工语言能力对无归属感没有显著作用。因此，促进融合，增强外来工的归属感，既要在政策层面又要在社会交往层面给外来工更多的支持。

（五）人口学变量及语言能力的调节作用

1. 剥夺感模型

在人口学变量中，其他变量控制不变时，性别、年龄、受教育年限、宗教信仰变量都显著影响外来工剥夺感。这些结果说明，剥夺感是一个相对的概念，受外来工个体特征的调节。

性别对外来工剥夺感的影响作用在高语言能力外来工中不显著，低语言能力外来工由于市场适应能力低，处于劳动力市场最低端，而男性对自身的工资期望相对高于女性，所以剥夺感高。年龄对剥夺感的影响作用在低语言能力外来工中不显著，高语言能力外来工适应市场的能力要强一些，但劳动力市场对外来工的年龄要求很高，是工作招聘时的一大要素，所以随着年龄的增长，其被劳动力市场排斥的可能性增大，工作的机会和权利受剥夺。有宗教信仰者总体上剥夺感都强，语言能力高者相对剥夺感更强。此结果说明，人口学变量不同水平在高语言能力外来工中更易产生显著的剥夺感差异。

人口学变量在高、低语言能力者剥夺感模型中的影响作用均不一样，但通过各因素与语言能力的交互作用检验后均不显著，说明各因素对外来工剥夺感的影响没有因语言能力的不同而有差异。

2. 歧视感模型

在人口学变量中，其他变量控制不变时，年龄、受教育年限、老家行政区域和宗教信仰显著影响外来工的歧视感。这一结果说明，歧视感是一个相对量，因个体特征不同而不同。

年龄和宗教信仰对高、低语言能力外来工歧视感的影响都显著，且对语言能力低者影响作用更大，因为语言能力低者更容易受市场排斥，符合理性行动理论。

通过各因素与语言能力的交互作用检验后发现，老家行政区域与语言能力的交互作用显著，表明老家行政区域对外来工歧视感的影响因语言能力不同而不同且差异显著。在高、低语言能力歧视感的分别模型检验中发现，老家行政区域对高语言能力外来工歧视感的影响是显著的，对低语言能力者的影响不显著。总模型中老家行政区域的影响也是显著的，这一结论与 Pirani 和 Schifini（2010）关于欧洲各国居民社会排斥感的研究结果一致，家境好者社会排斥感低。当语言能力都较低时，因都不适应，所以家境好的优势不再体现，这说明语言能力不高影响了老家行政区域为市县者的歧视感。

3. 无归属感模型

归属感是身份认同问题。外来工作为城市的"他者"，被边缘化。受政治、经济、制度和文化等多重限制而无法顺利成为城市中的一分子。而且有研究也发现，具有定居城市意愿的外来工毕竟少数，大多数人还是愿意回到农村（蔡昉，2007）。在人口学变量中，其他变量不变时，随着年龄的增加，这种无归属感越发明显；老家行政区域为村镇的外来工的无归属感强于市县的外来工。语言能力较低者，来源于市县的外来工与来源于村镇的外来工无归属感差异不再显著。可能是因为来源于县市的外来工相对于来源于村镇的外来工，在城市适应方面具有相对的优势，但语言能力不好降低了这种心理反应，优势感丧失，归属感降低。

4. 总排斥感模型

总排斥感是外来工对剥夺感、歧视感和无归属感的总体反映。在人口学变量中，性别、年龄、受教育年限和宗教信仰对总排斥感的影响差异显著，说明外来工社会排斥感在总体上受个体特征的影响。男性排斥感较高。有研究表明，在外来工找工作的过程中，性别角色和人们对性别的刻板印象非常明显，打工妹是全球资本家最喜欢雇用的人（范芝芬，2013）。随着年龄的增加，总排斥感一直处于上升趋势，且不受语言能力调节。有宗教信仰者仍普遍受排斥。老家行政区域是市县者总排斥感低于老家是村镇者，因为老家是市县的外来工与老家是村镇者相比具有相对的优势，然而在低语言能力中这种优势不再体现，说明低语言能力者削弱了老家是市县者的优势，与老家是村镇的外来工感受到同样的歧视。语言能力与老家行政区域的交互作用显著，表明老家行政区域对外来工总排斥感的作用因语言能力不同而不同，对高语言能力者作用更大。

（六）社会网络变量及语言能力的调节作用

1. 剥夺感模型

在社会网络变量中，其他变量控制不变时，老板是否老乡、外出打工年限和与当地人有无交往机会显著影响外来工剥夺感。

Pirani、Schifini 和 Vermunt（2009）在研究中指出，社会交往和强关系是不可替代的经济困难的补偿性支持因素。在本章研究中，熟人网络强关系对外来工社会排斥感的影响作用除老板是老乡外，几乎不显著。这主要是因为外来工的网络结构大多数以同乡为主，即使朋友中有当地人，也非常少，而排斥感一般来源于陌生人群体，所以朋友中是否有当地人对外来工社会排斥感影响不显著；而老板是老乡，是熟人网络的特殊变量，代表同乡聚集，但这是一种权威力量，有助于外来工减少剥夺感、无归属感和总排斥感。社会排斥主要来自城市生活的陌生群体，因此，陌生人网络的社会接触有利于外来工减少社会排斥，打工年限长和与当地人有社会交往机会有助于减少外来工的社会剥夺感，尤其是对低语言能力外来工群体而言。

当控制其他变量时，朋友数量对外来工总体的剥夺感影响不显著，但在高语言能力外来工中，朋友数量越多，剥夺感越低；而在低语言能力外来工中，朋友数量越多，剥夺感越高。这表明，语言能力高者朋友数量的作用是正向的，而语言能力低者朋友数量的作用是负向的。这可能是因为：语言能力低者的朋友大多数来自同乡，他们生活在同乡聚集区，在空间和心理上都与当地人隔离，且内群体认同更强，所以朋友越多，体验到来自外群体的剥夺感越强；而语言能力高者朋友并不多是同乡，因此朋友越多越容易打破外来工这一内群体分界，增加融合，体验到的剥夺感较弱。语言能力与朋友数量的交互作用显著，表明朋友数量对外来工剥夺感的影响受语言能力的调节，且这种调节作用显著，在低语言能力外来工中朋友数量的作用更大。

2. 歧视感模型

在社会网络变量中，其他变量控制不变时，朋友是否有老乡、外出打工年限、与当地人有无交往机会显著影响外来工歧视感。熟人网络中，朋友有老乡者更难以打破"我群"和"他群"的界限，而且容易形成同乡聚集，强化了当地人对外来工的污名化，增强了外来工的歧视感，这种作用在低语言能力者中影响更大。外出打工年限长可以降低外来工歧视感，但这种作用只发生在高语言能力者中，外出打工年限越长，外来工对城市的适应性越强，歧视感是由差异性引起的，随着打工年限的增长，差异性不断缩小。城里居民也因为相对熟悉从而了解外来工，出于对外来工工作的不易的理解与其善良的本质，所以更能接受他们，因此，外出打工年限越长，歧视感越低。特别是对于那些主动适应城市生活不存在语言沟通障碍的外来工作用更明显。语言能力与打工年限交互作用显著表明，打工年限对高语言能力外来工歧视感的影响作用强于对语言能力低的外来工，进一步说明，外来工的语言能力提高有助于打工年限对外来工歧视感积极的影响作用。与当地人有无交往机会显著影响外来工的歧视感，表明与当地人交往可以增进了解，减少身份差异而带来的歧视，这种作用在高语言能力者和低语言能力者中都显著，且对低语言能力者作用更大，交互作用表明在两种能力者中与当地人有无交往机会对歧视感的作用存在显著的差异，表明低语言能力者要减少歧视感更需要与当地人有交往接触。

3. 无归属感模型

在社会网络变量中，其他变量控制不变时，老板是否老乡和与当地人有无交往机会显著影响外来工归属感。归属感通常是指是否属于这里。老板是老乡的企业容易引起外来工主观上愿意为其多付出，老板也会因为老乡关系，给予较多的社会支持等，最重要的一点是，他们说着来自同一个地方的语言，强化了群体认同，所以外来工的归属感较强。尤其是在低语言能力者中，这种作用非常显著。进一步的交互作用显示，老板是否老乡对外来工无归属感的作用在高语言能力者和低语言能力者之间的差异是显著的，对低语言能力外来工的影响作用更大，说明语言能力低者在老板是老乡的企业中打工更有利。增加与当地人的交往机会，就是增加与当地人的互动，人际的互动有助于沟通与了解，有助于增加归属感。

4. 总排斥感模型

在社会网络变量中，其他变量控制不变时，朋友是否有老乡、老板是否老乡、外出打工年限和与当地人有无交往机会对外来工总排斥感影响显著。在总排斥感中，老乡的作用显著，但朋友有老乡者增加了社会排斥感，老板是老乡者减少了社会排斥感，这充分说明老乡对外来工来说是强关系网络，同质性高不利于群体认同的打破，老板是老乡者虽然群体认同没有打破，但老板的权威性，使得在该企业中这种群体认同由于老板的地位不一样而成了一种心理优势，因此，总排斥感较低，特别是对于低语言能力者而言，这种优势更为明显。朋友数量越多，可以获得的社会支持越多，从而增进了解，而这种作用只限于语言能力高者；同样，外出打工年限对外来工总排斥感的影响也只在高语言能力者中显著，进一步说明，语言是基础，有了较高的语言能力才能有利于体现其他变量减少排斥感的积极作用，而有与当地人交往机会对谁都重要，尤其是对低语言能力者。

（七）劳动力市场变量及语言能力的调节作用

1. 剥夺感模型

在劳动力市场变量中，其他变量控制不变时，换工次数、打工城市经济水平、月工资、有无福利待遇、有无权益侵害和有无强迫经历显著影响外来工剥夺感。在迁移劳动体制下，生产效率最大化可通过压低工资和福利、长时间的工作、最小的产品破损和严格的规章制度等方式来实现（范芝芬，2013）。有研究指出，外来工做过的工作较多，做现有工作的时间较短，跳槽较频繁，这不仅显示了外来工在劳动力市场上大多从事非正式、保障性低和流动性强的工作，也强调了收入是其找工作的主要考虑因素（范芝芬，2013）。换句话说，外来工因为不满意自己的劳动力市场回报而通过更换工作来获得较高的工资。所以换工次数越多的外来工,剥夺感越强。打工城市经济水平越高,外来工与当地居民存在的差异就越大,剥夺感越强。月工资高剥夺感低,工资与剥夺感直接相关,但高语言能力者和低语言能力者中月工资的作用均未体现出来,说明不同语言能力外来工他们本身的工资差异不大。

福利待遇缺乏、权益侵害和强迫经历是外来工剥夺感最重要的来源。外来工处于二元劳动力市场,通常工作在不提供福利待遇的部门,虽然也有外来工在国有企业工作,但通常也以合同工形式工作而无法享有福利(范芝芬,2013)。外来工最常见的就是超负荷延长工作时间,而提供工作的部门经常以严格的制度规范限制外来工时间上的自由,甚至是封闭式的管理,如不能随意进出厂门等。当权益得不到保障、遭遇强迫、没有福利等时,外来工剥夺感最为强烈。尤其是对于语言能力高的外来工来说,剥夺感更为强烈;语言与有无强迫经历的交互作用显著,表明强迫对外来工剥夺感的影响在高语言能力者中显著高于在低语言能力者中。因此,语言能力在外来工有无强迫经历对剥夺感的影响中具有调节作用,语言能力增加了外来工的相对的剥夺感。

2. 歧视感模型

在劳动力市场变量中,其他变量控制不变时,换工次数、打工城市经济水平、工种、企业性质、有无福利待遇、有无权益侵害和有无强迫经历显著影响外来工歧视感。外来工的歧视感主要来源于制度和人际交往(Chen,2013)。外来工因为工资低而寻求更好工作的同时,对用人单位来讲,他们也不喜欢这样的外来工,认为其企业忠诚度低,所以更容易歧视;外来工也因为总不能找到合适的工作而产生歧视感,在高语言能力者和低语言能力者中均表现为换工次数越多,歧视感越强。语言能力与换工次数交互作用显著表明,换工次数对外来工歧视感的影响受语言能力的调节,对低语言能力者的影响作用更大。因为,低语言能力者在劳动力市场中更容易受排斥。

城市经济发展水平越高,福利待遇等会越具优势,居民优越感越强,越注重有质量的生活,看不起外地人。外来工生活在此,因差距太大而产生更高的歧视感。工种中服务工的歧视感强于普工;私营、个体企业歧视感低。有无福利待遇、有无权益侵害和有无强迫经历显著影响外来工的歧视感。外来工在城市被称为二等公民,被污名化,这本身就是一种歧视,有福利待遇可以降低外来工的歧视感，对于语言能力高的外来工和语言能力低的外来工影响都很显著；外来工所享有的权益本身就非常有限，有些甚至连最基本的生存权都受到侵害，如超负荷的加班等，如果受到侵害除了感觉到剥夺还认为对其外来工身份歧视，没把自己当人看，特别是在高语言能力外来工中，语言能力强者对自身的期望要高，没觉得自己比城里人差在哪里，当遭遇权益侵害、强迫时，歧视感要比语言能力低的外来工感受强烈。

3. 无归属感模型

在劳动力市场变量中，其他变量控制不变时，换工次数、打工城市经济水平、有无福利待遇、有无权益侵害和有无强迫经历显著影响外来工归属感。换工次数越多，越没有归属感。当地居民一般工作稳定性高，而外来工经常跳槽，这凸显了他们在劳动力市场上大多从事非正式、保障性低和流动性强的工作（范芝芬，2013），流动性越强越没有归属感。但是在低语言能力外来工中，换工作次数增多，外来工无归属感并没有显著增加的主要原因可能是，低语言能力者在一开始就具有较高的无归属感，自己的语言能力没有提高，仍旧存在无归属感；而对于高语言能力者，随着自己语言能力的提高，本以为能打破群体边界实现融合，但仍始终处于城市的边缘不被接纳，所以无归属感更加强烈。打工城市经济发展水平越高，外来工自身与当地居民的差距越大，以及经济发展水平较高的城市居民在户籍和住房、医疗、交通、消费等方面与外来工差异较大，因此外来工无归属感强。

有无福利待遇、有无权益侵害和有无强迫经历仍显著影响着外来工的归属感，这三个变量主要因企业中的制度而引起，所以对于高语言能力者和低语言能力者而言作用都非常显著。因此表明，企业制度才是影响外来工社会排斥感的重要变量。有无福利待遇与语言能力的交互作用显著，表明有无福利待遇对语言能力高者的影响作用强于对语言能力低者的影响作用，即没有享受到福利待遇的高语言能力者更容易产生无归属感。而显著影响剥夺感、歧视感的变量，如外出打工年限对外来工归属感的影响不再显著，这再一次表明由于户籍、城乡二元分割和劳动力市场机制对外来工的限制，他们始终处于城市生活的边缘，即使打工年限再长，他们也一样是城市中的外来人。另外，外来工大多数在工作环境、居住空间上都被隔离在城市之外，即使打工年限再长，每天的生活仍像机器一样重复不变，所以打工年限增加不会增强归属感。打工城市经济水平对外来工的归属感没有显著影响，因为外来工不管在哪里，只要不具有当地的户籍，就会没有归属感。

4. 总排斥感模型

劳动力市场变量中，其他变量控制不变时，换工次数、打工城市经济水平、月工资、有无福利待遇、有无权益侵害和有无强迫经历显著影响外来工总排斥感。排斥感是各因子的综合反应，有无福利待遇、有无权益侵害和有无强迫经历与其他各因子的方向一致，都表现为显著影响着外来工的社会排斥感，表明企业制度是影响外来工社会排斥的最主要因素，在不同语言能力外来工中，制度因素的表现作用相同，但有无福利待遇对外来工社会排斥的影响表现出对高语言能力者的作用更强，即高语言能力者有无福利待遇对外来工的总排斥感更显著。换工次数对外来工总排斥感影响显著，表明换工次数对外来工在剥夺感、歧视感、无归属感和总体上的排斥感的作用是一致的。因为工作更换的次数越多，越容易对市场失去信任，因而就会产生排斥感。月工资是社会排斥的晴雨表，月工资低者排斥感高，这种排斥感主要来自剥夺感。城市经济发展水平代表城市居民福利水平，本章研究结果表明，打工城市经济水平越高，外来工的排斥感越高，这与国外的研究一致，国外的研究表明高福利国家，人们遭受物质不利更容易感受排斥。外来工在经济发展水平高的城市，遭受物质不利，因而排斥感高。

四 语言影响社会排斥感的解释

社会排斥感是对社会排斥的主观感知，它来源于社会排斥，受人口学变量、社会网络变量、劳动力市场变量等的影响。为考察语言对社会排斥感的作用，本章在控制其他变量的基础上，探讨了语言对外来工社会排斥感的影响机制。

（一）语言影响外来工社会排斥感的社会适应机制

社会适应是个人和群体调整自己的行为使其适应所处社会环境的过程（王康，1988），包括为了生存而使自己的行为符合社会要求的适应，和努力改变环境以使自己能够获得更好发展的适应，即社会适应（杨彦平，

2010)。有研究者提出移民的社会适应,即移民通过逐渐参与到流入地的社会生活,融入新的社会环境的过程,其中包括工作、生活以及非正式的社会关系建立的过程,语言是社会适应的重要方面之一(Chimbos,1972)。语言是一种人力资本,有助于外来工劳动力市场的适应;语言是人们进行日常交流的工具,有利于社会交往的进行。不具有流入地所需要的语言能力,他们的能力或行为就难以符合所处的社会环境。本书在研究中发现,语言能力低者在劳动力市场和社会交往中更容易引起社会排斥。与高语言能力者相比,他们更依赖于社会支持,交往的内卷化会对他们产生更高的排斥与排斥体验。根据理性行动理论,一个处于不利地位的人可能会有更多的不满,拒绝当前的不平等(Chunping,2007),排斥感较强。文军(2001)在研究中指出个人的实力、资源价值等影响着外来工在城市生活中的心理体验。在排斥发生过程中,社会排斥感是对社会排斥的心理感知,外来工的语言适应能力越低,所遭受的客观存在的社会排斥越强,则外来工的社会排斥感也越强。

(二)语言影响外来工社会排斥感的社会比较机制

社会比较理论是由 Festinger(1954)提出,通过与他人的比较来获得对自我的认知,从而产生自我评价、情绪体验和行为反应。社会比较的类型一般分为三种:平行比较、上行比较和下行比较(邢淑芬、俞国良,2005)。平行比较即与自身具有较为相似特征的人或群体进行的比较;上行比较是指与高于自己的人或群体进行的比较;下行比较则是指与低于自己的人进行的比较。外来工社会排斥感是一种主观体验,这种体验不仅来自被排斥时产生的情绪反应,还来自他们自身的社会比较过程,具有相对性。根据社会适应机制,语言能力高者其社会适应性强,社会排斥感较低。但通过交互作用模型分析发现,有无福利待遇对高语言能力者的影响作用显著高于对低语言能力者的影响作用。显然,这一现象用社会适应机制难以解释,因为人的适应能力越高,越倾向于理性选择,社会剥夺感越低。进一步分析这一现象的原因发现,高语言能力者尽管具有较高的社会适应性,但他们自身主观期望的社会回报较高,他们更容易发生上行比较的行为,如与当地人相比,他们实际的待遇与主观期望的回报相差较大。因此,高语言能力者形成较高的相对剥夺体验,社会排斥感较高,支持了相对剥夺理论。而低语言能力者,他们更容易发生平行社会比较,他们对自身的期望水平较低，有无福利待遇对他们社会排斥感也会产生影响，但这种相对的剥夺感强度没有高语言能力者大。

（三）语言影响外来工社会排斥感的社会认同机制

语言影响外来工社会排斥感的社会认同机制主要体现在两方面：一方面体现在当地人对外来工的社会认同；另一方面体现在外来工自身的社会认同。语言是群体认同的标志，不同的语言表征着所属的群体不同。在本章研究中，语言的口音差异是外来工社会排斥感重要的预测变量。语言口音差异作为索引刺激，启动了当地人对言说者身份的识别，语言口音差异大的外来工被当地人认同的可能性低，更容易作为城市的"他者"群体被排斥。因此，口音差异大者遭受到来自当地人的心理排斥要强于口音差异小者，所以排斥者主观施加的排斥越强，外来工的排斥感就会越强。语言口音差异小者，对自身的认同更倾向于向上认同。访谈中 Xiao_Z（访谈记录 20131118）认为"我们老家话启东话①和这里的话差不多，我们与上海人基本没有差别，而且说话口音差不多，我觉得没有什么差别"。由于同属于一个语言区，外来工 Xiao_Z 的认同感较高，调查研究的结果也显示，语言口音差异小者归属感较高。因此，口音差异小者对自身向上趋同的程度越高，社会排斥感越低。

相比于语言能力高者，语言能力低者与当地人的交流不畅通，外来工身份信息暴露无遗，强化了外来工对自身外来者身份的认同，又启动了当地人对外来工身份的识别。语言能力低者在社会交往中更倾向于交往的内卷化，他们所交的朋友基本上来自熟人网络，朋友越多同乡聚集程度越高，越不容易实现群与群之间的交流与沟通，越难打破当地人对外来工的刻板印象。比较模型的结果进一步验证了低语言能力外来工的排斥感更依赖于交往的对象：群体内交往程度越高，社会排斥感越高；群体外交往有助于群与群之间的相互理解，可以减少排斥与排斥感。而且，语言能力高者通常被认为其他能力也高，即语言能力高者，他的其他能力被认可的可能性高，更有利于社会适应，如语言能力高者，具有资本累积性质的变量，如受教育年限的作用才会显现。因此，与低语言能力者相比，语言能力高者能够获得较高的社会认同，排斥的心理体验较低。

---

① 启东话和上海话都属于吴语。

（四）本章小结

本章重点讨论了语言变量对排斥感各个维度的作用，以及通过不同语言能力排斥感模型的比较和语言能力与其他因素交互作用的分析来探讨语言能力对排斥感模型的调节作用。现将结果总结为以下几方面。

第一，语言口音差异的主效应。语言口音差异对外来工剥夺感、无归属感影响显著，口音差异小者剥夺感强；口音差异大者无归属感强烈；歧视感和总排斥感中，语言口音差异的作用不显著。

第二，语言能力的主效应。语言能力对歧视感和总排斥感的影响作用显著，语言能力越强，歧视感和总排斥感越低；剥夺感和无归属感受语言能力的影响作用不显著。

第三，不同语言能力对排斥感模型影响作用的一致性。本章通过高语言能力外来工与低语言能力外来工排斥感模型中其他因素影响作用的一致性比较，将结果概括为四个方面。其一，与社会网络相关的变量主要影响低语言能力者。如老板是否老乡、朋友是否有老乡以及与当地人有无交往机会对低语言能力者排斥感模型的影响作用显著。其二，与资本累积相关的变量主要影响高语言能力者。如老家行政区域、外出打工年限对高语言能力者排斥感的影响作用显著。其三，与外来工人口学特征相关的变量，如年龄除了对高语言能力者和低语言能力者的歧视感和总排斥感均显著外，年龄还对高语言能力者的剥夺感和无归属感作用显著，可见年龄是影响外来工社会排斥感的重要变量。其四，其余变量对排斥感模型的影响作用较为一致，均显著或均不显著。

第四，语言能力对排斥感影响因素的调节作用。其一，社会网络相关的变量，如老板是否老乡、与当地人有无交往机会和朋友数量与语言能力的交互作用在模型中显著，且表现为对低语言能力者的影响作用大于对高语言能力者的影响作用。这一结果表明低语言能力者的社会排斥感更依赖于社会网络的作用。其二，资本累积相关的变量，如老家行政区域、外出打工年限与语言能力的交互作用在模型中显著，且表现为对高语言能力者的影响作用显著大于对低语言能力者的影响作用。这一结果表明，外来工语言能力越高越有利于具有优势效应的因素对减少排斥感发挥积极作用。其三，权益保障相关的变量，如换工次数、有无福利待遇、有无强迫经历与语言能力的交互作用在模型中显著，且表现为对高语言能力者的影响作用显著大于对低语言能力者的影响作用。这一结果表明高语言能力外来工在不能享有权益保障时，相对排斥感较高。

总而言之，社会排斥感的影响因素既来源于客观的劳动力市场、社会网络，也与外来工主观的认知调节与加工有关。语言符号和语言能力不仅直接影响着外来工自身的社会排斥感，还在其他因素对排斥感的影响作用中调节主观认知，增益或消减社会排斥感。对于高语言能力者而言，其自身的预期也常常比较高，因而心理落差更大，社会排斥感更高；而低语言能力者，常因社会适应性不足而产生较高的社会排斥感。这些正反映了外来工作为一个群体，劳动力市场、社会网络以及个人因素对外来工社会排斥感影响的复杂性。在深入访谈中笔者了解到，外来工的排斥体验来自由语言引起的城市生活的各个方面。因此，减少社会排斥促进社会融合，既需要从顶层制度设计、当地居民的态度改变，也需要从外来工自身努力等多方面共同推进。

第十章
总讨论与对策建议

一　语言作用于外来工社会排斥的基本结论

社会排斥是一个复杂多维的社会现象，其产生具有一定的社会历史背景。移民的社会排斥主要表现为他们作为移入者在流动前后出现了政治、经济、文化、社会关系以及其他层面的社会断裂。改革开放几十年来，我国农村劳动力不断向城市迁移，根据 2014 年国家统计局公布的数据，2013年全国农民工总量 26894 万人，比 2012 年增加 633 万人，增长 2.4%。①外来工流入城市只是空间上的流动，并未实现身份上的改变，他们在城里被边缘化，难以享受与本地人同样的劳动力市场、福利政策等方面的权益保障；他们某种程度上也会被排斥在与当地人正常的社会交往之外；他们在排斥过程中感知排斥，产生不愉快的心理体验。在移民研究中，流入地的语言能力是移民研究的主要问题之一。语言是人力资本的一种，它可以影响劳动力市场中的工资回报；语言又是社会认同的表征，它可以对持有口音者进行身份识别。在我国，语言的多样性和差异性使得外来工，特别是长三角与珠三角的外来工在流入地同样面临着语言问题。语言能力是社会融合的前提条件，也是正式进入的必要条件（Dustmann & Fabbri，2003），人们如果持有不同的语言即不会相互融入，同时还会体验到来自流入地主流社会的敌意与排斥（Rendall，Tsang，Rubin，Rabinovich &Janta，2010）。本书主要探讨了语言是如何作用于外来工社会排斥的内在机制，在社会转型期，有助于理解在宏观的制度层面，城市外来工社会排斥发生与调节的微观的社会过程。希望通过对长三角与珠三角外来工社会排斥的调查数据，以及对上海本地人和外来工进行的"关于语言是如何影响外来工社会生活"的访谈数据的分析，回答本书最初提出的问题：外来工社会排斥的基本现状如何、语言如何作用于外来工的社会排斥等。研究

---

① 国家统计局：《2013 年全国农民工监测调查报告》，http：//www. stats. gov. cn/tjsj/zxfb/201405/t20140512_551585. html，2014 年 5 月 12 日。

的结果可以归纳为以下几个方面。

（一）语言能力直接影响外来工社会排斥

语言能力对外来工社会排斥的直接作用主要是指语言能力作用于社会排斥各维度模型的主效应作用。

1. 语言能力是重要的人力资本变量，语言能力越高对劳动力市场中的工资回报期望就越高

通过对长三角与珠三角外来工的调查数据的分析发现，语言能力的人力资本作用不显著；而且访谈研究的资料也表明，外来工流入地的语言能力也只有在工作机会获得方面存在差异，一旦入职，他们的工资并不随语言能力的高低而有所变化。而高语言能力外来工对劳动力市场中的工资收入期望值较高。

2. 语言能力是重要的交流工具，语言能力越高，与当地人交往的困难就越小，且差异显著

实证研究与访谈资料研究的结果表明，语言能力高者与当地人交往时的困难较小，当地人也更愿意与语言能力高者进行交流。当地语言能力达到一定程度时外来工可以获得较高的社会认同，打破群体区隔，实现有效的群体间的互动与交流。

3. 在社会排斥感模型中，语言能力对歧视感和总排斥感影响显著

歧视感是指外来工在与当地人交往过程中感到低人一等，被当地人看不起等。语言能力低者在人际交往中容易被排斥，因而体验到的排斥感较高。在本书研究中笔者还发现语言能力对外来工在生活中所体验的歧视感与总排斥感的作用一致。外来工的总排斥感虽然是剥夺感、歧视感和无归属感的总体反映，但因为外来工作为整体被排斥在高端劳动力市场之外，语言能力对外来工剥夺感的影响作用无显著差异；归属感反映身份的认同，对于外来工而言，身份认同主要与制度结构有关，受政治、经济、制度和文化等多重限制他们无法顺利成为城市中的一分子，所以无归属感相对稳定，很难受其他因素的影响。外来工作为城市生活的他者，与城市居民之间形成鲜明的群体区隔，不仅是城市居民表现出对外来工的贬低与歧视，在主观上刻意与外来工保持距离，以显示自身的优势地位，而且这种行为也影响了外来工对自身污名化的体验，进一步强化了这种贬抑性自我身份定位（陈映芳，2005）。在城市社会中，当他们遭遇说不清楚的排斥

来源时，他们会更多地倾向于将其归因于自己的外来者身份，强化了他们的外来者认同，所以无归属感都很强烈。因此，生活中所体验到的总排斥感的差异主要来自日常交往过程中所体验到的歧视感。

（二）语言口音差异直接影响外来工社会排斥

语言口音差异对外来工社会排斥的直接作用主要是指语言口音差异作用于社会排斥各维度模型的主效应作用。

1. 语言口音差异在工资模型中的影响作用表现为口音差异大者工资收入高于差异小者

口音差异小者，由于对自我的身份认同更倾向于向上趋同，所以他们在劳动力市场中的劳动力付出可能要比口音差异大的外来工要少。在现行市场经济体制下，口音差异小者也同样作为外来工被分割在二元劳动力市场，当劳动力付出，如劳动时间和劳动强度的付出较小时，其工资回报就相对较低。

2. 语言口音差异的社会认同作用更多地体现在外来工与当地人社会交往过程中

语言口音差异大者在与当地人社会交往的过程中存在困难的可能性大，且统计显著。语言的口音具有索引功能，它可以激活人们对言说者的社会分类与群体记忆。访谈研究的结果也表明，语言口音差异小者在交往方面的语言障碍较小，而那些语言口音差异大者，如果不会当地话或仅会普通话，会在与当地人交往过程中被排斥。

3. 在社会排斥感模型中，语言口音差异对外来工剥夺感和无归属感影响作用显著

剥夺感是指在劳动力市场中所遭遇的不公平和剥削。在工资模型中，语言口音差异大者的工资收入与口音差异小者的工资收入存在显著差异，口音差异小者工资收入较低。也就是说口音差异小者工资收入没有相应地体现为语言认同的优势作用，使得语言口音差异小者产生相对的剥夺感。这种认同作用还体现在他们对自身的归属感认识方面，语言口音差异小者更容易出现向上趋同，对自己的身份归属感的认同倾向较语言口音差异大者高。

（三）语言能力调节其他变量对外来工社会排斥的影响

1. 在工资模型中，不同语言能力者的影响因素不同

通过高语言能力者和低语言能力者工资模型的比较分析发现：企业规

模、语言口音差异、年龄仅对高语言能力者起作用；婚姻仅对低语言能力者起作用。高语言能力者的高适应性有助于延长外来工的劳动力高峰期、有利于他们在较大规模企业工作，使得语言口音差异大者出现语言能力的溢出效应；低语言能力者更依赖于强关系支持对工资的影响作用。进一步的交互作用显示，受教育年限与语言能力的交互作用显著，具体表现为受教育年限对高语言能力者工资模型的影响作用显著大于对低语言能力者的影响作用，也就是说，语言能力可以显著调节受教育年限对外来工工资模型的影响作用。企业规模与语言能力的交互作用显著，表明语言能力可以显著调节企业规模对外来工工资模型的影响作用，对高语言能力者工资模型的影响作用显著大于对低语言能力者工资模型的影响作用。

2. 在社会交往模型中，语言能力的直接作用显著

通过嵌套模型发现，当引入语言能力的变量后，模型中的打工城市经济水平、外出打工年限以及朋友是否有当地人对交往模型的影响作用由显著变为不显著。语言能力对模型的影响作用稀释了打工城市经济水平、外出打工年限以及朋友是否有当地人对交往模型的影响作用。这一结果说明，语言能力影响了其他变量对外来工社会交往模型的作用。

3. 在排斥感模型中，语言能力对排斥感各因子模型具有调节作用

在剥夺感模型中，年龄、宗教信仰、外出打工年限仅对高语言能力者剥夺感模型起显著作用，性别、与当地人有无交往机会仅对低语言能力者剥夺感模型起显著作用。外出打工年限越长剥夺感越低，表明外出打工年限越长越有利于外来工的主观融入，但这种现象只发生在高语言能力者群体中。相反，在高语言能力者剥夺感模型中，年龄大者、有宗教信仰者则表现为一种相对较高的剥夺感。与当地人的交往机会有助于减少外来工的剥夺感，但这种作用只体现在低语言能力外来工群体。进一步交互作用显示，语言能力显著调节着朋友数量对外来工剥夺感模型的影响作用，具体表现为在高语言能力者中的影响作用为正向的，在低语言能力者中的影响作用为负向，且对低语言能力者的影响作用显著大于对高语言能力者的影响作用。语言能力与有无强迫经历的交互作用显著，有无强迫经历对外来工剥夺感的影响因语言能力不同而不同，对高语言能力者的影响作用显著大于对低语言能力者的影响作用。

在歧视感模型中：只对高语言能力者起作用的变量有老家行政区域、外出打工年限、企业性质和有无权益侵害；只对低语言能力者起作用的变

量有朋友是否有老乡、老板是否老乡和工种。结果表明,高语言能力者的高适应性使得有利于外来工资本积累的变量表现为积极作用,即老家行政区域为市县者有利于减少歧视感,外出打工年限越长越有利于减少歧视感;同样由于高语言能力者的高适应性他们对自身的期望越高,当权益受到侵害时产生较高的歧视感。而低语言能力者歧视感与社会网络的关系更密切,如朋友有老乡者歧视感高于朋友无老乡者,老板是老乡者的歧视感低于老板不是老乡者,因此社会网络的权威性影响他们的排斥感受。进一步交互作用显示,语言能力对老家行政区域、与当地人有无交往机会、朋友数量、外出打工年限、换工次数在外来工歧视感模型中的影响作用具有显著的调节性,即这些变量对外来工歧视感模型的影响作用因语言能力不同而不同。具体表现为:老家行政区域、外出打工年限对高语言能力者的影响作用显著大于对低语言能力者的影响作用。与当地人有无交往机会、朋友数量、换工次数对低语言能力者的影响作用显著大于对高语言能力者的影响作用。

在无归属感模型中:年龄、老家行政区域、换工次数、企业性质、有无福利待遇、有无权益侵害对无归属感模型的影响作用只在高语言能力外来工群体中显著;老板是老乡对无归属感模型的影响作用只在低语言能力外来工群体中显著。结果表明,低语言能力者的无归属感较难受其他因素的影响,只有老板是老乡这一具有权威性的且是强关系的变量可以显著减少低语言能力者的无归属感。归属感是对自己身份的认同,低语言能力外来工由于语言的不适应而认为自己不属于城里。唯一的变量"老板是老乡者",可以增加其归属感,因为在这同乡群体中,外来工不存在语言障碍,且老板作为权威身份的表征,增加了低语言能力外来工的归属感。相对于低语言能力者,高语言能力外来工由于语言能力高具有一定的适应性,有利于老家行政区域起积极作用,没有福利待遇、受到权益侵害以及换工次数增多、年龄的增加都会显著增加他们的无归属感。进一步的交互模型显示,语言能力与老板是否老乡、语言能力与有无福利待遇的交互作用显著,表明老板是否老乡、有无福利待遇对外来工无归属感的影响作用在高语言能力外来工和低语言能力外来工中是不一样的。老板是否老乡者对低语言能力者的影响作用大于对高语言能力者的影响作用,有无福利待遇对高语言能力者的影响作用大于对低语言能力者的影响作用。

在总排斥感模型中,老家行政区域、朋友数量、外出打工年限只对高

271

语言能力者起显著作用，而性别只对低语言能力者起显著作用。总排斥感反映的是外来工对排斥的总体感知，是剥夺感、歧视感和无归属感的总体反映。低语言能力者总体排斥感较难受其他因素的影响，只表现为男性低语言能力外来工更容易体验到排斥感。高语言能力外来工适应性较强，有利于体现老家行政区域和外出打工年限、朋友数量对减少排斥感所带来的积极作用。进一步的交互作用显示，语言能力对老家行政区域、交往机会、朋友数量、外出打工年限、换工次数在外来工总排斥感模型中的影响作用具有显著的调节性，即这些变量对外来工总排斥感模型的影响作用因语言能力不同而不同。具体表现为：老家行政区域、外出打工年限对高语言能力者的影响作用显著大于对低语言能力者的影响作用。与当地人有无交往机会、朋友数量、换工次数对低语言能力者的影响作用显著大于对高语言能力者的影响作用。

总之，通过对社会排斥各模型的结果分析，语言能力和语言口音差异均显著影响外来工的社会交往；语言能力对歧视感和总排斥感的直接作用显著（主效应显著）；语言口音差异对剥夺感和无归属感的直接作用显著（主效应显著）。同时，语言能力影响了受教育年限、外出打工年限等具有累积效应的变量，朋友数量、老板是否老乡、与当地人有无交往机会等社会网络变量，以及有无权益侵害、有无强迫经历等权益保障变量对外来工社会排斥影响作用显著；而且语言能力还调节着这些变量对高、低语言能力外来工社会排斥的影响作用。语言能力不仅调节外来工主观的排斥感，而且调节着外来工工资收入和社会交往中的排斥。语言能力和语言口音差异在外来工社会排斥建构过程中的作用通过访谈研究得到了进一步的认识，语言口音差异大者更容易被排斥，流入地语言能力有助于减少外来工社会排斥。

二 语言作用于外来工社会排斥的影响机制

本书的一系列结果表明，微观层面的语言因素也是影响外来工社会排斥的重要方面。这在一定程度上说明了我国的城市外来工在流动过程中，语言是影响他们社会融入的重要变量，这与国外关于移民语言研究的结果趋于相同（Rendall, Tsang, Rubin, Rabinovich & Janta, 2010; Dustmann & Fabbri, 2003）。国内也有研究者认为流入地语言适应能力有助于流动人口的社会融入（秦广强，2012；秦广强、陈志光，2012；陈晨，2012；黎红，2015），但这一研究忽略了一个基本事实，即在社会融入过程中人们对语言主观的社会认知。社会排斥是一个施动者与受动者相互建构的过程，语言在社会排斥建构过程中的作用，既离不开语言的直接作用，也离不开语言的调节功能。本书发现，外来工的语言与他们社会排斥之间的关系较为复杂，外来工在流入地因语言使用产生的变量可分为语言能力和口音差异两个变量。在语言与外来工社会排斥各维度关系的结果与分析中，笔者已经对语言影响不同维度社会排斥的作用机制分别进行了讨论，发现语言这两个变量对外来工社会排斥的影响既体现为显性的影响作用，如市场适应、交流中的信息通达等，又表现一定的隐性功能，如群体记忆和社会比较等。综合前文各章内容，本书进一步将语言作用于外来工社会排斥建构过程的作用机制分析如下。

（一）外来工社会排斥的"合法性"建构

1. 制度安排：合法性的前提

查尔斯·泰勒（2005）指出，在文化多元主义的探讨中，不同群体之间通过各种承认的政治来获得各自的合法性。国内关于外来工社会排斥影响因素的研究，多数学者认为社会排斥是由我国的制度性安排所致，其中核心的原因是城乡二元化的户籍制度（章元、高汉，2011；张展新，2007；严善平，2006；杨菊华，2012；胡杰成，2007）。在我国，外来工群体大多来自农民，农民是社会分层中的弱势群体，拥有的生产资料较少，劳动所得只能解决养家糊口。农民的社会流动曾一度被称为盲流，虽然随着流动迁移制度的放开，农民工的社会流动不再受限，但也只是一种地域上的流动，并未真正实现身份上的转变。身份上的转变就是获得当地户籍，相比于农村，国家给予城市大量福利，城市越大，资源越多，福利也越多（范芝芬，2013），社会保障体系就越好，因此户口所在地仍是决定个体经济和社会地位的主要因素（范芝芬，2013）。外来工作为弱势群体，城乡二元结构加剧了外来工的社会和经济区隔（Alexander & chan，2004）。由于户口所限，外来工进入城里不能与当地人享有同等的医疗、住房、就业、教育和社会保险等方面的福利待遇。因此，他们理所当然地被看作二等公民，被城市居民排斥，城市居民不愿意与其交往，甚至刻意与其保持一定的社会距离，包括居住空间和心理距离等。王春光（2001）认为，外来工在社会生活和行动层面上被当地人隔离和排斥，在心理层面上被歧视、排斥和不认同等。刘林平、万向东和王翊（2005）在研究中指出，户籍制度一方面使外来工成为城市中的二等公民具有了制度上的合法性，另一方面使外来工在城市中的生存和平等权丧失，从而沦为边缘群体。对于大多数外来工而言，他们虽然遭受着城市社会的排斥，但他们通常的反应是无能为力。用被访者 Wang_C（访谈记录 20131117）的话来说，他们在城市社会中的遭遇是制度引起的，是国家发展政策倾斜导致的，当地人所占的是地域优势，他们只能被动接受这样一种现实，以降低对自己利益的需求与维护，减少理想与现实之间的差距从而减少排斥感。被访者 Xia_SH（访谈记录 20131120）认为，城市社会中的不公平是由于自己的出身不好，父母没有把自己生在一个发展好的城市中，但这是不可选择的，所以只能接受现状。由此可见，这种制度合法性被外来工无奈接受，又转化为他们心理承受力的合法性（刘林平、万向东、王翊，2005）。外来工作为一个特殊建构的社会类别，既为城市相关制度的确立提供了某种正当性源泉，也给城市居民提供了一个确认外来者身份的优势立场（尹广文，2008）。

2. 社会选择：合法性的强化

外来工流入城市，从一开始就接受了这种二元化结构制度的安排，接受了"二等公民"的身份。同时，与乡土生活中的经济、文化相比，城市生活表现出了前所未有的发达和文明。外来工将乡土生活中的习惯带入城里，当地居民可以从外来工的服饰打扮、说话口音和行为方式等方面识别出他们的身份。当语言与一定的经济、政治和文化发展相关，因而便有了等级之分。吴方言和粤方言属于强势方言，外来工的乡土方言在方言等级体系中属于弱势方言，流动后他们的乡土方言已不适应城市中主流社会的要求，难以与强势方言和普通话共存。所以依附着外来工身份存在的语言就被当作其身份表征的指示器，同样作为"二等语言"地位而不被接受。因此，外来工流入城市，为了适应城市生活，需要进行语言的调整等多方面的社会行为的适应。

语言的选择有向上趋同的倾向，下层语言群体总想模仿上层语言群体，以减少语言差异；而上层语言群体却尽量与底层保持语言差别（罗纳德·沃德华，2009）。当地语言群体为了凸显自己的社会特征与外来者存在差异，他们会尽力维持自身的方言风格。他们担心太过成功的同化会威胁自身的优势地位，因而他们也许会采用一种向上分离的策略，使语言的同化变得困难（迈克尔·A.豪格、多米尼克·阿布拉姆斯，2011）。虽然普通话推行多年，国家规定普通话用于全国范围和正式场合，使普通话逐步成为工作用语、教学用语、宣传用语和社会用语，但并没有明文规定在非正式场合人们语言的选择（陈建民，1999），为城市当地人普通话偏离提供了场域。同样，长三角和珠三角地区的吴语和粤语自身的语音结构比较复杂，声母、韵母以及声调和句式与普通话相比复杂多变，外来工习得这两种语言要比普通话难得多（陈建民，1999；钱乃荣，2003），这些也增加了外来工流入地语言聚合的难度。国家宪法规定推广普通话是有条件的，即在国家机关、部队、学校以及公务场合对普通话具有一定的强制要求，而在日常生活中是说普通话还是方言，则无强制规定，取决于个人的兴趣和自由。普通话在当地人的意识形态中被看作与外来者平等的象征，他们甚至不愿意使用普通话（张振江，2001）。对于大多数外来工而言，他们通常处于劳动力市场分割的低端地位，因此，普通话在外来工劳动力市场和他们的日常生活中不具有优势地位，甚至被当地人识别为"说普通话者一般不是当地人"，而产生身份歧视等。另外，即使是普通话的使用，大多数外来工的普通话水平也仅限于能够表达和听懂，发音的标准性较差。有研究对北京和南京两城市外来工的普通话学习进行调查，发现外来工学习普通话的时间较晚、以自发和学校教育为主、功利性强等（夏历、力量，2007）。外来工普遍受教育水平较低，且平时在家里或与同伴在一起时，交流基本还是以自身方言为主。甚至在有些偏远的农村，不乏教师在教学过程中使用地方话教学。这些都有可能导致外来工的普通话能力处于弱势地位。

任何方言的选用更多的是与使用它的人的权力和声望有关系（Speicher & McMahon，1992）。这种权力和声望与语言所负载的政治、经济和文化背景相联系。没有一个社会把所有的方言平等对待，在特定的历史时期，总会有处于优势编码的语言体系。在长三角与珠三角，当地方言具有较高的层级地位，当地居民因而不愿意接受其他的、地位较低的语言。因此，语言使用的社会选择，强化了对外来工社会排斥的合法性。

（二）语言影响外来工社会排斥的社会功能论分析

本书分三个主要模型——工资模型、社会交往模型、排斥感模型，以及通过若干个案的访谈研究分析了语言与外来工社会排斥的关系，并对各个模型结果以及访谈研究进行了分析与讨论。通过对模型结果的讨论，笔者发现语言作用于外来工社会排斥的影响机制主要体现在语言所具有的显性社会功能和潜性社会功能。

1. 语言的显性功能：社会适应机制

语言建构生活，有语言才有我们的世界。《现代汉语词典》在对语言的定义中强调了语言是一种交流工具，是一种特殊的社会现象，由语音、词汇和语法构成的系统（中国社会科学院语言研究所词典编辑室，1983）。语言的社会适应功能首先体现在语言作为交流的媒介，有助于人际互动的沟通与了解，有助于人们顺利完成某种任务。语言在人际交往中的沟通作用，体现在信息的通达与理解。语言是信息承载的工具，具有共同语言能力有助于交往的顺利进行。本书使用"与当地人交往是否存在语言困难"来衡量外来工语言的听说能力，结果有40%左右的外来工报告了存在语言困难。这部分外来工在交往过程中，通常难以实现信息通达和理解。由于语言能力受限，信息通达出现困难，人们之间的交往便出现困难。作为有优势心理的当地人，他们通常不愿意与语言能力较低者进行交流，甚至产生歧视和排斥。语言能力低的外来工社会适应能力较低，使得他们与当地人通过互动相互了解的路径受限，从而引起歧视与被歧视、排斥与被排斥，外来工的歧视感较强。

语言的社会适应性还表现为劳动力市场中人力资本的作用（Grin & Sfreddo，1998；Grin & Vaillancourt，1997；Lindemann，2002）。人力资本是劳动力市场适应能力的主要方面，在本书中，语言能力对外来工工资收入的影响作用不显著。这一结果，可能不是因为语言作为人力资本的作用不显著，而是外来工与国外移民相比，存在诸多独特性。首先，语言能力的界定不一。国外移民的语言能力是一种双语能力，语言之间的差异性大于共同性；而国内外来工语言能力实际是一种双言能力，语言之间的共同性大于差异性，以及通用语言普通话的使用在某种程度上削弱了语言能力对劳动力市场排斥的作用。其次，外来工群体同质性高，国外移民的来源群体相对复杂，从寻求庇护者到医生等（Penninx, Spencer & Van Hear，2008；Vertovec，2006）。外来工群体更多地为低学历的农民工，同时出于制度安排等原因只能处于低端劳动力市场，工资普遍较低，语言能力资本的作用有限。最后，外来工处于低端劳动力市场，主要靠出卖自己的劳动力，语言能力要求不高，除了对语言有特殊要求的服务行业，只要有力气照样能干活，正如在访谈中有被访者所言，语言对他来说不重要，只要把活干好就行。

在高语言能力外来工与低语言能力外来工社会排斥的模型比较中，低语言能力者由于适应能力低，在进入劳动市场之初就被排斥。因而年龄小的优势在劳动力市场中得不到体现，从而使得他们的工资收入没有体现出年龄的倒"U"形曲线变化规律；语言能力低者对城市缺乏归属感、总排斥感都较为稳定，很少受其他因素的影响；语言能力低者的社会排斥更容易受自身的社会网络因素影响，一般因为其社会网络的同质性较高、内卷化严重，更容易表现为"内群体"与"外群体"的区隔，因此不利于他们减少社会排斥。只有当这种强关系社会网络具有权威性时，如老板是老乡，他们的语言才具有实用性和权威性而使得他们的归属感增加。

总之，语言的显性社会功能主要表现为外来工的语言能不能作为有效的交流工具与当地人进行交往。语言能力高者社会适应性较高，具有正向的显性社会功能，即语言能力越高越有利于与当地人的社会交往；语言能力低者社会适应性较低，负向的显性社会功能显著，出现交往困难，即语言能力越低，与当地人社会交往出现困难的可能性越大。语言能力低者适应能力低还影响了其他变量对外来工社会排斥的积极作用，如年龄、朋友数量等。语言作为人力资本的显性社会功能作用在外来工群体中有所体现，但与国外移民相比，城市外来工的独特性影响了语言能力高低对工资回报的差异性。

2. 语言的潜性功能：社会认知机制

语言就是某一社会成员所说的话（罗纳德·沃德华，2009）。语言的潜性社会功能首先体现在语言的文化认同和身份认同。同一群体的认同中，语言是一种指向性标志。不同群体之间可以通过不同文化加以区分，语言是文化差异的最显著表现，是最有效的族群认同的符号（迈克尔·A.豪格、多米尼克·阿布拉姆斯，2011）。李如龙（2001）指出汉语方言之间的差异表现在语音、词汇、语法等方面，在语言接触中，语言口音则是最先感觉到的差异。不同语言表征着不同的群体，特别是在与他群互动时（Heller，1982）。一种语言变体通常被认为是作为一种索引，激活了对某一语言社区的态度或偏见以及刻板印象（Edward，1999），这种刻板印象通常是带有偏见性的群体记忆行为。口音是社会排斥的试金石（Lippi-Green，

1997），说话者经常因为他们的口音而被否定对待、歧视等（Gluszek & Dovidio，2010；Derwing & Munro，2009；Biernat & Dovidio，2000；Kinzler，Shutts，DeJesus & Spelke，2009）。当地人对具有口音的移民通常具有一定的刻板印象和偏见，表现为"听上去让人感觉不愉快"（Bresnahan，Ohashi，Nebashi，Liu & Shearman，2002；Lindemann，2003；Mulac，Hanley & Prigge，1974），以及认为具有口音者能力低、表达差和社会地位低下等（Lindemann，2003；Bresnahan，Ohashi，Nebashi，Liu & Shearman，2002）。本书中，语言口音差异大者，所形成的文化偏见大于语言口音差异小者，存在交往困难的可能性较大。外来工在城市中成了落后文化的代表，城市主体为了显示自身先进文化的优越性，认为外来工文化素质差，生活习惯、文明礼貌、社会规范的遵守等方面均显得落后，与城市生活格格不入，从而产生对外来工文化认同的污名化。

　　语言又是某个群体的身份表征，具有同一语言符号有利于在心理上获得更高的认同。根据语言所属群体的不同，语言具有不平等的社会地位，这些标志意味着等级、群体与群体之间的差异。如果附属地位的语言族群能够使用支配群体的语言将会对他们有利，相反，则会在社会和经济方面处于不利地位，受到嘲笑和歧视等（迈克尔·A.豪格、多米尼克·阿布拉姆斯，2011）。语言可以作为棱镜折射历史和当代的歧视经历与歧视实践的产物（Perry，2009）。语言不平等的社会地位总与一定的经济地位相联系。语言是认同的载体，被当作排斥的武器（Wright，2000）。外来工作为城市的"他者"，作为弱势群体生活在城市的边缘，本身所具有的方言代表着群体的身份，隐含着某种等级与歧视。口音是一个人社会认同的重要识别器。通过口音的识别，人们对不同身份的认知启动了。在城市生活中，外来工既是边缘化群体，又是高流动群体，容易使人产生不确定性的焦虑，让人产生不安全感。因此，当地居民不愿意与他们进行交往，外来工存在口音差异越大，交往困难的可能性越大，口音差异大者交往困难的百分比约为70%；在访谈中，绝大多数外来工反映，只要他们一说话，当地人就知道他们是外地人，就会露出一种又排斥又警惕的样子（访谈记录20131117Wang_C）。

　　外来工语言能力也具有一定的潜性社会功能，影响人们的社会认知与评价。根据研究结果可知，语言能力的潜性功能表现在两方面。其一，语言能力有助于调节受教育年限和企业规模对外来工工资的影响。语言能力高，通常被认为教育资本的积累就高，只有提高语言能力，教育资本的优势才会显现；语言能力高，也表明一个人的学习能力强。外来工的方言不适应城市生活，所以不得不学习新的语言，不管哪种语言的获得都需要具有一定的学习能力。语言能力高表明学习能力高，社会适应能力高，有利于其他具有累积作用的变量对外来工减少社会排斥的积极作用。新的能力的提高有助于个体社会地位的提高（Lucas，2012；Pugh & Wahrman，1983），因此，语言能力的提高有助于外来工提升个体地位，减少污名化，从而在交往中减少排斥，这是语言能力正潜性功能的体现。其二，语言能力高还体现出了负性潜功能。研究结果表明，有无福利待遇、有无权益侵害和有无强迫经历对高语言能力者社会排斥感的影响作用大于对低语言能力者的影响作用，表明语言能力高的外来工，因为社会适应能力强，对自身的期望较高，当现实与期望之间的差距较大时，如不能享受福利待遇，权益受到损害、遭遇强迫等都会引起他们较强的剥夺感、歧视感等社会排斥感。

总之，语言作为一种符号表征，具有较强的潜性功能。通过语言口音的识别，当地人对外来工的社会认知启动了，包括文化认同、身份认同，口音差异大者社会排斥程度高于口音差异小者。同样，语言能力除了具有较为显性的适应功能外，也可以影响着当地人对外来工的认知评价，语言能力低者被认为其他能力也较为低下，同时，语言能力也影响着外来工对自身的认知评价，语言能力高者对自身的社会预期较高，从而更容易产生相对剥夺体验，社会排斥感高。

三 减少外来工社会排斥的对策与建议

本书中关于语言与外来工社会排斥的研究结论和理论分析对于在政策制定和实践层面上减少外来工社会排斥，促进外来工的社会融合具有重要的参考价值。

（一）制度设计层面

外来工社会排斥的最根本原因是制度设计的不合理。随着外来工群体越来越大，以及第一批外来工逐渐步入老年，外来工不能享用社会保障资源的制度歧视越来越明显，如教育与医疗保障等。

1. 进一步推进户籍制度改革，以减少外来工城乡身份差异

语言能引起社会排斥，一部分原因正是通过语言的差异引起身份认同的差异。外来工较低层次的身份认同，主要源于城乡户籍制度的差异。户籍制度在我国城乡二元分割中起着决定性的作用。外来工流入的城市在经济、政治、文化方面均占有优势。流入地原住民户口是当地人身份认同的近乎唯一标准。户口在我国的行政体系中具有非常重要的行政作用，拥有城市户口意味着身份高人一等，意味着在机会、福利等方面的优越性。制度化因素使得我国的社会产生了城乡二元化的社会分类。因此，社会个体便通过某一社会分类形成自我的认识和群体的情感反应。所以作为城里人，他们的群体认同较为强烈，且具有优越感。这是一种受制度保障的先赋性身份认同，这种合法性为城市居民的优势心理提供了社会建构。因此，外来工作为城市廉价的、随招随退的劳动力引入，与城市居民相比，不能拥有同等的机会与权利，不能享受同等的福利与保障。在当地人眼里，外来工甚至抢占了本属于他们的工作机会，以及城市交通、医疗、教育和环境等公共资源。如果不会当地语言，外来工身份就会随时暴露，小到农贸市场中的买卖，大到政府机关中的事项处理，外来工的口音是社会排斥的试金石。外来工被边缘化，低人一等。在劳动力市场分割体系中，外来工处于低端位置，在求职、工作、工资报酬等方面均处于弱势地位；在社会生活中遭遇偏见、不平等和歧视等。户籍差异使得大多数外来工在城市生活中不能享有与城市居民同等的医疗保险、住房、子女教育等社会保障，且只能处于城市的低端劳动力市场。正如有外来工所言，凭劳力吃饭，我们不怕苦，我们有工资，可没有社会保障，我们在这里就低人一等（访谈记录20131116Chen_X）。外来工对语言的身份表征引起的社会排斥感受强烈，很多外来工在抱怨社会排斥产生的原因时的说法较为一致，认为这都是国家的城乡二元化的制度体系和政策设计造成的身份差异。希望通过逐步推进户籍改革，增加实现城乡户籍流动的可能性，突破群体边界，减少社会排斥，促进社会融合。

2. 推动各项政策的制定，以保障外来工的各项权益，减少不公平感

社会流动加剧了外来工的不确定性，没有户籍这一制度保护，劳动权益等常常得不到保障，而户籍政策只是众多社会政策中的一类。如果没有因为户籍制度而产生的诸如教育、医疗、住房等政策差别，城市居民就不会对外来工另眼相看。然而，在我国现阶段，由于城市的教育、医疗、住

房等资源相对紧张，政策向城市居民倾斜，外来工只能身在其中而无法享用，从而产生不公平感。在国家层面，需要关注能够减少外来工社会排斥的其他的政策设计，如外来工就业与劳动福利政策、外来工子女接受教育的政策、外来工医疗保障政策等，而不仅仅是需要进行户籍制度的改革。为保障外来工利益，有研究者从就业政策、住房保障政策、子女教育政策、政治参与等方面进行研究分析，建议制定有助于保护外来工利益的各项政策，以减少社会排斥（章元、高汉，2011；项继权，2005；刘俊贵、王鑫鑫，2013；丁富军、吕萍，2010；李朝阳，2011），希望在一定程度上促进城市外来工社会融入的进程。本书的研究表明，不管是高语言能力外来工还是低语言能力外来工，劳动权益得到保障都有利于他们降低社会排斥感。特别对于高语言能力外来工而言，如果不能享受权益保障，他们会产生较强的不公平感、相对剥夺感等排斥体验，不利于社会融合。由制度而产生的身份认同是社会建构的产物，在社会排斥过程中，国家层面要采取措施，制定更为合理的城乡经济均衡发展的社会政策，以及提高外来工的社会福利待遇等。

（二）实践融合层面

在强调制度安排和政策设计的同时，还需要关注减少社会排斥，促进社会融合的具体实践方案。

1. 增进群体间的相互接触，以创造增进融合的社会环境

外来工与当地居民形成鲜明的"他群"和"我群"之分，在城市生活中的群体交往呈现内卷化倾向。尤其是对低语言能力者而言，内卷化会增加社会排斥。语言能力低者在与当地人交往过程中，难以实现信息的交流与通达，而更愿意将自己封闭在熟人生活世界，难以实现群体边界的突破。同时，外来工与当地人接触，可以在实践中锻炼语言使用，也有助于外来工语言能力的提高，从而形成减少排斥、增进融合的积极的循环效应。外来工的污名化印象，使得当地居民在与外来工交往过程中呈现消极的交往态度。他们与外来工形成一定的社会距离，表现在居住空间和心理方面形成排斥（卢国显，2006、2011；王桂新、武俊奎，2011；戴迎华、陈靖，2013）。彼特·布劳（1991）指出，流动者需要建立新的角色属性才能适应新的环境。流入地语言能力是新角色的属性之一，语言能力高有助于其社会融入，这在访谈中得到了访谈者 Shun_RH（访谈记录 2013111

8)、Fu_SM（访谈记录20131119）等外来工的佐证。通过外来工应对社会排斥的策略发现，大多数人选择主动回避、被动接受、合理化解释等。这些虽有利于个体降低社会排斥感，但不利于实现真正的社会融合。因此，外来工应该采取积极的融入策略，适应当地文化，包括语言的学习等。也有研究指出，不同群体之间的接触有利于减少文化认同中的刻板印象（Pajupuu，2005）。当地人与外来工经常交流接触，增加了解，能够减少排斥，促进融合。因此，在相互接触中，本地人可以增进对外来工的了解，从而可以改变对外来工消极的群体记忆。从陌生到熟悉，有利于改变认识，增进感情，有利于打破群体与群体之间的区隔，减少对外来工的社会排斥，也会使外来工在相互了解中减少对不公平感、歧视感的主观体验。

　　2. 注重城乡文化的共存，以增进多元文化的融合

　　文化认同通常是指群体或社区的认同。文化认同有三个分类：群体的典型物质文化元素，如食物、衣服、语言等；典型的心理和精神元素，如象征、传统、习俗、价值等；居住的空间元素（Petkova，2005）。我国是一个幅员辽阔、语言区域明显的多方言国家。以语言来划分，可以形成不同的群体。卢汉超（2004）在研究中指出，城乡差别引起的认同是文化认同的一种特殊表现方式。城市和农村的文化差异使得城里人的优越感高于农村人，因而他们的城市认同程度较高。语言是形成认同最外显的标志，在城市本地人的认同中，外来工就是素质低下的代名词，就是脏乱差的来源，外来工被污名化、刻板化，即根据他们对外来工的期望来对待外来工。而对于外来工而言，他们所产生的排斥感一方面来自城里人对他们施加的排斥，另一方面来自不同的文化认同，他们也可能会产生一种思维定式，认为城市本地人就是排斥外来者的，不喜欢外来工的语言、穿着以及行为习惯等。文化融合是移民研究的重要主题之一，语言是文化差异的主要表现形式。大多数外来工来自农村，乡土语言不同于城市语言所建构的生活世界，呈现的是一种乡土、休闲、淳朴自然的语言环境。而城市语言具有理性化、阶层性和变异性（赵翠兰，2011）。一方面，当地居民不认同外来工的语言，也不认同他们的文化；另一方面，一部分外来工也不能认同流入地的文化，他们出现了乡土文化的忠诚，不愿意习得流入地方言，以维护自尊。有的外来工在社会交往中甚至采用回避策略，回避与自身言语社区之外的人员进行交流，尤其是言语交际。少数农民工认为，使用普通话而回避家乡话是一种忘本行为（曹进、曹文，2011）。移民在使

用主流群体的语言时，他们会产生背叛的感觉（Lambert，1967）。这使得外来工在对待流入地语言的学习时，持反对态度。语言是不同群体之间文化认同的重要符号，外来工为了能更好地适应城市生活，可以采取主动适应的策略，学习当地的语言与文化。流入地在文化接纳方面也需要更加开放与包容，同时当地居民对使用地方口音的外来工也应持包容态度。当然，语言是传递信息的工具，不同的语言会阻碍人们之间的正常交往，因此，普通话的选择与使用显得尤为重要。

（三）语言规划层面

1. 进一步推行普通话政策，以利于不同方言群体之间的交流与互动

普通话使用的重要性不言而喻。外来工的普通话大多在农村的学校教育中习得，出于多方面的原因，外来工的普通话水平有限。一方面，大多数外来工接受教育的年限较短，普通话能力较低；另一方面，偏远农村的学校教育中仍未完全落实普通话教学，教师的教学用语为地方方言的现象仍然普遍；再者，农村的学校教育中，学生通常是课堂上讲普通话，课外交流以及其他时候的日常用语大多数仍为地方方言。这些都不利于他们的普通话能力的提高，以至于从这样的环境中走出的外来工的普通话能力也不能适应城市生活的需求。从外来工打工城市当地居民的角度来看，年轻一代接受的学校教育较高，他们对普通话的接受和使用度也较高，但这部分人仍在求学或供职于较好的部门，他们与外来工日常接触的机会较少。城市居民中，上了年纪的当地人的普通话能力也较弱，这就使得两部分群体在语言的使用倾向上出现冲突，普通话虽然是共同用语，但因为大家的语言能力都较低，因而会出现交往困难等。外来工是城市社会的"他者"群体，在语言能力较弱时，容易引起社会排斥。因此，普通话作为国家共同语，有助于各民族和不同方言群体之间的交流与互动，需要得到进一步的推广与使用，特别是农村的学校教育阶段中普通话作为规范用语的要求需要进一步强化。有研究者也指出：国家政策应引导外来工在工作和生活中加强普通话的使用；在现有基础教育体系中，应加强在校学生尤其是农村青少年学生的普通话能力培养，重视普通话能力在外来工人力资本积累中的重要作用（程虹、王岚，2019）。

2. 进一步尊重语言差异，不以语言标志为边界

语言自身本无等级差异，然而，语言总与一定的社会政治、经济和文

化有关，因此具有某种地位的象征。在排斥产生过程中，排斥的主客体是如何对因语言而产生的社会排斥进行归因的？通过访谈资料的分析发现，当地人的反映是，一听口音就能分辨出是不是本地人。语言是文化的表征，说外地口音者特别是农民工，一般被表征为素质较差、不讲卫生、违法乱纪等形象。而外来工的反映是，当地人一听外地口音就露出看不顺眼的样子，就是因为当地人生在城市，国家福利政策好。从这两种归因可以看出，没有人把排斥归结为语言本身，而都体现为语言背后的索引信息。当地人把发生社会排斥的原因归结为外来工自身的素质，而外来工则把排斥的产生归结为当地人享有国家政策倾斜。外来工作为城市的流入人员，必然带着从小到大习得的乡音和方言的表达习惯。在国家大力推广普通话的同时，也在防止方言的流失。方言保护也被提上了国家语言发展的规划日程。随着城市发展不断的开放与包容，特别是长三角、珠三角由于多年的对外开放，多年的对外来人口的接纳，已形成融合发展的大都市，对外来人口已表现出极大的欢迎与接纳，当然，这可能更多体现在对外来人才的欢迎，希望他们能够更好地为他们的城市在科技、人文等方面带来活力与生机。这部分群体除了具有较高水平的普通话的交流能力外，即使他们使用方言，当地人也能够接受他们的语言差异。而对于外来的农民工，因为说着不一样的话而被排斥，更多的是对他们在这个城市中所做的贡献的不认同，才会以语言差异来标识身份。一方面城市居民认为排斥是合理合法的，因为他们认为外来工能力低、素质低、喜欢滋事等，不受欢迎；另一方面，外来工则将排斥合理化为命运和政策的安排，要么被动接受这种安排，要么容易加剧心理不平衡，容易发生社会冲突，不利于社会的和谐稳定。尊重语言差异就是尊重人与人之间的差异，城市的发展不仅需要高、精、尖人才，也需要为社会基础建设、环境建设和社会服务做着底层劳动的外来工。因此，要减少社会排斥，语言没有等级，唯有语言差异背后的身份认同才是需要改变和调整的。

参考文献

一 英文文献

Aasland A. & Flotten T. （2001）. Ethnicity and Social Exclusion in Estonia and Latvia ［J］. Europe-Asia Studies, 53 （7）: 1023 – 1049.

Abrams D., Hogg M. A. & Marques J. M. （2004）. The Social Psychology of Inclusion and Exclusion ［M］. NewYork: Psychology Press.

Adams B. （1970）. Isolation, Function and Beyond: American Kinship in the 1960's ［J］. Journal of Marriage and the Family, 32 （4）: 575 – 597.

Adelstein R. （1994）. Order and Planning ［R］. Unpublished Manuscript, Department. of Economics, Wesleyan University.

Ager A. & Strang A. （2008）. Understanding Integration: A Conceptual Framework ［J］. Journal of Refugee Studies, 21 （2）: 166 – 191.

Agheyisi R. & Fishman, J. A. （1970）. Language Attitude Studies: A Brief Survey of Methodological Approaches ［J］. Anthropological Linguistics, 12 （5）: 137 – 157.

Aguilera M. & Massey D. （2003）. Social Capital and the Wages of Mexican Migrants: New Hypotheses and Tests ［J］. Social Forces, 82 （2）: 671 – 701.

Alarcón A. & Novak K. （2010）. Latin American Immigrants in Indianapolis: Perceptions of Prejudice and Discrimination ［J］. Latino Studies, 8 （1）: 93 – 120.

Alba R. & Nee V. （1997）. Rethinking Assimilation Theory for a New Era of Immigration ［J］. International Migration Review, 31 （4）: 826 – 874.

Alexander P. & Chan A. （2004）. Does China Have and Apartheid Pass System? ［J］. Journal of Ethnic and Migration Studies, 4: 609 – 629.

Allardt E. （1993）. Having, Loving, Being: An Alternative to the Swedish Model of Welfare Research ［A］. In Nussbaum M. C. & Sen A. K. （Eds.）. The Quality of Life ［C］. Oxford: Clarendon Press.

Allport G. W. （1954）. The Nature of Prejudice ［M］. Reading：Massachusetts. Addison-Wesley.

Andersen J. , Brutoda A. & Costa A. et al. （1994）. The Contribution of Poverty 3 to the Understanding of Poverty, Exclusion and Integration, in Poverty 3：The Lessons of the Poverty 3 Programme ［R］. European Economic Interest Group, Animation and Research, Lille.

Aparicio, Fenoll A. & Kuehn Z. （2014）. Does Foreign Language Proficiency Foster Migration of Young Individuals within the European Union? ［R］. Iza Discussion Papers No. 8250.

Atkinson R. & Davoudi R. （2000）. The Concept of Social Exclusion in the European Union：Context, Development and Possibilities ［J］. Journal of Common Market Studies, 38 （3）：427 – 448.

Atkinson T. （1998）. Social Exclusion, Poverty and Unemployment ［A］. In Atkinson A. B. & Hills J. （Eds）. Exclusion, Employment and Opportunity, CASE Paper 4 ［C］. London：Centre for Analysis of Social Exclusion.

Baumeister R. F. & Tice D. M. （1990）. Anxiety and Social Exclusion ［J］. Journal of Social and Clinical Psychology, 9 （2）：165 – 195.

Baumeister R. F. , Twenge J. M. & Nuss C. K. （2002）. Effects of Social Exclusion on Cognitive Processes：Anticipated Aloneness Reduces Intelligent Thought ［J］. Journal of Personality and Social Psychology, 83 （4）：817 – 827.

Beall J. & Piron L. H. （2005）Department for International Development Social Exclusion Review ［R］. Technical Report. https：//www. researchgate. net/publication/283729778_ Department _ for _ International _ Development_ Social_ Exclusion_ Review.

Behrman J. , Gaviria A. & Szekely M. （2003）. Social Exclusion in Latin America：Perception, Reality and Implications ［A］. In Behrman J. et al. （Eds. ）. Who's in and Who's out：Social Exclusion in Latin America （pp. 1 – 23）［C］. Inter-American Development Bank.

Benenson J. F. , Markovits H. & Thompson M. E. et al. （2011）. Under Threat of Social Exclusion, Females Exclude More than Males ［J］. Psychological Science, 22 （4）：538 – 544.

Berman Y. & Phillips D. （2000）. Indicators of Social Quality and Social

Exclusion at National and Community Level [J]. Social Indicators Research, 50 (3): 329 – 350.

Berry J. W. (1993). Ethnic Identity in Plural Societies [A]. In Bernal M. E. & Knight G. P. (Eds.). Ethnic Identity: Formation and Transmission among Hispanics and Other Minorities. SUNY Series, Unitedstates Hispanic Studies (pp. 271 – 296) [C]. NewYork: State of NewYork Press.

Bhalla A. & Lapeyre F. (1997). Social Exclusion: Towards an Analytical and Operational Framework. [J]. Development and Change, 28 (3): 413 – 433.

Bharti N. (2011). Social Exclusion in Indian Labour Market [J]. Journal of Exclusion Studies, 1 (1): 56.

Bian Y. (1997). Bring Strong Ties Back in: Indirect Ties, Network Bridges and Job Searches in China [J]. American Sociological Review, 62 (3): 366 – 385.

Biernat M. & Dovidio J. (2000). Stigma and Stereotypes [A]. In Heatherton T. F., Kleck R. E., Hebl M. R. & Hull J. G. (Eds.). The Social Psychology of Stigma (pp. 88 – 125) [C]. New York: Guilford.

Blanc M. (1998). Social Integration and Exclusion in France: Some Introductory Remarks from A Social Transaction Perspective [J]. Housing Studies, 13 (6): 781 – 792.

Blau P. M. (1977). Inequality and Heterogeneity: A Primitive Theory of Social Structure [M]. New York, Free Press.

Bleakley H. & Chin A. (2004). Language Skills and Earnings: Evidence from Childhood Immigrants [J]. The Review of Economics and Statistics, 86 (2): 481 – 496.

Blommaert J. (2010). The Sociolinguistics of Globalization [M]. Cambridge: Cambridge University Press.

BÖhnke P. (2001). Nothing Left to Lose? Poverty and Social Exclusion in Comparison. Empirical Evidence on Germany [R]. Discussion papers, Research Unit: Social Structure and Social Reporting, (No. FSⅢ 1 – 402). WZB Berlin Social Science Research Center.

Bonacich E. (1987). "Making It" in America: A Social Evaluation of the Ethics of Immigrant Entrepreneurship [J]. Sociological Perspectives, 30

（4）：446 - 466.

Bourdieu P. （1991）. Language and Symbolic Power ［M］. In Thompson
（Eds.）. Raymond G. & Adamson M. （translation.）. Cambridge：Polity Press,
37 - 42.

Bradshaw J., Kemp P. & Baldwin S. et al. （2004）. The Drivers of Social
Exclusion ［R］. London：Social Exclusion Unit. http：bris. ac. uk/poverty/
dowloads/keyot/icialdocuments/Drivers% 200f% 20social% 20Exclusion. pdf.

Braun M. （2010）. Foreign Language Proficiency of Intra-European
Migrants：A multilevel Analysis ［J］. European Sociological Review, 26 （5）：
603 - 617.

Bresnahan M., Ohashi R., Nebashi R., Liu W. & Shearman S. M.
（2002）. Attitudinal and Affective Response Toward Accented English ［J］.
Language and Communication, 22 （2）：171 - 185.

Brewer M. B. & Miller N. （1984）. Beyond the Contact Hypothesis：
Theoretical Perspectives on Desegregation ［A］. In N. Miller & M. Brewer
（Eds）. Groups in Contact：The Psychology of Desegregation （pp. 281 - 302）
［C］. New York：Academic Press.

Bucholtz M. & Hall K. （2004）. Language and Identity ［A］. In Duranti A.
（Eds.）. A Companion to Linguistic Anthropology （pp. 369 - 394） ［C］. New
York：Black well Publishing.

Buck R. （2001）. Identifying Neighbourhood Effects on Social Exclusion
［J］. Urban Studies, 38 （12）：2251 - 2275.

Buckley K., Winkel R. & Leary M. （2004）. Reactions to Acceptance and
Rejection：Effects of Level and Sequence of Relational evaluation ［J］. Journal
of Experimental Social Psychology, 40 （1）：14 - 28.

Burchardt T., Le Grand, J. & Piachaud D. （1999）. Social Exclusion in
Britain 1991 - 1995 ［J］. Social Policy and Administration, 33 （3）：227 - 244.

Burchardt T., Le Grand J. & Piachaud D. （2002）. Degrees of Exclusion：
Developing a Dynamic Multidimensional Measure ［A］. In Hills J., Le Grand
J. & Piachaud D. （Eds.）. Understanding Social Exclusion （pp. 30 - 43） ［C］.
Oxford：Oxford University Press.

Cacioppo J. T., Hawkley L. C. & Bernston G. G. （2003）. The Anatomy of

Loneliness [J]. Current Directions in Psychological Science, 12 (3): 71 –74.

Cahoun C. J. (1994). Social Theory and the Politics of Identity [M]. Oxford, Uk; Cambridge, MA: Blackwell.

Campbell E. , Peter V. & Jeanne S. (1986). Social Resources and Socioeconomic Status [J]. Social Networks, 8 (1): 97 –117.

Cargile A. (2002). Speaker Evaluation Measures of Language Attitudes: Evidence of Information-processing Effects [J]. Language Awareness, 1 (3): 178 –191.

Cargile A. & Giles H. (1997). Understanding Language Attitudes: Exploring Listener Affect and Identity [J]. Language and Communication, 17 (3): 195 –217.

Cargile A. , Giles H. , Ryan E. & Bradac J. (1994). Language Attitudes as A Social Process: A Conceptual Model and New Directions [J]. Language and Communication, 14 (3): 211 –236.

Carley. (1991). A Theory of Group Stability [J]. American Sociological Review, 56 (3): 331 –354.

Carliner G. (1981). Wage Differences by Language Group and the Market for Language Skills in Canada [J]. Journal of Human Resources, 16 (3): 384 –399.

Casale D. & Posel D. (2011). English Language Proficiency and Earnings in a Developing Country: The Case of South Africa [J]. The Journal of Socio-Economics, 40 (4): 385 –393.

Castles S. , Korac M. & Vasta E. et al. (2001). Integration: Mapping the Field [R]. Report of a Project Carried Out by the Centre for Migration and Policy Research and Refugee Studies Centre Contracted by the Home Office Immigration Research and Statistics Service (IRSS), July.

Castles S. & Miller M. (2009). The Age of Migration: International Population Movements in the Modern World. [M]. New York-London: Guildford Press.

Chakravarty R. & D'Ambrosio C. (2006). The Measurement of Social Exclusion [J]. Review of Income and Wealth, 52 (3): 377 –398.

Chang J. & Yang S. (2007). Irregulation of Employment and Social Exclusion Perspective [J]. Quarterly Journal of Labor Policy, 7 (1): 1 –22.

Chen J. (2013). Perceived Discrimination and Subjective Well-being among Rural-to-urban Migrants in China [J]. Journal of Sociology and Social Welfare, 40 (1): 131 – 156.

Chimbos P. D. (1972). A Comparison of the Social Adaptation of Dutch, Greek and Slovak Immigrants in a Canadian Community [J]. International Migration Review, 6 (3): 230 – 244.

Chiswick B. R. (1991). Speaking, Reading and Earnings among Low-skilled Immigrants [J]. Journal of Labor Economics, 9 (2): 149 – 170.

Chiswick B. R. (1998). Hebrew Language Usage: Determinants and Effects on Earnings Among Immigrants in Israel [J]. Journal of Population Economics, 11 (2): 253 – 271.

Chiswick B. R. (2008). The Economics of Language: An Introduction and Overview [C]. Available at SSRN 1155862. The Institute for the Study of Labor, June 2008, No. 3568. http: repeciza. org/dp3568. pdf.

Chiswick B. R. & Miller P. (1990). Language in the Labor Market: The Immigrant Experience in Canada and the United States [C]. Paper Presented at the lonference on Immigrantion, Language and Ethnic Issues, Washington, DC, Spering.

Chiswick B. & Miller P. (1995). The Endogeneity Between Language and Earnings: International Analyses [J]. Journal of Labor Economics, 13 (2): 246 – 288.

Chiswick B. R. , Lee Y. L. & Miller P. W. (2005). Parents and Children Talk: English Language Proficiency within Immigrant Families [J]. Review of Economics of the Household, 3 (3): 243 – 268.

Chiswick B. R. & Miller P. (1996). Ethnic Networks and Language Proficiency among Immigrants. Journal of Population Economics, 9 (1): 19 – 35.

Chiswick B. R. & Miller P. (2001). A Model of Destination Language Acquisition: Application to Male Immigrants in Canada [J]. Demography, 38 (3): 391 – 409.

Chiswick B. R. & Miller P. (2002). Immigrant Earnings: Language Skills, Linguistic Concentrations and the Business Cycle [J]. Journal of Population Economics, 15 (1): 31 – 57.

Chiswick B. R. & Miller P. （2003）. The Complementarity of Language and Other Human Capital: Immigrant Earnings in Canada ［J］. Economics of Education Review, 22 （5）: 469 – 480.

Chiswick B. R. & Miller P. （2005）. Do Enclaves Matter in Immigrant Adjustment? ［J］. City and Community, 1: 5 – 35.

Chiswick B. R. & Miller P. （2007a）. The Economics of Language: International Analyses. London: Routledge.

Chiswick B. R. & Miller P. （2007b）. Computer Usage, Destination Language Proficiency and the Earnings of Natives and Immigrants ［J］. Review of Economics of the Household, 5 （2）: 129 – 157.

Chowdhury F. Y. & Hamid M. O. （2016）. Language, Migration and Social Wellbeing: A Narrative Inquiry into the Lives of Low English Proficiency Bangladeshi Migrants in Australia ［J］. Australian Review of Applied Linguistics, 39 （1）: 8 – 30.

Chung Y., Choi K., Park J. & Litman T. （2014）. Social Exclusion and Transportation Services: A Case Study of Unskilled Migrant Workers in South Korea ［J］. Habitat International, 44: 482 – 490.

Chunping H. （2007）. Rural Urban Cleavages in Perceptions of Inequality in Contemporary China ［D］. Harvard University.

Coleman J. （1990）. Foundations of Social Theory ［M］. Harvard University Press.

Commission of the European Communities. （2000）. Background Report: Social Exclusion Poverty and Other Social Problems in the European Community, ISEC/B11/93, Luxembourg: "Office for Official Publications of the European Communities". Quoted in Janie Percy Smith （Eds.）. Policy Responses to social exclusion: towards inclusion ［R］? Buckingham Philadelphia: Open University Press.

Conroy P. （1994）. Evaluation of the Achievements of Poverty 3 Synthesis, in Poverty 3: The Lessons of the Poverty 3 Programme ［R］. European Economic Interest Group. Animation and Research, Lille.

Cousins C. （1998）. Social Exclusion in Europe: Paradigms of Social Disadvantage in Germany, Spain, Sweden and the United Kingdom ［J］. Policy and Politics, 26（2）: 127 – 146.

Cuesta M. C.（2014）. Social Exclusion and the Stigmatization of Lesbians [J]. Procedia-Social and Behavioral Sciences, 161（19）: 77 – 81.

Dale T. M.（1978）. Specific Capital and Labor Turnover [J]. The Bell Journal of Economics, 9（2）: 572 – 586.

Damonti P.（2014）. Can Gender-based Violence Result in a Process of Social Exclusion? A Quantitative-qualitative Analysis [J]. Procedia-Social and Behavioral Sciences, 161（19）: 41 – 47.

Democratic Dialogue.（1995）. Special Reports 2-Report to Social Exclusion. Cited in Peace R.（2001）. Social Exclusion: A Concept in Need of Definition? [J]. Social Policy Journal of New Zealand, 16（16）: 17 – 36.

Derwing T.（2003）. What do ESL Students Say about Their Accents? [J]. Canadian Modern Language Review/La Revue Canadienne Des Langues Vivantes, 59（4）: 547 – 567.

Derwing T. & Munro M.（2009）. Putting Accent in Its place: Rethinking Obstacles to Communication [J]. Language Teaching, 42（4）: 476 – 490.

DeWall C. N. & Bushman B. J.（2011）. Social Acceptance and Rejection: The Sweet and the Bitter [J]. Current Directions in Psychological Science, 20（4）: 256 – 260.

DeWall C. N., Twenge J. M., Bushman B Im C. & Williams K.（2010）A Little Acceptance Goes a Long Way [J]. Social Psychological and Personality Science, 1（2）: 168 – 174.

Diana M. H. & Luz S. C.（2012）. Social Exclusion and Quality of Life Related to Health in People from 25 to 60 Years Old Living in the Northeast Zone, Medellín, 2009 [J]. Revista Facultad Nacional De Salud Pública, 30（1）: 45 – 56.

Dovidio J. F. & Gaertner S.（2004）. On the Nature of Contemporary Prejudice: The Causes, Consequences, and Challenges of Aversive Racism [J]. Advances in Experimental Social Psychology, 36: 1 – 52.

DSS（Department of Social Security）（1999）. Opportunity for All: Tackling Poverty and Social Exclusion [R]. London: The Stationery Office.

Dustmann C.（1994）. Speaking Fluency, Writing Fluency and Earnings of

Migrants ［J］. Journal of Population Economics, 7 （2）: 133 – 156.

Dustmann C. （1996）. The Social Assimilation of Immigrants ［J］. Journal of Population Economics, 9 （1）: 37 – 54.

Dustmann C. & Fabbri F. （2003）. Language Proficiency and Labour Market Performance of Immigrants in the UK ［J］. The Economic Journal, 113 （489）: 695 – 717.

Dustmann C. & Van Soest A. （2001）. Language Fluency and Earnings: Estimation with Misclassified Language Indicators ［J］. Review of Economics and Statistics, 83 （4）: 663 – 674.

Dustmann C. & Van Soest A. （2002）. Language and the Earnings of Immigrants ［J］. Industrial & Labor Relations Review, 55 （3）: 473 – 492.

Dyer J. （2007）. Language and Identity ［A］. In Llamas C. , Mullany L. & Stockwell P. （Eds. ）. （2013）. The Routledge Companion to Sociolinguistics ［C］. London: Routledge.

Eckert P. （1989）. The Whole Woman: Sex and Gender Differences in Variation ［J］. Language Variation & Change, 1 （3）: 245 – 267.

Edwards J. （1999）. Refining Our Understanding of Language Attitudes ［J］. Journal of Language and Social Psychology, 18 （1）: 101 – 110.

Elwyn N. （2002）. Establishing Aninclusive Society? Technology, Social Exclusion and UK Government Policy Making ［J］. Journal of Social Politics, 31 （1）: 1 – 20.

Espenshade T. J. & Fu H. （1997）. An Analysis of English-language Proficiency among U. S. Immigrants ［J］. American Sociological Review, 62 （2）: 288 – 305.

Esser H. （2006）. Migration, Language and Integration. AKI Research Review 4 ［R］. Berlin: WZB. Available from: http: //www. gbv. de/dms/zbw/5713 31912. pdf.

Farley J. E. （2000）. Majority-minority Relations （4th ed） ［M］. Prentice Hall.

Feng W. （2013）. Social Exclusion of the Elderly in Contemporary China: One Empirical Study based on the Survey in Six Provinces. ［EB/OL］. （2018 – 4 – 14）. http: //www1. oecd. org/dev/pgd/46837621. pdf.

Fennelly K. & Palasz N. （2003）. English Language Proficiency of Immigrants and Refugees in the Twin Cities Metropolitan Area ［J］. International Migration，41（5）：93 – 125.

Festinger L. （1954）. A Theory of Social Comparison Processes ［J］. Human Relations，7（2）：117 – 140.

Figueroa A. ，Altamirano T. & Sulmont D. （1996）. Social Exclusion and Inequality in Peru ［R］. International Institute for Labour Studies and United Nations Development Programme，Research Series，104，Geneva：ILO Publications.

Finch B. ，Kolody B. & Vega W. （2000）. Perceived Discrimination and Depression among Mexican-origin adults in California ［J］. Journal of Health and Social Behavior，41（3）：295 – 313.

Fishbein M. & Ajzen I. （1975）. Belief，Attitude，Intention and Behavior：An Introduction to Theory and Research ［M］. Reading，MA：Addison-Wesley.

Foote N. N. （1951）. Identification as the Basis for a Theory of Motivation ［J］. American Sociology Review，16（1）：14 – 21.

Fore E. （2006）. Stereotyping，Prejudice，and Language Discrimination：Attitudes and Behaviors of Healthcare Professionals towards Limited-English-proficient Latinos ［R］. Paper Presented at the APHA 134th Annual Meeting and Exposition；4 – 8 November，Boston，MA. http：//apha. confex. com/apha/134am/techprogram/paper/ – 142556/htm.

Fu D. ，Wang K. ，Li C. Y. & Song H. X. （2007）. Rural Migrant Workers in Urban China：Living a Marginalised Life ［J］. International Journal of Social Welfare，16（1）：32 – 40.

Gary S. （1962）. Investment in Human Capital：A Theoretical Analysis ［J］. Journal of Political Economy，5（2）：9 – 49.

Giles H. （1970）. Evaluative Reactions to Accents ［J］. Educational Review，22（3）：211 – 227.

Giles H. & Johnson P. （1981）. The Role of Language in Ethnic Group Formation ［A］. In Turner J. C. & Giles H. （Eds. ）. Intergroup Behavior（pp. 199 – 243）［C］. Oxford：Basil Blackwell.

Giles H. & Johnson P. (1987). Ethnolinguistic Identity Theory: A Social Psychological Approach to Language Maintenance [J]. International Journal of the Sociology of Language, 68: 69 – 99.

Gluszek A. & Dovidio J. (2010). The Way They Speak: A Social Psychological Perspective on the Stigma of Nonnative Accents in Communication [J]. Personality and Social Psychology Review, 14 (2): 214 – 237.

Gordon D., Adelman L. & Ashworth G. et al., (2000). Poverty and Social Exclusion in Britain [M]. New York: Joseph Rowntree Foundation.

Gough I. & Olofsson G. (1999). Introduction: New Thinking on Exclusion and Integration [A]. In: Gough I. & Olofsson G. (Eds.). Capitalism and Social Cohesion (pp. 1 – 10) [C]. Palgrave Macmillan, London.

Gradstein M. & Schiff M. (2006). The Political Economy of Social Exclusion, with Implications for Immigration Policy [J]. Journal of Population Economics, 19 (2): 327 – 344.

Grenier G. (1987). Earnings by Language Group in Quebec in 1980 and Emigration from Quebec between 1976 and 1981 [J]. The Canadian Journal of Economics, Revue Canadienne d' economigue, 20 (4): 774 – 791.

Grin F. & Sfreddo C. (1998). Language-based Earnings Differentials on the Swiss Labour Market: Is Italian A Liability? [J]. International Journal of Manpower, 19 (7): 520 – 532.

Grin F. & Vaillancourt F. (1997). The Economics of Multilingualism: Overview and Analytical Framework [Eds.]. Annual Review of Applied Linguistics, 17: 43 – 65.

Gumperz J. J. & Cook-Gumperz J. (1983). Introduction: Language and The Communication of Social Identity [A]. In Gumperz J. J. (Eds.). Language and Social Identity (pp. 1 – 21) [C]. Cambridge: Cambridge University Press.

Gurung G. (2009). Child Health Status of Nepal: Social Exclusion Perspective [J]. Journal of Nepal Paediatric Society, 29 (2): 79 – 84.

Halliday M. (1978). Language as Social Semiotic: The Social Interpretation of Language and Meaning [M]. London: Edward Arnold.

Hammer K. (2017). Sociocultural Integration and Second Language Proficiency Following Migration [R]. http://core. ac. uk/reader/80694394.

Han C. & Whyte, M. (2009). The Social Contours of Distributive Injustice Feelings in Contemporary China [A]. In Deborah S. & Wang F. (Eds). Creating wealth and Poverty in Postsocialist China (pp. 193 – 212)[C]. California: Stanford University.

Hazari B. & Mohan V. (2015). Social Exclusion, Capital Accumulation and Inequality [J]. International Review of Economics & Finance, 39: 371 – 375.

Heller M. (1982). Language, Ethnicity and Politics in Quebec [D]. University of California, Berkeley.

Hitti A., Mulvey K. L. & Killen M. (2011). Social Exclusion and Culture: The Role of Group Norms, Group Identity and Fairness [J]. Anales de Psicología, 27: 587 – 599.

House J., Umberson D. & Landis K. R. (1988). Structures and Processes of Social Support [J]. Annual Review of Sociology, 14: 293 – 318.

Jackson R. M. (1977). Social Structure and Process in Friendship Choice [A]. In Fischer C. et al. (Eds.). Networks and Places (pp. 59 – 78)[C]. NewYork: Free Press.

Jalal K. F. (1998). Opening and Welcoming remarks [A]. Asian Development Bank Seminar on Inclusion or Exclusion: Social Development Challenges for Asia and Europe [C]. Geneva, 27 April.

Jiang W. (2000). The Relationship between Culture and Language [J]. ELT Journal, 54 (4): 328 – 334.

Jones E. E., Carter-Sowell A. R., Kelly J. R. & Williams K. D. (2009). "I'm Out of the Loop": Ostracism Through Information Exclusion [J]. Group Processes & Intergroup Relations, 12 (2): 157 – 174.

Kabeer N. (2000). Social Exclusion, Poverty and Discrimination towards an Analytical Framework [J]. IDS Bulletin, 31 (4): 83 – 97.

Kanagaraj E. (2008). Primitive Tribes Access to Health Care in Tamil Nadu: A Social Exclusion Perspective [J]. Tribal Health Bulletin, 14 (1 – 2): 50 – 61.

Keyder C. (2005). Globalization and Social Exclusion in Istanbul [J]. International Journal of Urban and Regional Research, 29 (1): 124 – 134.

Kim J. (2011). Education English Language Proficiency, and Earnings of

Male Immigrants in the US Labor Market [J]. Journal of Business & Economics Research, 13: 17 – 26.

Kinzler K. , Shutts K. , DeJesus J. & Spelke E. S. (2009). Accent Trumps Race in Guiding Children's Social Preferences [J]. Social Cognition, 27 (4): 623 – 634.

Klanfer J. (1965). L'exclusion sociale: étude de la marginalité dans les sociétés occidentals [J]. Paris, Bureau de recherches sociales. Cited in Béland D. (2007). The Social Exclusion Discourse: Ideas and Policy Change [J]. Policy and Politics, 35 (1): 123 – 139.

Kluegel J. & Smith E. (1986). Beliefs about Inequality: America's Views of What Is and What Ought to Be [M]. New York: Routedge.

Korenman S. & Turner S. C. (1996), Employment Contacts and Minority White Wage Differences [J]. Industrial Relations, 35 (1): 106 – 122.

Kossoudji S. (1988). English Language Ability and the Labor Market Opportunities of Hispanic and East Asian Immigrant Men [J]. Journal of Labor Economics, 6 (2): 205 – 228.

Kronauer M. (1998). Social Exclusion and Underclass: New Concepts for the Analysis of Poverty [A]. In Andre H. J. (Eds). Empirical Poverty Research in a Comparative Perspective (pp. 51 – 75) [C]. Aldershot: Ashgate.

Lambert W. (1967). A Social Psychology of Bilingualism [J]. Journal of Social Issues, 23 (2): 91 – 109.

Lambert W. & Gardner R. (1959). Motivational Variables in Second Language Learning. [J]. Canadian Journal of Psychology, 13 (4): 266 – 273.

Lazear E. (1995). Culture and Language [R]. NBER Working Paper No. W5249. https://www. nber. org/system/files/working_ paper/W5249. pdf.

Leary M. R. (1990). Responses to Social Exclusion: Social Anxiety, Jealousy, Loneliness, Depression, and Low Self-esteem [J]. Journal of Social and Clinical Psychology, 9 (2): 221 – 229.

Lee J. & Shrum L. J. (2012). Conspicuous Consumption versus Charitable Behavior in Response to Social Exclusion: A Differential Needs Explanation [J]. Journal of Consumer Research, 39 (3): 530 – 544.

Legate N. , DeHaan C. R. & Weinstein N. et al. (2013). Hurting you

Hurts Me too the Psychological Costs of Complying with Ostracism [J]. Psychological Science. 24 (4): 583 – 588.

Lehtonen J. (2005). Stereotypes and Collective Identification. Cultural Identity in an Intercultural Context, 61 – 85. [EB/OL]. (2018 – 3 – 10). https: //monivies. jyu. fi/ohjelmat/viesti/ics/16/2008 – 01 – 17. 2002750388.

Leith M. (2012). How Learning English Facilitates Integration for Adult Migrants: The Jarrah Language Centre Experience. Occasional Paper [R]. http: ncver. edu. au/ – data/assets/file/0016/3832/2461. pdf.

Lenoir R. (1974). Les Exclus: Un Francais sur Dix, Paris: Editions de Seuil. Cited in Burchardt T. , Le Grand J. & Piachaud D. (1999) . Social Exclusion in Britain 1991 – 1995 [J]. Social Policy & Administration, 33 (3): 227 – 244.

Lepage R. B. & Abouret K. A. (1985) . Acts of Identity: Creole-based approaches to Language and Ethnicity [M]. Cambridge: Cambridge University Press.

OLS Wang L. B. (2013). Model of Social Communication [EB/OL]. (2013 – 4 – 13). http: //depts. washington. edu/soccomm/model. html.

Levitas R. (2006). The Concept and Measurement of Social Exclusion [A]. In Pantazis C. , Gordon D. & Levitas R. (Eds.). Poverty and Social Exclusion in Britain (pp. 123 – 162.) [C]. The Millennium Survey, Bristol: The Policy Press.

Levitas R. (1996) . The Concept of Social Exclusion and the New Durkheimian Hegemony [J]. Critical Social Policy, 16 (1): 5 – 20.

Levitas R. , Pantazis C. , Fahmy E. , Gordon D. , Lloyd E. & Patsios D. (2007). The Multi-dimensional Analysis of Social Exclusion [R]. http: // bris. ac. uk/poverty/downloads/socialexclusion/multidimentional. pdf.

Lindemann S. (2002). Listening with an Attitude: A Model of Native-speaker Comprehension of Nonnative Speakers in the United States [J]. Language in Society, 31 (3): 419 – 441.

Lindemann S. (2003) . Koreans, Chinese or Indians? Attitudes and Ideologies about Non-native English Speakers in the United States [J]. Journal of Sociolinguistics, 3: 348 – 364.

Lindridge A. M. & Hogg M. K. （2006）. Parental Gate-keeping in Diasporic Indian Families: Examining the Intersection of Culture, Gender and Consumption [J]. Journal of Marketing Management, 22 （9 – 10）: 979 – 1008.

Lippi-Green R. （1997）. English with Accents: Language, Ideology, and Discrimination in the United States [M]. New York: Routledge.

Little D. （2008）. The Common European Framework of Reference for Languages and the Development of Policies for the Integration of Adult Migrants. [R]. http: //rm. coe. int/16802fcobl.

Littlewood P. & Herkommer S. （1999）. Identifying Social Exclusion: Some Problems of Meaning [A]. In Littlewood （Eds）. Social exclusion in Europe: Problem and Paradigms （pp. 1 – 22）[C]. Aldershot: Ashgate.

Liyanage U. （2004）. Emerging Patterns of Income Distribution and Social Exclusion in Sri Lanka [J]. South Asian Journal of Management, 11 （3）: 21 – 35.

Lu G. X. （2008）. The Social Distance between Urban Residents and Migrant Workers: An Institutional Analysis [J]. Social Sciences in China, 29 （3）: 172 – 186.

Lucas K. （2012）. Transport and Social Exclusion: Where are We Now [J]? Transport Policy, 20: 105 – 113.

Lukmani Y. （1972）. Motivation to Learn and Language Proficiency [J]. Language Learning, 2: 261 – 273.

Lyons J. （1970）. New Horizons in Linguistics [M]. Harmondsworth: Penguin.

Macdonald G. & Leary M. R. （2005）. Why Does Social Exclusion Hurt? The Relationship Between Social and Physical Pain [J]. Psychological Bulletin, 131 （2）: 202 – 223.

Mackett R. L. & Thoreau R. （2015）. Transport, Social Exclusion and Health [J]. Journal of Transport & Health, 4: 610 – 617.

Madanipour A. （1998）. Social Exclusion and Space [A]. In: Madanipour A., Cars G. & Allen J. （Eds）. Social Exclusion in European Cities: Processes, Experiences and Responses （pp. 185 – 194）[C]. London: Jessica Kingsley.

Maner J. K., DeWall C. N., Baumeister R. F. & Schaller M. （2007）. Does Social Exclusion Motivate Interpersonal Reconnection? Resolving the

"Porcupine Problem" [J]. Journal of Personality and Social Psychology, 92 (1): 42 –55.

Matsuda M. J. (1991). Voices of America: Accent, Antidiscrimination Law and a Jurisprudence for the Last Reconstruction [J]. The Yale Law Journal, 100 (5): 1329 –1407.

McManus W., Gould W. & Welch F. (1983). Earnings of Hispanic Men: The Role of English Language Proficiency [J]. Journal of Labor Economics, 1 (2): 101 –130.

McManus W. S. (1985). Labor Market Costs of Language Disparity: An Interpretation of Hispanic Earnings Differences [J]. The American Economic Review, 75 (4): 818 –827.

Mead N. L., Baumeister R. F., Stillman T. F., Rawn C. D. & Vons K. D. (2011). Social Exclusion Causes People to Spend and Consume Strategically in the Service of Affiliation [J]. Journal of Consumer Research, 37 (5): 902 –919.

Mendes W. B., Major B., McCoy S. & Blascovich J. (2008). How Attributional Ambiguity Shapes Physiological and Emotional Responses to Social Rejection and Acceptance [J]. Journal of Personality and Social Psychology, 94 (2): 278 –291.

Merton R. (1957). Social Theory and Social Structure Review [M]. New York: Free Press.

Milroy L. (2000). Britain and the United States: Two Nations Divided by the Same Language and Different Language Ideologies [J]. Journal of Linguistic Anthropology, 10 (1): 56 –89.

Mincer J. (1974). Schooling, Experience and Earnings [M]. New York: National Bureau of Economic Research Program.

Mincer J. (1989). Human Capital. The Labor Market: A Review of Current Research [J]. Educational Researcher, 18 (4): 27 –34.

Modarres A. (2004). Neighborhood Integration: Temporality and Social Fracture [J]. Journal of Urban Affairs, 26 (3): 351 –377.

Mulac A., Hanley T. & Prigge D. (1974). Effects of Phonological Speech Foreignness upon Three Dimensions of Attitude of Selected American Listeners

［J］. Quarterly Journal of Speech, 60 (4): 411 - 420.

Myers S. (1999). Childhood Migration and Social Integration in Adulthood ［J］. Journal of Marriage and the Family, 61 (3): 774 - 789.

Naomi I. E. , Matthew D. L. & Kipling D. W. (2003). Does Rejection Hurt? An fMRI Study of Social Exclusion ［J］. Science, 302 (5643): 290 - 292.

Nolan S. A. , Flynn C. & Garber J. (2003). Prospective Relations between Rejection and Depression in Young Adolescents ［J］. Journal of Personality and Social Psychology, 85 (4): 745 - 755.

North D. C. (1990). Institutions, Institutional Change, and Economic Performance ［M］. Cambridge: Cambridge University Press.

NPI (New Policy Institute). (2006). Monitoring Poverty and Social Exclusion 2006. Income and Poverty ［EB/OL］. (2013 - 4 - 27). http://npi. org. uk/publications/income-and-poverty/monitoring-poverty-and-social-exclusion-2006/.

Oppenheim C. (1998). Poverty and Social Exclusion: An Overview ［A］. In Oppenheim C. (Eds). An Inclusive Society: Strategies for Tackling Poverty ［C］. London: Institute for Public Policy Research.

O'Reilly K. (2007). Intra-European Migration and the Mobility—Enclosure Dialectic ［J］. Sociology, 2: 277 - 293.

Orton A. (2012). Building Migrants' Belonging Through Positive Interactions ［EB/OL］. Council of Europe. (2017 - 4 - 24). https://dro. dur. ac. uk/10639/2/10639. pdf.

Ottamann J. (2010). Social Exclusion in the Welfare State: The Implications of Welfare Reforms for Social Solidarity and Social Citizenship ［J］. Distinktion: Journal of Social Theory, 11 (1): 23 - 37.

Owens T. J. , Robinson D. T. & Smith-Lovin L. (2010). Three Faces of Identity ［J］. Annual Review of Sociology, 36: 477 - 499.

Oxford Dictionary. (2014). Definition of Social Exclusion in English: Social Exclusion ［EB/OL］. (2014 - 6 - 1). http://www. oxforddictionaries. com/definition/english/social-exclusion? q = social + exclusion.

Palmer G. , MacInnes T. & Kenway P. (2008). Monitoring Poverty and Social Exclusion 2007 ［R］. http://jvf. org. uk/sites/default/files/jrf/migrated/files/2152-poverty-social-exclusion. pdf.

Pantazis C. , Gordon D. & Levitas R. （2006）. Poverty and Social Exclusion in Britain: The Millennium Survey ［R］. Bristol: The Policy Press.

Park R. & Burgess E. （1921）. Introduction to the Science of Sociology ［M］. Chicago: University of Chicago Press.

Park R. （1928）. Human Migration and the Marginal Man ［J］. American Journal of Sociology, 33 （6）: 881 – 893.

Parkin F. （1974）. The Social Analysis of Class Structure ［M］. London: Routledge.

Parsons O. D. （1972）. Specific Human Capital: An Application to Quitrates and Layoff Rates ［J］. Journal of Political Economy, 80 （6）: 1120 – 1143.

Pajupuu H. （2005）. Estonian National Stereotypes in Transition ［J］. Cultural Identity in an Intercultural Context, 27: 124 – 142.

Peace R. （2001）. Social Exclusion: A Concept in Need of Definition? ［J］. Social Policy Journal of New Zealand, 16 （6）: 17 – 36.

Penninx R. （2005）. Integration of Migrants: Economic, Social, Cultural and Political Dimensions ［A］. In Macura M Haug W. & MaDonald A. （Eds.）. The New Demographic Regime: Population Challenges and Policy Responses （pp. 137 – 152）［C］. NewYork and Geneva: Cnited Nations.

Penninx R. , Spencer D. & Van Hear N. （2008）. Migration and Integration in Europe: The State of Research ［R］. Swindon, UK: Economic and Social Research Council （University of Oxford: COMPAS）.

Percy-Smith J. （2000）. The Contours of Social Exclusion ［A］. In Percy-Smith, J. （Eds.） Policy Responses to Social Exclusion （pp. 2 – 22）［C］. Buckingham: Open University Press.

Perry E. B. （2009）. The Declining Use of the Mixtec Language Among Oaxacan Migrants and Stay-at-Homes: The Persistence of Memory, Discrimination, and Social Hierarchies of Power ［M］. University of California, San Diego.

Petkova D. （2005）. Cultural Identity in a Pluralistic World, in Cultural Identity in an Intercultural Context ［D］. University of Jyväskylä.

Pfundmair M. , Aydin N. & Du H. et al. （2015）. Exclude Me If You Can-Cultural Effects on the Outcomes of Social Exclusion ［J］. Journal of Cross-

Cultural Psychology, 46 (4): 579 – 596.

Phillimore J. & Goodson L. (2006). Problem or Opportunity? Asylum Seekers, Refugees, Employment and Social Exclusion in Deprived Urban Areas [J]. Urban Studies, 43 (10): 1715 – 1736.

Phinney J. (1993). A Three-stage Model of Ethnic Identity Development in Adolescence [A]. In Martha E. Bernal & George P. Knight (Eds.). Ethnic Identity: Formation and Transmission among Hispanics and other Minorities (pp. 61 –69)[C]. NewYork: State University of New York Press.

Pirani E. & Schifini S. (2010). On the Perception of Social Exclusion in the EU27: Concepts and Empirical Investigation [R]. Conference Presentation, 45th Scientific Meeting of the Italian Statistical Society, 16 – 18 June, Padova, Italy.

Pirani E., Schifini S. & Vermunt J. (2009). Poverty and Social Exclusion in Europe: Differences and Similarities across Regions [R]. Presented at the 26th Conference of the International Union for Scientific Study of Populations, Marrakech. http: iussp. princeton. edu/papers/92463.

Portes A. (1995). Children of Immigrants: Segmented Assimilation and Its Determinants [A]. In Portes A. (Eds.). The Economic Sociology of Immigration (pp. 248 –280)[C]. NewYork: Russell Sage.

Portes A., Fernandez-Kelly, P. & Haller W. (2005). Segmented Assimilation on the Ground: the New Second Generation in Early Adulthood. [J]. Ethnic and Racial Studies, 28 (6): 1000 – 1040.

Portes A. & Zhou M. (1993). The New Second Generation: Segmented Assimilation and Its Variants [J]. The Annals of the American Academy of Political and Social Sciences, 530 (1): 74 – 96.

Poulsen J. R. & Kashy D. A. (2012). Two Sides of the Ostracism Coin: How Sources and Targets of Social Exclusion Perceive Themselves and One Another [J]. Group Process & Intergroup Relations, 15 (4): 457 – 470.

Pritchard J. P., Moura F., Silva J. D. & Martinez L. M. (2014). Spatial Analysis of Transportation-related Social Exclusion in the Lisbon Metropolitan Area [J]. Procedia-Social and Behavioral Sciences, 111: 440 – 449.

Pugh M. & Wahrman R. (1983). Neutralizing Sexism in Mixed-Sex

Groups: Do Women Have to be Better than Men? [J]. American Journal of Sociology, 4: 746 – 762.

Raijman R. & Hochman O. (2011). National Attachments, Economic Competition and Social Exclusion of Non-ethnic Migrants in Israel: A Mixed-methods Approach [J]. Quality & Quantity, 45 (6): 1151 – 1174.

Redmond G. (2014). Poverty and Social Exclusion [A]. In Ben-Arieh A., Casas F. & Korbin J. Handbook of Child Well-Being (pp. 1387 – 1426) [C]. Springer Netherlands.

Remennick L. (2004). Language Acquisition, Ethnicity and Social Integration among Former Soviet Immigrants of the 1990s in Israel [J]. Ethnic and Racial Studies, 27 (3): 431 – 454.

Rendall M., Tsang F., Rubin J., Rabinovich L. & Janta B. (2010). Contrasting Trajectories of Labor-market Integration between Migrant Women in Western and Southern Europe [J]. European Journal of Population Revue Européenne de Démographie, 26 (4): 383 – 410.

Robinson C. (1988). Language Choice: The Distribution of Language Skills and Earnings in A Dual-language Economy [J]. Research in Labor Economics, 9: 53 – 90.

Robinson V. (1999). Migration and Public Policy [M]. UK: Edward Elgar.

Rodgers G., Gore C. & Figueiredo J. (1995). Social Exclusion: Rhetoric, Reality, Responses [R]. http://researchgate.net/publication/44819240.

Romero-Canyas R., Downey G. & Reddy K. S. et al. (2010). Paying to Belong: When does Rejection Trigger Ingratiation? [J]. Journal of Personality and Social Psychology, 99 (5): 802 – 823.

Room G. (1995). Beyond the Threshold: The Measurement and Analysis of Social Exclusion: Seminar Papers [C]. Bristol: Policy Press.

Rosanna S., Roger W. & Michael H. (2009). Measuring Poverty and Social Exclusion in Australia: A Proposed Multidimensional Framework for Identifying Socio-economic Disadvantage [R]. Melbourne Institute Working Paper series, Working Paper. No. 4/09. http: researchgate.net/publication/228250854.

Rosenberg M. (1979). Conceiving the Self [M]. New York: Basic

Books.

Rossalina L. (2010). Nationalism Versus Patriotism, or the Floating Border? National Identification and Ethnic Exclusion in Post-communist Bulgaria [J]. Journal of Comparative Research in Anthropology and Sociology, 1 (2): 187 – 215.

Rubenfeld S., Clément R., Lussier D., Lebrun M. & Auger R. (2006). Second Language Learning and Cultural Representations: Beyond Competence and Identity [J]. Language Learning, 56 (4): 609 – 631.

Runciman W. G. (1966). Relative Deprivation and Social Justice: A Study of Attitudes to Social Inequality in Twentieth-century England [M]. Berkeley: University of California Press.

Ryan E. (1983). Social Psychological Mechanisms Underlying Native Speaker Evaluations of Nonnative Speech [J]. Studies in Second Language Acquisition, 5 (2): 148 – 159.

Ryan E. & Carranza M. (1975). Evaluative Reactions of Adolescents toward Speakers of Standard English and Mexican American Accented English [J]. Journal of Personality and Social Psychology, 31 (5): 855 – 863.

Sabour M. (1999). The Socio-cultural Exclusion and Self-exclusion of Foreigners in Finland: The Case of Joensuu [A]. In Littlewood Paul et al. (Eds.). Social Exclusion in Europe: Problems and Paradigms (pp. 219 – 247) [C]. London: Ashgate.

Saraceno C. (2001). Social Exclusion: Cultural Roots and Diversities of a Popular Concept. Paper Presented at the Conference on Social Exclusion and Children, The Institute for Child and Family Policy [R]. Columbia University, NewYork, May 3 – 4.

Sarwari A. Q., Ibrahim A. H. & Ashikin A. N. (2016). The Impact of English Language Proficiency on Interpersonal Interactions among Students from Different Nationalities in a Malaysian Public University [J]. Pertanika Journal of Social Sciences & Humanities, 24 (1): 415 – 428.

Schwanen T., Lucas K. & Akyelken N. et al. (2015). Rethinking the Links Between Social Exclusion and Transport Disadvantage Through the Lens of Social Capital [J]. Transportation Research Part A: Policy and Practice, 74: 123 –

135. https：//eprints. whiterose. ac. uk/83769/1/Schwanen% 20et% 20al% 202015. pdf.

Scott K. L. , Tams S. , Schippers M. C. & Lec K. Y. （2015）. Opening the Black Box：Why and When Workplace Exclusion Affects Social Reconnection Behaviour, Health, and Attitudes ［J］. European Journal of Work and Organizational Psychology, 24：239 – 255.

Scottish Executive （2000）. The Same As You? A Review of Services for People with Learning Disabilities ［R］. pp. IV. The Stationery Office, Edinburgh.

Selwyn N. （2002）. Establishing an Inclusive Society? Technology, Social Exclusion and UK Government Policy Making ［J］. Journal of Social Policy, 31 （1）：1 – 20.

Sen A. （2000）. Social Exclusion：Concept, Application, and Scrutiny ［R］. Manila, Philippines：Office of Environment and Social Development, Asian Development Bank.

SEU （Social Exclusion Unit）. （1997）. Social Exclusion Unit：Purpose, Work Priorities and Working Methods ［R］. London：Cabinet Office.

SEU （Social Exclusion Unit）. （1999）. Opportunity for All：Tackling Poverty and Social Exclusion, Summary of the UK Labour Government's ［R］. First Report on Tackling Poverty and Social Exclusion, September, CM 4445, the Stationery Office, London.

Shields M. & Wheatley P. （2002）. The English Language Fluency and Occupational Success of Ethnic Minority Immigrant Men Living in English Metropolitan Areas ［J］. Journal of Population Economics, 15 （1）：137 – 160.

Sigona N. （2005）. Refugee Integration （s）：Policy and Practice in the European Union ［J］. Refugee Survey Quarterly, 24 （4）：115 – 122.

Silberman R. , Alba R. & Fournier I. （2007）. Fournier I. Segmented Assimilation in France? Discrimination in the Labour Market Against the Second Generation ［J］. Ethnic and Racial Studies, 30 （1）：1 – 27.

Silver H. （1994）. Social Exclusion and Social Solidarity：Three Paradigms ［J］. International Labour Review. 133 （5）：531 – 578.

Silver H. （1995） . Reconceptualizing Social Disadvantage：Three

Paradigms of Social Exclusion [A]. In Rodgers G. , Gore C. & Figueiredo J. (Eds.). Social Exclusion: Rhetoric, Reality, Responses (pp. 58 – 80) [C]. Geneva: Institute of International Labour Studies

Silver H. & Miller S. (2003). Social Exclusion: The European Approach to Social Disadvantage. [J]. Indicators, 2 (2): 5 – 21.

Simmel G. (1971) . Group Expansion and the Development of Individuality [A]. In Levine D. N. (Eds.). Georg Simmel: On Individuality and Social Forms (pp. 251 – 293) [C]. Chicago: University of Chicago Press.

Sommer K. L. & Baumeister R. F. (2002) . Self-evaluation, Persistence, and Performance Following Implicit Rejection: The Role of Trait Self-esteem [J]. Personality and Social Psychology Bulletin, 28 (7): 926 – 938.

Soors W. , Dkhimi F. & Criel B. (2013). Lack of Access to Health Care for African Indigents: A Social Exclusion Perspective [J]. International Journal for Equity in Health , 12 (1): 11 – 42.

Speicher B. & McMahon S. (1992). Some African – American Perspectives on Black English Vernacular [J]. Language in Society, 21 (3): 383 – 407.

Spencer S. & Cooper B. (2006). Social Integration of Migrants in Europe: A Review of the European Literature 2000 – 2006 [R]. Oxford: Centre on Migration Policy and Society. http: compas. ox. ac. uk/wp-content/uploads/ER-2006-integration-Europe Literature-Review. OECD. pdf.

Spolsky B. (1969). Attitudinal Aspects of Second Language Learning [J]. Language Learning, 19 (3 – 4): 271 – 275.

Tainer E. (1988). English Language Proficiency and the Determination of Earnings Among Foreign Born Men [J]. Journal of Human Resources, 23 (1): 108 – 137.

Tajfel H. (1974). Social Identity and Intergroup Behavior [J]. Social Science Information, 13 (2): 65 – 93.

Tajfel H. & Turner J. C. (1979). An Integrative Theory of Inter-Group Conflict [A]. In Austin W. G. & Worchel S. (Eds.). The Social Psychology of Inter-Group Relations (pp. 33 – 47) [C]. Monterey, CA: Brooks/Cole.

Tamim T. & Tariq H. (2015). The Intersection of Caste, Social Exclusion and Educational Opportunity in Rural Punjab [J]. International Journal of

Educational Development, 43: 51 – 62.

The Scottish Office. (1999). Social Inclusion: Opening the Door to a Better Scotland [R]. Edinburgh: Scottish Executive.

Townsend P. (1993). The International Analysis of Poverty [M]. New York, Harvester Wheatsheaf.

Turner J. (1981). The Experimental Social Psychology of Intergroup Behaviour [A]. In Turner J. C. and Giles H. (Eds.). Intergroup Behaviour (pp. 66 – 101) [C]. Chicago: University of Chicago Press.

Twenge J. M., Baumeister R. F., DeWall C. N. & Schaller M. (2007). Social Exclusion Decreases Prosocial Behavior [J]. Journal of Personality and Social Psychology, 92 (1): 56 – 66.

Twenge J. M., Catanese K. R. & Baumeister R. F. (2003). Social Exclusion and the Deconstructed State: Time Perception, Meaninglessness, Lethargy, Lack of Emotion, and Self-awareness [J]. Journal of Personality and Social Psychology, 85 (3): 409 – 423.

Tyler T. R., Boeckmann R. J., Smith J. & Huo Y. J. (1997). Social Justice in A Diverse society [M]. NewYork: Routledge.

Urciuoli B. (1996). Exposing Prejudice: Puerto Rican Experiences of Language, Race and Class. Institutional Structures of Feeling Series [M]. Westview Press. Inc. A Division of Harper Collins Publishers. Inc. 5500 Central Avenue. Boulder. CO 80301 – 2877.

Van Noordt S. J., White L. O., Wu J., Mayes L. C. & Crowley M. J. (2015). Social Exclusion Modulates Event-related Frontal theta and Tracks Ostracism Distress in Children [J]. NeuroImage, 118: 248 – 255.

Van Winden W. (2001). The End of Social Exclusion? On Information Technology Policy as a Key to Social Inclusion in Large European Cities [J]. Regional Studies, 35 (9): 861 – 877.

Vertovec S. (2006). The Emergence of Superdiversity in Britain, Centre on Migration, Policy and Society [R]. Working paper no 25, University of Oxford: COMPAS.

Walker A. (1981). Social Policy, Social Administration and the Social Construction of Welfare [J]. Sociology, 15 (2): 225 – 250.

Walker A. & Walker C. （1997）. Britain Divided: The Growth of Exclusion in the 1980s and 1990s ［M］. London: Child Poverty Action Group.

Walker I. & Smith H. J. （2002）. Relative Deprivation: Specification, Development, and Integration ［M］. NewYork: Cambridge University Press.

Walker U. G. （2004）. Language, Migration and Continuity of Being: Notions of Migrant Language Proficiency and Selfconcept among Multilingual Migrants in Aotero-new Zealand ［D］. Massey University.

Wang B. , Li X. , Stanton B. & Fang X. Y. （2010）. The Influence of Social Stigma and Discriminatory Experience on Psychological Distress and Quality of Life among Rural-to-urban Migrants in China ［J］. Social Science & Medicine. Part E: Medical Psychology, 71 （1）: 84 - 92.

Wang F. L. （2005）. Organizing through Division and Exclusion: China's Hukou System ［M］. California: Stanford University Press.

Wang J. , Cui Z. & Cui H. et al. （2010）. Quality of Life Associated with Perceived Stigma and Discrimination among the Floating Population in Shanghai. China: A Qualitative Study ［J］. Health Promotion International, 4: 394 - 402.

Wang X. & Zhang L. （2013）. Social Exclusion of the Migrant Population in China ［R］. Beijing: IPRCC. http: //ipcc. org/Index/skip/cid/3941. html.

Wated G. & Sanchez J. （2006）. The Role of Accent as a Work Stressor on Attitudinal and Health-related Work Outcomes ［J］. International Journal of Stress Management, 13 （3）: 329 - 350.

Weber M. （1946）. From Max Weber: Essays in Sociology ［M］. Oxford University Press, 89 - 92.

White L. （1996）. Migration and Politics on the Shanghai Delta ［A］. In Lin B. J. & Myers J. T. （Eds. ）. Contemporary China in the Post-War era ［C］. University of South Carolina Press.

White M. & Li Y. （1991）. Second-language Fluency and Person Perception in China and the United States ［J］. Journal of Language and Social Psychology, 10 （2）: 99 - 113.

Wikipedia. （2013）. Social Communication ［Z］. http: //en. wikipedia. org/wiki/Social_ communication; http: //www. tbicommunity. org/resources/

publications/Professional_ Education_ Social_ Comm. pdf.

Williams K. D. (2007). Ostracism [J]. Annual Review of Psychology, 58 (1): 425 – 452.

Williams K. D., Cheung C. & Choi W. (2000). Cyberostracism: Effects of Being Ignored Over the Internet [J]. Journal of Personality and Social Psychology, 79 (5): 748 – 762.

Wilson J. (2011). As Tackling Civil Unrest Remains Pertinent to the Coalition's Political Agenda, New Research Provides Insights into the Success of Labour's Social Exclusion Programme on Disadvantaged Families [EB/OL] (2019 – 6 – 13). http: //core. ac. uk/display/220796.

Wodak R. (2012). Language, Power and Identity [J]. Language Teaching, 45 (2): 215 – 233.

Wright S. (2000). Community and Communication: The Role of Language in Nation State Building and European integration [M]. Bristol: Multilingual Matters.

Yanagisawa K., Masui K. & Furutani K. et al. (2011). Does Higher General Trust Serve as a Psychosocial Buffer against Social Pain? An NIRS Study of Social Exclusion [J]. Social Neuroscience, 6 (2): 190 – 197.

Yasmeen S. (2008). Understanding Muslim Identities: From Perceived Relative Exclusion to Inclusion [M]. Crawley, WA: Centre for Muslim States and Societies, University of Western Australia.

二 中文文献

〔美〕C. 赖特·米尔斯:《社会学的想像力》,陈强、张永强译,生活·读书·新知三联书店,2005。

〔英〕Darrin Hodgetts 等:《社会心理学与日常生活》,张荣华等译,中国轻工业出版社,2012。

〔英〕Richards Jack C., Richard Schmidt, Heidi kendrick, Youngkyu Kim 编《朗文语言教学与应用语言学词典》(第 3 版英汉双解),管燕红、唐玉柱译,外语教学与研究出版社,2005。

〔法〕阿尔弗雷德·格罗塞:《身份认同的困境》,王鲲译,社会科学文献出版社,2010。

〔美〕阿玛蒂亚·森:《论社会排斥》,王燕燕译,《经济社会体制比较》2005 年第 3 期。

〔美〕彼特·布劳：《不平等和异质性》，王春光、谢圣赞译，中国社
会科学出版社，1991。

〔美〕戴维·波普诺：《社会学》，李强等译，中国人民大学出版社，
2011。

〔加拿大〕查尔斯·泰勒：《承认的政治》，载汪晖、陈燕谷编《文化
与公共性》，北京三联书店，2005。

〔美〕范芝芬：《流动中国：迁移、国家和家庭》，邱幼运、黄河译，
社会科学文献出版社，2013。

〔德〕哈贝马斯：《交往行动理论》，洪佩郁、蔺青译，重庆出版社，
1994。

〔英〕汉弗莱·唐金：《语言与社会：全球化的视野》，陈军译，《杭
州师范学院学报》（社会科学版）2004 年第 6 期。

〔美〕克莱尔·肖特：《消除贫困与社会整合：英国的立场》，陈思译，
《国外社会科学杂志》（中文版）2000 年第 4 期。

〔美〕加里·S. 贝克尔：《人力资本：特别是关于教育的理论与经验
分析》，梁小民译，北京大学出版社，1987。

〔美〕林南：《社会资本：关于社会结构与行动的理论》，张磊译，上
海人民出版社，2005。

〔美〕罗杰瑞：《汉语概说》，张惠英译，语文出版社，1995。

〔加〕罗纳德·沃德华：《社会语言学引论》（第五版），雷红波译，
复旦大学出版社，2009。

〔德〕马克思、恩格斯著《马克思恩格斯选集》（第 1 卷），人民出版
社，1995。

〔美〕马斯洛：《马斯洛的人本哲学》，刘烨译，内蒙古文化出版
社，2008。

〔澳〕迈克尔·A. 豪格、〔英〕多米尼克·阿布拉姆斯：《社会认同过
程》，高明华译，中国人民大学出版社，2011。

〔美〕曼纽尔·卡斯特：《认同的力量》（第二版），曹荣湘译，社会
科学文献出版社，2006。

〔英〕齐格蒙特·鲍曼：《流动的时代——生活于充满不确定性的年
代》，谷蕾、武媛媛译，江苏人民出版社，2012。

〔日〕山崎正和：《社交的人》，周保雄译，上海译文出版社，2008。

〔苏〕什维策尔·A. H：《现代社会语言学》，卫志强译，北京大学出版社，1987。

〔德〕威廉·冯·洪堡特：《论人类语言结构的差异及其对人类精神发展的影响》，姚小平译，商务印书馆，1999。

边燕杰、李煜：《中国城市家庭的社会网络资本》，《清华社会学评论》2000年第2期。

蔡昉：《中国流动人口问题》，河南人民出版社，2007。

曹进、曹文：《言语交际视角下农民工语言使用的嬗变——以兰州市城关区及安宁区为例》，《西北成人教育学报》2011年第3期。

曹志耘：《〈汉语方言地图集〉前言》，《语言教学与研究》2008年第2期。

曹志耘主编《汉语方言地图集》，商务印书馆，2008。

曹子玮：《农民工的再建构社会网与网内资源流向》，《社会学研究》2003年第3期。

陈波：《语言和意义的社会建构论》，《中国社会科学》2014年第10期。

陈晨：《来粤务工青年城市融入的路径分析：基于语言认同的视角》，《青年探索》2012年第4期。

陈建民：《中国语言和中国社会》，广东教育出版社，1999。

陈黎：《外来工社会排斥感探析——基于社会网络的视角》，《社会》2010年第4期。

陈庆滨：《社会排斥视角下的"新失业群体"现象研究》，《青年研究》2006年第7期。

陈炜、徐绫泽：《"相对剥夺理论"在农村流动人口犯罪防控中的应用》，《法学杂志》2010年第3期。

陈艳：《精神卫生资源空间配置中的制度性社会排斥》，《企业家天地》2013年第1期。

陈映芳：《农民工：制度安排与身份认同》，《社会学研究》2005年第3期。

陈原：《社会语言学》，商务印书馆，2000。

程虹、王岚：《普通话能力与农民工工资——来自"中国企业－劳动力匹配调查"的实证解释》，《教育与经济》2019 年第 2 期。

程苏、刘璐、郑涌：《社会排斥的研究范式与理论模型》，《心理科学进展》2011 年第 6 期。

崔晓飞：《城市农民工阶层的语言使用状况及思考》，《社会工作》下半月（理论）2008 年第 10 期。

崔岩：《流动人口心理层面的社会融入和身份认同问题研究》，《社会学研究》2012 年第 5 期。

戴迎华、陈靖：《社会距离视角的青年农民工城市交往问题探析》，《南京航空航天大学学报》（社会科学版）2013 年第 2 期。

邓大松、刘国磊：《突破农民工医疗保险缺失困局——基于社会排斥理论的视阈》，《江汉论坛》2013 年第 6 期。

丁富军、吕萍：《转型时期的农民工住房问题——一种政策过程的视角》，《公共管理学报》2010 年第 1 期。

丁开杰：《"社会排斥"概念：语义考察和话语转换》，《晋阳学刊》2009 年第 1 期。

董西彩：《宗教信仰：一种心理逃避还是超越》，《重庆社会科学》2004 年第 2 期。

杜建政、夏冰丽：《心理学视野中的社会排斥》，《心理科学进展》2008 年第 6 期。

杜丽娟：《自我肯定对社会排斥者归属需求的影响》，西南大学硕士学位论文，2015。

樊中元：《农民工语言认同的实证研究》，《社会科学家》2011 年第 10 期。

方巍：《农民工社会排斥的制度内与制度外分析——杭州市的个案研究》，《学海》2008 年第 2 期。

方文：《学科制度和社会认同》，中国人民大学出版社，2008。

风笑天：《英克尔斯"现代人研究"的方法论启示》，《中国社会科学》2004 年第 1 期。

冯帮：《流动儿童教育公平问题：基于社会排斥的分析视角》，《江西教育科研》2007 年第 9 期。

冯建蓉、周永康：《关系与排斥：进城农民工生存境况的社会学分析》，《西南大学学报》（社会科学版）2011 年第 6 期。

伏干：《农村中小学生学校语言使用现状及多元回归分析》，《教育导刊》2015 年第 5 期。

付义荣：《安徽无为傅村方言状况之研究》，《集美大学学报》（哲学社会科学版）2007 年第 4 期。

付义荣：《关于农民工语言研究的回顾与反思》，《语言文字应用》2012 年第 4 期。

付义荣：《也谈人口流动与普通话普及——以安徽无为县傅村进城农民工为例》，《语言文字应用》2010 年第 2 期。

高丽茹：《流动儿童义务教育社会排斥研究——以南京市 H 外来务工子弟学校个案研究为例》，《西北人口》2015 年第 2 期。

高强：《断裂的社会结构与弱势群体构架的分析及其社会支持》，《天府新论》2004 年第 1 期。

高一虹、李玉霞、边永卫：《从结构观到建构观：语言与认同研究综观》，《语言教学与研究》2008 年第 1 期。

高政：《社会排斥理论视角下流动儿童教育问题研究》，《教育探索》2011 年第 12 期。

顾天浩、孙树峰、于耳：《社会排斥：进城农民工犯罪的一种诱因》，《江苏警官学院学报》2009 年第 4 期。

管健：《身份污名的建构与社会表征——以天津 N 辖域的农民工为例》，《青年研究》2006 年第 3 期。

郭菲、张展新：《流动人口在城市劳动力市场中的地位：三群体研究》，《人口研究》2012 年第 1 期。

郭熙：《中国社会语言学》，南京大学出版社，1999。

国家统计局：《2012 年全国农民工监测调查报告》，http：//www.stats. gov. cn/tjsj/zxfb/201305/t20130527_12978.html，2013 年 5 月 27 日。

国家统计局：《2013 年全国农民工监测调查报告》，http：//www.stats. gov. cn/tjsj/zxfb/201405/t20140512_551585.html，2014 年 5 月 12 日。

国家统计局：《2014 年国民经济和社会发展统计公报》，http：//www. stats. gov. cn/tjsj/zxfb/201502/t20150226_685799.html，2015 年 2 月 26 日。

国家统计局：《2016 年农民工监测调查报告》，http：//www. stats. gov. cn/tjsj/zxfb/201704/t20170428_1489334.html，2017 年 4 月 28 日。

国家统计局：《2017 年全国外来工监测调查报告》，http：//www. stats. gov. cn/tjsj/zxfb/201804/t20180427_ 1596389. html，2018 年 4 月 27 日。

《国务院关于解决农民工问题的若干意见》（国发〔2006〕5 号），http：//www. gov. cn/zhengce/content/2008 – 03/28/content_ 6668. htm，2008 年 3 月 28 日。

韩清林：《语言的强势同化规律与强势语言的先进生产力作用》，《语言文字应用》2006 年第 1 期。

侯精一主编《现代汉语方言概论》，上海教育出版社，2002。

胡宏伟、李冰水、曹杨、吕伟：《差异与排斥：新生代农民工社会融入的联动分析》，《上海行政学院学报》2011 年第 4 期。

胡杰成：《社会排斥与农民工的城市融入问题》，《兰州学刊》2007 年第 7 期。

胡军辉：《相对剥夺感对农民工市民化意愿的影响》，《农业经济问题》2015 年第 11 期。

胡荣：《社会经济地位与网络资源》，《社会学研究》2003 年第 5 期。

胡荣：《影响村民社会交往的因素分析》，《厦门大学学报》（哲学社会科学版）2005 年第 2 期。

胡荣、陈斯诗：《农民工的城市融入与公平感》，《厦门大学学报》（哲学社会科学版）2010 年第 4 期。

胡荣、胡康：《城市居民的社会交往与社会资本建构》，《社会科学研究》2007 年第 4 期。

胡伟：《在穗农民工语言使用与语言态度调查研究》，《广州番禺职业技术学院学报》2009 年第 3 期。

胡中锋、黎雪琼：《质的研究之反思》，《广州大学学报》（社会科学版）2003 年第 11 期。

华劭：《语言经纬》，商务印书馆，2003。

黄佳豪：《社会排斥视角下新生代农民工市民化问题研究》，《中国特色社会主义研究》2013 年第 3 期。

黄叶青：《社会排斥视角下移民问题研究：理论发展与欧洲实践》，《西北人口》2011 年第 3 期。

姜瑾：《语言·社会·生态——社会语言学动态应用研究》，南京东南大学出版社，2006。

蒋冰冰：《双语与语言和谐——来自上海市学生语言使用情况的调查》，《修辞学习》2006年第6期。

景晓芬：《"社会排斥"理论研究综述》，《甘肃理论学刊》2004年第2期。

柯雄、李宁秀：《试析我国城市贫困人群的医疗保障问题——以社会剥夺与社会排斥的角度》，《中国卫生事业管理》2010年第11期。

寇浩宁、李平菊：《二元劳动力市场、社会排斥与户籍分层——对进城农民工的研究》，《北京工业大学学报》（社会科学版）2008年第6期。

雷红波：《上海新移民的语言社会学调查》，复旦大学博士学位论文，2008。

黎红：《从被动到自觉：新生代农民工的语言环境与同化路径研究——基于社会语言学视角的分析》，《浙江社会科学》2015年第2期。

李保平：《西方社会排斥理论的分析模式及其启示》，《吉林大学社会科学学报》2008年第2期。

李保平：《中国转型时期公共政策的社会排斥研究》，吉林大学博士学位论文，2006。

李秉勤、〔澳〕John G. Pinel：《能力、贫困、社会排斥及福利》，中国社会学网，http：//203.93.24.66/shxw/shzc/t20040610_2178.htm，2004年6月10日。

李朝阳：《农民工的政治参与与党的执政安全研究》，《天津师范大学学报》（社会科学版）2011年第4期。

李贵成：《社会排斥视域下的新生代农民工城市融入问题研究》，《理论探讨》2013年第2期。

李国栋、韦柳琴、胡文婕：《大学生就业隐性歧视现象分析——基于劳动力市场社会排斥视角》，《北京劳动保障职业学院学报》2010年第3期。

李建新、丁立军：《"污名化"的流动人口问题》，《社会科学》2009年第9期。

李金磊：《北上广等城市落户将收紧 小城市落户限制将放开》，http：//gd.qq.com/a/20131215/001364.htm，2013年12月15日。

李景治、熊光清：《中国城市新移民的政治排斥问题分析》，《文史哲》2007年第4期。

李景治、熊光清：《中国城市中农民工群体的社会排斥问题》，《江苏行政学院学报》2006 年第 6 期。

李培林：《流动民工的社会网络和社会地位》，《社会学研究》1996 年第 4 期。

李培林、李炜：《近年来农民工的经济状况和社会态度》，《中国社会科学》2010 年第 1 期。

李芹、刘万顺：《农民工就业歧视的制度排斥及非制度排斥》，《城市问题》2009 年第 2 期。

李如龙：《汉语方言学》，高等教育出版社，2001。

李森、张登浩：《社会排斥的结果：对象与影响因素》，《心理研究》2016 年第 3 期。

李树茁、任义科、〔美〕费尔德曼、杨绪松：《中国农民工的整体社会网络特征分析》，《中国人口科学》2006 年第 3 期。

李松玉：《制度权威与社会交往》，《理论学刊》2005 年第 2 期。

李阳阳、李楠：《社会排斥视角下的农民工社会医疗保险问题研究》，《新经济》2016 年第 21 期。

李宇明：《认识语言的经济学属性》，《语言文字应用》2012 年第 3 期。

李宇星：《文化背景异质性对劳动者工资收入的影响——基于方言视角的研究》，《经济论坛》2018 年第 2 期。

李玉娇：《新型城镇化进程中外来工医疗救助制度建设探究——基于社会排斥理论视角》，《广西经济管理干部学院学报》2018 年第 1 期。

力量、夏历：《城市农民工用语现状与发展趋势》，《河北学刊》2008 年第 4 期。

林卡：《社会质量理论：研究和谐社会建设的新视角》，《中国人民大学学报》2010 年第 2 期。

林伟：《宿城村外出务工人员语言状况研究》，南京大学硕士学位论文，2011。

梁波、王海英：《城市融入：外来农民工的市民化——对已有研究的综述》，《人口与发展》2010 年第 4 期。

梁涛：《社会排斥理论视角下进城农民工住房需求问题的研究》，《兰州学刊》2010 年第 7 期。

梁在、陳耀波：《農村——城市遷移對流動兒童教育的影響》，《世界經濟文匯》2006年第1期。

劉長飛：《社會排斥視角下的農民工城市就業問題研究》，《東岳論叢》2008年第5期。

劉程：《理性行動及其限制——關于新生代農民工城市融合過程的定性研究》，《社會科學》2015年第2期。

劉廣兵、孫紅艷：《社會排斥視角下高等教育城鄉入學機會差異探析》，《現代教育科學》（高教研究）2009年第4期。

劉俊貴、王鑫鑫：《農民工隨遷子女義務教育經費保障問題及對策研究》，《教育研究》2013年第9期。

劉輝武：《文化資本與農民工的城市融入》，《農村經濟》2007年第1期。

劉江：《言語的語言學與社會交際理論述評》，《大連大學學報》2009年第1期。

劉莉芳：《語言環境對青少年語言態度的影響》，《湖北民族學院學報》（哲學社會科學版）2013年第1期。

劉林平：《交往與態度：城市居民眼中的農民工——對廣州市民的問卷調查》，《中山大學學報》（社會科學版）2008年第2期。

劉林平、萬向東、王翊：《二元性、半合法性、松散性和農民工問題》，《中山大學學報》（社會科學版）2005年第2期。

劉林平、萬向東、張永宏：《制度短缺與勞工短缺——"民工荒"問題研究》，《中國工業經濟》2006年第8期。

劉林平、張春泥：《農民工工資：人力資本、社會資本、企業制度還是社會環境——珠江三角洲農民工工資的決定模型》，《社會學研究》2007年第6期。

劉林平、鄭廣懷、孫中偉：《勞動權益與精神健康——基于對長三角和珠三角外來工的問卷調查》，《社會學研究》2011年第4期。

劉述良：《"包容性社會"建設頂層制度分析：IAF模型的構建與運用》，《南京農業大學學報》（社會科學版）2012年第4期。

劉雅婷：《試論社會排斥視角下的城鄉成人教育機會平等問題》，《現代教育》2013年第11期。

劉玉屏：《農民工語言使用與語言態度調查——以浙江省義烏市為個

案》，《农业考古》2009 年第 6 期。

刘玉屏：《农民工语言行为的社会文化解读——以浙江省义乌市为个案》，《修辞学习》2008 年第 3 期。

刘玉屏 a：《农民工语言行为的社会学研究》，《求索》2010 年第 8 期。

刘玉屏 b：《农民工语言再社会化实证研究——以浙江省义乌市为个案》，《语言文字应用》2010 年第 2 期。

刘玉屏、侯友兰：《农民工语言使用情况调查——以浙江省绍兴市为样本》，《绍兴文理学院学报》2008 年第 4 期。

卢国显：《空间隔离与集中化生存方式：城市农民工与市民的社会距离研究》，《甘肃行政学院学报》2011 年第 3 期。

卢国显：《我国大城市农民工与市民社会距离的实证研究》，《中国人民公安大学学报》（社会科学版）2006 年第 4 期。

卢汉超：《上海城市的文化认同及其开放与容纳》，《学术月刊》2004 年第 7 期。

陆淑珍、魏万青：《城市外来人口社会融合的结构方程模型——基于珠三角地区的调查》，《人口与经济》2011 年第 5 期。

陆学艺、龚维彬：《从体制和机制入手解决农民工问题》，《农村 农业 农民》2006 年第 9 期。

陆玉：《社会排斥视角下精准扶贫政策中的精准识别机制研究》，《劳动保障世界》2017 年第 12 期。

吕静：《对我国城市医疗救助制度的再认识》，《劳动保障世界》（理论版）2012 年第 2 期。

吕叔湘：《吕叔湘语文论集》，商务印书馆，1983。

马隽：《社会排斥视角下的失地农民就业问题分析》，《农业经济》2016 年第 2 期。

马戎：《中国人口跨地域流动及其对族际交往的影响》，《中国人口科学》2009 年第 6 期。

聂朋岩、宋菊芳：《农民工政治参与存在的问题及解决途径》，《城市问题》2010 年第 6 期。

欧小艳：《进城农民工语言态度探究》，《牡丹江大学学报》2008 年第 8 期。

潘昆峰、崔盛：《语言能力与大学毕业生的工资溢价》，《北京大学教育评论》2016 年第 2 期。

潘泽泉 a：《从社会排斥视角解读农民工：一个分析框架及其运用》，《学术交流》2008 年第 5 期。

潘泽泉 b：《农民工融入城市的困境：市场排斥与边缘化研究》，《天府新论》2008 年第 4 期。

彭华民等：《西方社会福利理论前沿：论国家、社会、体制与政策》，中国社会出版社，2009。

彭新万：《基于社会排斥视角的中国农村长期贫困与消除的政策选择》，《华北电力大学学报》（社会科学版）2008 年第 2 期。

钱乃荣：《上海语言发展史》，上海人民出版社，2003。

秦广强：《语言与流动人口的城市融入研究综述》，《学术动态北京》2012 年第 27 期。

秦广强、陈志光：《语言与流动人口的城市融入》，《山东师范大学学报》（人文社会科学版）2012 年第 6 期。

邱利：《青年农民工：主动排斥与被动排斥》，《当代青年研究》2010 年第 3 期。

任丽新：《二元劳动力市场中的农民工权益问题》，《理论学刊》2003 年第 4 期。

沙占华、赵颖霞：《自我发展能力：农民工市民化的内在驱动力》，《农村经济》2013 年第 8 期。

沈春梅、杨雪英：《社会排斥视角下的农村反贫困机制研究》，《淮海工学院学报》（人文社会科学版）2016 年第 6 期。

沈洁：《当代中国城市移民的居住区位与社会排斥——对上海的实证研究》，《城市发展研究》2016 年第 9 期。

盛林、沈楠：《农民工子女语言使用状况的调查及启示》，《南京社会科学》2012 年第 11 期。

盛柳柳、严建雯：《语言认同和城市归属感研究——基于宁波方言和城市归属感的调研分析》，《现代语文》（语言研究版）2015 年第 1 期。

盛柳柳、严建雯、李静：《社会文化适应：他乡人对宁波方言态度和城市归属感的关系》，《宁波大学学报》（教育科学版）2015 年第 1 期。

师保国、徐玲、许晶晶：《流动儿童幸福感、安全感及其与社会排斥的关系》，《心理科学》2009 年第 6 期。

石长慧：《文化适应与社会排斥——流动少年的城市融入研究》，《青年研究》2012 年第 4 期。

石彤：《城市"最低收入保障"政策过程中的社会排斥》，转引自王思斌主编《中国社会工作研究》（第一辑），社会科学文献出版社，2002。

史柏年：《农民工权益维护的难点：户籍制度背后的利益格局》，《中国青年政治学院学报》2013 年第 3 期。

孙立平：《断裂：20 世纪 90 年代以来的中国社会》，社会科学文献出版社，2003。

谭玲、夏天生、刘勇：《不同博弈情境下社会排斥对社会决策的影响作用》，《心理科学》2015 年第 4 期。

田北海、耿宇瀚：《农民工与市民的社会交往及其对农民工心理融入的影响研究》，《学习与实践》2013 年第 7 期。

屠国平：《宁波市外来人口语言生活状况考察》，《语言文字应用》2008 年第 1 期。

王春光：《新生代农村流动人口的社会认同与城乡融合的关系》，《社会学研究》2001 年第 3 期。

王锋：《论语言在族群认同中的地位和表现形式》，《云南师范大学学报》（哲学社会科学版）2010 年第 4 期。

王桂新、武俊奎：《城市农民工与本地居民社会距离影响因素分析——以上海为例》，《社会学研究》2011 年第 2 期。

王慧娟：《流动儿童教育与社会排斥——基于森的能力取向社会排斥理论的分析》，《社会工作与管理》2016 年第 3 期。

王慧娟：《制度排斥与流动儿童教育：基于实证调查的分析》，《重庆理工大学学报》（社会科学版）2015 年第 4 期。

王锦花：《国外社会排斥测量经验及启示》，《华东理工大学学报》（社会科学版）2015 年第 3 期。

王康主编《社会学辞典》，山东人民出版社，1988。

王玲：《城市化进程中本地居民和外来移民的语言适应行为研究——以合肥、南京和北京三地为例》，《语言文字应用》2012 年第 1 期。

王玲：《农民工语言认同与语言使用的关系及机制分析》，《北华大学学报》（社会科学版）2010 年第 3 期。

王玲：《言语社区内的语言认同与语言使用——以厦门、南京、阜阳三个"言语社区"为例》，《南京社会科学》2009 年第 2 期。

王玲、王丽娟：《语言经济学视角下新生代农民工语言城市化研究》，《河海大学学报》（哲学社会科学版）2016 年第 4 期。

王隆文：《社会排斥视角下少数民族大学毕业生公平就业的调查研究》，《湖北民族学院学报》（哲学社会科学版）2011 年第 3 期。

王伟超、许晓颖：《南京言语社区语言态度调查报告》，《东南大学学报》（哲学社会科学版）2010 年第 S1 期。

王小红、杜学元：《论教育排斥与教育的阶层化——以吉登斯的社会排斥理论为分析视角》，《教育研究与实验》2016 年第 4 期。

王小章：《从"生存"到"承认"：公民权视野下的农民工问题》，《社会学研究》2009 年第 1 期。

王毅杰、童星：《流动农民社会支持网探析》，《社会学研究》2004 年第 2 期。

文军：《从生存理性到社会理性选择——当代中国农民外出就业动因的社会学分析》，《社会学研究》2001 年第 6 期。

文军、黄锐：《超越结构与行动：论农民市民化的困境及其出路——以上海郊区的调查为例》，《吉林大学社会科学学报》2011 年第 2 期。

武小军：《流动人口的语言接触与语言认同》，《语言教学与研究》2013 年第 6 期。

夏慧言、贾亚丽：《语言的社会符号意义探究》，《中国轻工教育》2011 年第 5 期。

夏历：《城市农民工语言态度调查研究》，《社会科学战线》2012 年第 1 期。

夏历、力量：《城市农民工语言学习研究》，《修辞学习》2007 年第 5 期。

夏历、谢俊英：《农民工的语言状况》，《长江学术》2007 年第 3 期。

项继权：《农民工子女教育：政策选择与制度保障——关于农民工子女教育问题的调查分析及政策建议》，《华中师范大学学报》（人文社会科学版）2005 年第 3 期。

谢俊英：《城市化进程中的农民工语言问题》，《云南师范大学学报》（哲学社会科学版）2011 年第 3 期。

谢立中：《多元话语分析：以社会分层研究为例》，《社会学研究》

2008 年第 1 期。

谢宇：《社会学方法与定量研究》（第二版），社会科学文献出版社，2012。

谢治菊：《社会排斥型差等正义批判及其矫正——以劳动就业中的性别歧视为例》，《山东社会科学》2015 年第 9 期。

邢淑芬、俞国良：《社会比较研究的现状与发展趋势》，《心理科学进展》2005 年第 1 期。

熊光清：《流动人口中政治排斥问题原因探析》，《社会科学研究》2008 年第 2 期。

徐平：《农民工市民化过程中的社会排斥》，《天水行政学院学报》（哲学社会科学版）2015 年第 6 期。

徐同洁、胡平、郭秀梅：《社会排斥对人际信任的影响：情绪线索的调节作用》，《中国临床心理学杂志》2017 年第 6 期。

徐同洁、温芳芳、浮东琴、佐斌、肖任飞：《人际沟通中的语言偏向及影响因素》，《心理科学进展》2014 年第 7 期。

徐延辉、熊欢：《女性高层次人才的社会排斥及其影响因素分析——基于福建省的调查》，《妇女研究论丛》2011 年第 3 期。

徐勇、项继权：《消除对农民工的制度歧视与社会排斥》，《华中师范大学学报》（人文社会科学版）2006 年第 6 期。

徐真华：《从广州年轻人的语言态度看语言与社会的互动关系》，《外语教学与研究》（外国语文双月刊）2008 年第 4 期。

许传新：《新生代农民工的身份认同及影响因素分析》，《学术探索》2007 年第 3 期。

严善平：《城市劳动力市场中的人员流动及其决定机制——兼析大城市的新二元结构》，《管理世界》2006 年第 8 期。

杨东广：《当代农民工党员的主体作用：困境与路径选择》，《河北师范大学学报》（哲学社会科学版）2012 年第 5 期。

杨风：《城市农民工社会排斥问题研究》，《华东理工大学学报》（社会科学版）2014 年第 2 期。

杨菊华：《从隔离、选择融入到融合：流动人口社会融入问题的理论思考》，《人口研究》2009 年第 1 期。

杨菊华：《社会排斥与青年乡－城流动人口经济融入的三重弱势》，

《人口研究》2012 年第 5 期。

杨黎源、杨聪敏：《从机会获得到能力提高：农民工城市职业融入研究——基于浙江的实证考察》，《浙江社会科学》2011 年第 8 期。

杨团：《社会政策研究范式的演化及其启示》，《中国社会科学》2002 年第 4 期。

杨晓莉、魏丽：《社会排斥总是消极的吗？——影响排斥不同行为反应的因素》，《中国临床心理学杂志》2017 年第 6 期。

杨彦平：《社会适应心理学》，上海社会科学院出版社，2010。

姚洋：《社会排斥和经济歧视——东部农村地区移民的现状调查》，《战略与管理》2001 年第 3 期。

叶君：《语言、社会认同和少数族群》，《吉林大学社会科学学报》2009 年第 2 期。

叶鹏飞：《探索农民工城市社会融合之路——基于社会交往"内卷化"的分析》，《城市发展研究》2012 年第 1 期。

易善策：《农民工低工资福利水平的成因及变动趋势》，《求是学刊》2008 年第 1 期。

银平均：《社会排斥视角下的中国农村贫困》，《思想战线》2007 年第 1 期。

尹广文：《污名与歧视：农民工社会身分的建构》，《内蒙古社会科学》（汉文版）2008 年第 5 期。

游汝杰：《汉语方言学导论》，上海教育出版社，2000。

于建嵘：《市民待遇是农民工市民化的关键》，《农村工作通讯》2010 年第 18 期。

俞玮奇：《城市青少年语言使用与语言认同的年龄变化——南京市中小学生语言生活状况调查》，《语言文字应用》2012 年第 3 期。

俞玮奇：《新型城镇化视野下上海农民工的语言市民化与城市融入》，《语言文字应用》2017 年第 1 期。

俞彦芳：《城市化进程中农民工心理问题分析及解决思路》，《法制与社会》2009 年第 3 期。

袁家骅等：《汉语方言概要》（第二版），语言出版社，2001。

袁亚愚：《对近年来歧视进城务工农民现象的思考》，《社会科学研究》1997 年第 6 期。

曾群、魏雁滨：《失业与社会排斥：一个分析框架》，《社会学研究》2004 年第 3 期。

翟时雨：《汉语方言学》，西南师范大学出版社，2003。

詹伯慧、邵敬敏主编《暨南大学中国语言文字学学科论文精选》（南珠集，语言学卷），暨南大学出版社，2005。

张斌华：《珠三角新生代农民工语言使用、态度及认同研究》，《语言文字应用》2016 年第 3 期。

张春泥：《农民工为何频繁变换工作：户籍制度下农民工的工作流动研究》，《社会》2011 年第 6 期。

张春泥、刘林平：《网络的差异性和求职效果——农民工利用关系求职的效果研究》，《社会学研究》2008 年第 4 期。

张春泥、谢宇：《同乡的力量：同乡聚集对农民工工资收入的影响》，《社会》2013 年第 1 期。

张广毅：《长三角城市可持续发展状况的实证分析》，《中国城市可持续发展高层论坛暨第七届江苏城市发展论坛论文汇编》，2006。

张军：《蒙元时期语言认同建构之经历与经验》，《新疆社会科学》2008 年第 1 期。

张梅：《女大学生就业难社会排斥视角分析》，《理论观察》2010 年第 6 期。

张全仁、李禄胜：《农民工城市融入中的语言障碍及矫正》，《中国工人》2015 年第 2 期。

张世文、王洋：《"社会排斥"视角下的农民工子女教育问题》，《长春工业大学学报》（社会科学版）2008 年第 1 期。

张文玉：《流动儿童社会排斥研究》，中国青年政治学院硕士学位论文，2012。

张先亮：《从新型城镇化角度看市民语言能力》，《中国社会科学》2015 年第 3 期。

张新岭：《农民工就业能力及其开发刍议》，《人口与经济》2008 年第 2 期。

张雪筠：《农民工城市社会交往影响因素探析》，《社会工作》2007 年第 8 期。

张野、张珊珊、崔璐：《权力感对社会排斥下自我关注的影响》，《心理科学》2015 年第 4 期。

张野、张珊珊、王佳名：《社会排斥对自我损耗的影响：自我觉知的克服作用》，《心理科学》2016 年第 5 期。

张一兵：《拉康：作为存在之尸的象征性语言》，《浙江学刊》2004 年第 6 期。

张云武：《不同规模地区居民的人际信任与社会交往》，《社会学研究》2009 年第 4 期。

张展新：《从城乡分割到区域分割——城市外来人口研究新视角》，《人口研究》2007 年第 6 期。

张振江：《普通话在广东：语用、语言能力与语言声望的背离及初步的解释》，《中南民族学院学报》（人文社会科学版）2001 年第 2 期。

张智勇：《户籍制度：农民工就业歧视形成之根源》，《农村经济》2005 年第 4 期。

章元、高汉：《城市二元劳动力市场对农民工的户籍与地域歧视——以上海市为例》，《中国人口科学》2011 年第 5 期。

赵翠兰：《精神追寻：农民工子女的语言与自我认同》，南京师范大学博士学位论文，2011。

赵德雷：《污名身份对人际影响力和社会距离的影响》，《心理学报》2013 年第 11 期。

赵世举：《语言能力与国家实力全球竞争中的国家语言能力》，《中国社会科学》2015 年第 3 期。

赵炜：《"双重特殊性"下的中国建筑业农民工——对于建筑就业劳动过程的分析》，《经济社会体制比较》2012 年第 5 期。

赵燕：《近二十年来国内语言态度研究考证》，《云南师范大学学报》（对外汉语教学与研究版）2009 年第 5 期。

赵颖：《语言能力对劳动者收入贡献的测度分析》，《经济学动态》2016 年第 1 期。

赵永乐、张新岭、俞宪忠：《农民工就业能力研究》，《调研世界》2007 年第 11 期。

郑冰岛、吴晓刚：《户口、"农转非"与中国城市居民中的收入不平等》，《社会学研究》2013 年第 1 期。

郑畅：《"长三角"与"珠三角"21 市经济发展水平比较分析》，《生产力研究》2008年第9期。

中国社会科学院语言研究所词典编辑室：《现代汉语词典》，商务印书馆，2019。

中国语言文字使用情况调查领导小组办公室：《中国语言文字使用情况调查资料》，语文出版社，2006。

中华人民共和国国务院：《国务院关于解决农民工问题的若干意见》（国发〔2006〕5号），http：//www. gov. cn/zhengce/content/2008－03/28/content_ 6668. htm，2008年3月28日。

中华人民共和国国务院新闻办公室：《上海简介》，http：//www. scio. gov. cn/ztk/dtzt/07/03/Document/485318/485318. htm，2009年7月3日。

周林刚：《论社会排斥》，《社会》2004年第3期。

周宪、胡中锋：《质的研究方法的理论探讨与反思》，《广东社会科学》2015年第4期。

朱磊：《走出困境：共同体再造与价值重构——对新生代农民工居住状况的分析》，《学习与实践》2013年第11期。

朱力：《群体性偏见与歧视——农民工与市民的磨擦性互动》，《江海学刊》2001年第6期。

朱智贤主编《心理学大词典》，北京师范大学出版社，1989。

附　录

一　图目录

二 表目录

三 附表

表1 被访谈者基本情况

被访者	性别	年龄（岁）	职业	来源地	被访日期
Liu_F	女	36	营业员	江苏	2013.11.16
Shun_C	女	52	无业	山东	2013.11.20
Chen_X	男	52	泥水匠	江苏	2013.11.16
Wang_B	男	38	工人	安徽	2013.11.17
Wang_C	男	36	工人	江苏	2013.11.17
Sun_RH	男	51	装潢公司老板	江苏	2013.11.18
Xiao_Z	女	50	个体工商户	江苏	2013.11.18
Xu_L	男	32	工人	河南	2013.11.20
Ye_HY	女	38	工人	山西	2013.11.20
Zhang_W	男	25	工人	河南	2013.11.16
Gu_XC	男	26	工人	上海	2013.11.18
Wang_RJ	男	42	门卫保安	上海	2013.11.16
Shi_Y	女	63	退休工人	上海	2013.11.17
Xiang_JP	女	25	工人	上海	2013.11.18
Qiao_M	男	35	工人	河南	2013.11.16
Xue_H	男	30	工人	江苏	2013.11.20
Yang_J	男	39	工人	河北	2013.11.19
Chen_SM	男	23	工人	河南	2013.11.17
Xu_M	女	40	工人	安徽	2013.11.16
Hua_H	男	31	工人	安徽	2013.11.16
Xia_SH	男	33	工人	江苏	2013.11.20
Yan_GJ	男	33	工人	山东	2013.11.16
Zhou_Y	男	32	工人	山东	2013.11.17
Fu_SM	女	50	个体工商户	江苏	2013.11.19
Dai_G	男	40	个体工商户	江苏	2013.11.18
Fu_Q	女	53	无	江苏	2018.3.12
Xu_G	男	23	房产销售	河南	2018.3.13
Wang_XN	男	25	房产中介	山东	2018.3.12

后 记

　　书稿写完了，脑海中一个个访谈对象的样子再次呈现在眼前。和他们相遇时，总是那么的不合时宜。约好的时间，他们手里的活儿也停不下来。不忍心打扰，往往访谈一个对象要等上好长时间。他们没有体面的工作，身上总是带着工作时的职业特点，家装工人满身油漆味，建筑工人戴着安全帽，工厂小伙穿着工作服，服务员一边聊天一边招呼着生意。去过外来工的家，大多住的是单位提供的宿舍，简易的棚子、杂乱的陈设、简陋的铺盖。大家互相招呼着，大多数时间用的是我听不懂的语言，偶尔说几句普通话。也有个别访谈对象租住在公寓，房子特别小，家里有点乱，夫妻俩带着孩子，孩子的吵闹声、锅碗瓢盆声此起彼伏。孩子们扒拉着白饭，没有菜也吃得十分香甜。一家人说着家乡话，其乐融融。有时我压根听不懂他们说的话，很难碰到会讲当地话的外来工，即使说上几句他们也十分不自信，笑着说就会讲那么一点点，可就是这一点点也让我对他们多了几分肯定。

　　社会认知中的刻板印象使得人们对持有不同语言的人容易形成不同的身份认同，语言的符号性一览无余地呈现在听者面前。常常因为乘坐交通工具时，听到偶有大声说话者，人们总是不自觉地判断他是哪里人，然后在记忆中搜索对持有该种语言的地方的人的总体印象，从而将这些特点套用在说话者身上。相比于其他语言区域，长三角与珠三角的吴语和粤语与当地的经济、文化发展相联结，具有绝对的优势。我在多个城市和不同语言区生活过，虽然身份不同，但都能通过语言被识别为外地人，唯有不同的是，被接纳的程度不一样。随着国家经济的快速发展，城市之间的差距在缩小，同质性在增加，但对于从农村流动到城里的外来工而言，社会的快速发展，只会让他们发现城乡的差距越来越大，他们与城里人形成的反差越来越大。若干年来，流动的外来工仍为生计打拼，即使在城里增长了见识，改变了认知方式，但生活仍是他们需要改善的关键。

　　长三角、珠三角是经济发展最迅速的城市群，对外来人口的包容与接纳度越来越高。而且，越来越多的新市民成为这两大区域的居民，这部分人早已成为城市原住居民无法抗衡的对象。由于资源被稀释，城市变得拥挤，城里人对外来人口的拒绝变得内隐而矛盾，特别是对那些新市民，一方面肯定他们的实力，另一方面又在某些方面与他们划分着群体身份。语言是最好的身份表征。何况，城市外来工短期内难以成为新市民，又是流动人口中的弱势群体，语言背后的身份表征更容易引起身份识别，从而被区别对待，进而产生社会排斥。

很少有外来工关注到语言能力可以影响他们在城市社会中的适应，即使认识到，也更多认为说不一样的家乡话，与别人难以交流。生活中，他们连普通话都不会去讲，更不用说当地话。一是不想学，二是觉得学起来太尴尬，洋不洋、土不土的，十分别扭。他们也十分清楚，只要一讲话，就会招来当地人对外乡人怪异的目光与行为，他们更多时候认为只要不讲话，就不会暴露身份。然而，他们将工作中、生活中所产生的这些不公通常归因于国家政策对城里人的倾斜，他们不知道的是，就在外来工群体内，由于语言能力的不一样，那部分语言能力高的人，在城市社会中的适应性在提高。他们在劳动力市场、人际交往和心理体验方面所遭受的排斥低于语言能力低者。语言能力高者，对自己的未来期望更高；语言能力高者，在当地人眼里存在几个显著的优点——学习能力强、主动融入动机强、积极改变自我以主动适应城市生活，这值得肯定。因此，语言能力高者更受欢迎，其获得的积极回报更高。

在博士论文基础上本书形成了，几经调整，将原有的学术语言转化为更接近读者生活的语言。通过社会热点事件、个人亲身经历，逐渐走进外来工生活世界中的语言生活，分析语言对外来工社会排斥的影响作用。通过外来工的问卷调查，本书用实证研究的数据进一步验证语言能力在外来工社会排斥中的影响机制，进而进行理论层面的分析，最后从国家政策、实践融合和语言规划方面提出对策，优化顶层设计，增加实践融合，改善外来工语言现状，从而促进外来工社会融合，减少社会排斥。

感谢在我博士论文形成过程中给我帮助的所有老师和同学，特别是我的导师桑志芹教授、刘林平教授和周晓虹教授。感谢社会科学文献出版社陈颖老师给我的大力支持与帮助。也希望本书能为社会政策制定者、"三农"主题研究者、社会语言学研究者、农村学校教育管理者和城市外来工提供借鉴与启示。

2020 年 10 月 28 日于美国科罗拉多波尔德

2021 年 8 月改于江苏盐城

图书在版编目（CIP）数据

语言能力与社会排斥：基于长三角、珠三角外来工
的调查／伏干著 . -- 北京：社会科学文献出版社，
2021.11
ISBN 978 - 7 - 5201 - 8215 - 7

Ⅰ. ①语… Ⅱ. ①伏… Ⅲ. ①民工 - 语言能力 - 关系
- 社会问题 - 研究 - 中国 Ⅳ. ①D669.2

中国版本图书馆 CIP 数据核字（2021）第 064092 号

语言能力与社会排斥
——基于长三角、珠三角外来工的调查

著　　者／伏　干

出 版 人／王利民
责任编辑／陈　颖
责任印制／王京美

出　　版／社会科学文献出版社·皮书出版分社（010）59367127
　　　　　地址：北京市北三环中路甲29号院华龙大厦　邮编：100029
　　　　　网址：www. ssap. com. cn
发　　行／市场营销中心（010）59367081　59367083
印　　装／三河市龙林印务有限公司

规　　格／开　本：787mm×1092mm　1/16
　　　　　印　张：21.5　字　数：345千字
版　　次／2021年11月第1版　2021年11月第1次印刷
书　　号／ISBN 978 - 7 - 5201 - 8215 - 7
定　　价／128.00元

本书如有印装质量问题，请与读者服务中心（010 - 59367028）联系